후쿠시마 하청노동 일지

FUKUSHIMA GENPATSU SAGYOIN NO KI

by **Minoru Ikeda**

Copyright © Minuru Ikeda 2016

All rights reserved.

Original Japanese edition published by HACHIGATSU SYOKAN

Korean translation copyright © 2019 by Secondthesis

This Korean edition published by arrangement with HACHIGATSU SYOKAN, Tokyo, through HonnoKizuna, Inc., Tokyo, and BC Agency

후쿠시마 하청노동 일지 - 후쿠시마 원전에서 하청 노동자로 보낸 시간

지은이 이케다 미노루
옮긴이 정세경

1판 1쇄 발행 2019년 4월 5일

펴낸곳 두번째테제
펴낸이 장원
등록 2017년 3월 2일 제2017-000034호
주소 (13290) 경기도 성남시 수정구 수정북로 92, 태평동락커뮤니티 1005호
전화 070-7671-7392
팩스 0303-3441-7392
전자우편 secondthesis@gmail.com
페이스북 facebook.com/thesis2
블로그 secondthesis.blog.me

ISBN 979-11-960960-9-0 03330

이 도서의 국립중앙도서관 출판예정도서목록(CIP)은 서지정보유통지원시스템 홈페이지(http://seoji.nl.go.kr)와 국가자료공동목록시스템(http://www.nl.go.kr/kolisnet)에서 이용하실 수 있습니다.(CIP제어번호: CIP2019012145)

후쿠시마 하청노동 일지

福島原発作業員の記

후쿠시마 원전에서
하청 노동자로 보낸 시간

이케다 미노루 지음
정세경 옮김

눌민

목차

일러두기

1. 본문에 나오는 각주는 모두 옮긴이 주다. 매체나 작품 제목은 홑화살괄호(〈 〉)를 사용해 표기했다.
2. 외국 인명, 지명은 국립국어원의 외래어 표기법과 용례를 따랐다. 다만 국내에서 이미 굳어진 인명과
지명의 경우 통용되는 표기로 옮겼다. 의미 전달을 위해 필요한 경우 원어나 한자를 병기했다.

나의 3·11

2011년 3월 11일, 나는 도쿄 우체국에서 배달 업무를 하고 있었다. 오후 2시 반쯤 지나, 외부 작업을 끝내고 우체국에 돌아와 2층 사무실 의자에 지친 몸을 기댄 순간, 바닥이 심하게 흔들리기 시작했다. 물건이 떨어지는 소리, 동료들이 지르는 비명이 울려 퍼졌다. 좌우로 진동이 심해, 흔들리는 의자에서 무의식적으로 책상을 붙들었다. 옆자리 동료는 헬멧을 쓰고 책상 밑으로 기어들었다. 분류 작업 중이던 엽서들도 바닥에 떨어졌다.

소학교 때 도쿄에서 니가타 지진을 경험한 적은 있지만, 그와는 비교도 안 될 정도의, 태어나 처음 느끼는 대지진이었다. 순간 '종말이라도 온 것인가.' 하고 생각할 정도였다. 밑에서부터 들어 올리는 듯한 지진은 진원지가 가깝다는데, 이번 지진은 그와는 다르게, 지면이 좌우로 천천히 흔들리며 좀처럼 가라앉지 않았다. 그렇다면 도쿄에서 떨어진 어딘가에서 큰 지진이 일어난 것임을 직감했다. 계속 흔들리는 상반신에 불안감이 덮쳐온다.

이것이 지금부터 나를 바꿀 사건이 될 거라는 막연한 예감이 들었다. 그렇다. 일본은 그날부터 완전히 바뀌어 버렸다.

방사선 구름 아래, 우비를 쓰고 배달하다

그날 이후 며칠간은 정신없이 지나갔다. 당일 도쿄에서는 전차가 멈춰 버려서 '귀가 난민자'가 속출했다. 나는 버스 두 대를 갈아타고 늦은 밤이 되어서야 겨우 집에 도착할 수 있었지만, 우체국의 동료 중에는 교통수단이 없어서 휴게실에서 하룻밤을 보낸 사람도 많았다. 다음 날도 그다음 날도 전차 운행이 엉망이 되어 출퇴근도 대혼란이었다. 텔레비전과 신문을 침착히 들여다볼 여유도 없이, 상황이 심각하게 돌아가고 있다는 것밖에는 알 수 없었다. 다만 텔레비전을 보고 있던 아내가 "후쿠시마 원자력발전소에 큰일이 났다"고 알려 준 순간, 설마 하는 생각이 가슴을 스쳤다.

며칠 후, 나는 차가운 빗속에서 우비를 쓰고 배달 작업을 하고 있었다. 어떤 회사의 사무실에 서류 우편을 건넸을 때, 낯익은 얼굴의 여성 사무원이 "괜찮으세요?" 하고 말을 걸어왔다.

순간, 무슨 말인가 하며 멍한 표정을 지었더니, "방사선 말이에요."라는 대답에 가슴이 철렁했다. 원자력발전소로부터 200킬로미터 이상 떨어진 이곳 도쿄까지 방사선의 '검은 비'가 내리고 있는 건가? 수일 전 텔레비전에 비친 후쿠시마 제1발전소의 원자로가 폭발하는 영상이 뇌리를 스쳤다. 전날에는 그 사무원이 "후쿠시마 아이즈와카마쓰会津若松에 소포가 갈까요?"라고 물었는데, "아마도 갈 거요."라는 대답밖에 할 수 없었다. 들은 바로는 그녀의 친정이 아이즈와카마쓰 시내라고 한다. 연일 반복되는 방사선 확산 보도에 후쿠시마에 있는 가족이 걱정되어 참을 수 없었던 것이리라. 그 여성 직원은 보도에서 피난 지시 구역이 늘어나는 것을 보고, 방사능 오염이 도쿄까지 확대되고 있는 것일지도 모른다고 생각하여, 비를 흠뻑 맞은 채로 바깥에서 일하는 나를 걱정해 준 것이었다. 사실, 그 예감이 적중했다는 것을 한참 뒤에 알았다. 그해 3월 15일, 내가 비를 맞으며 배달 작업을 하던 바로 그때, 후쿠시마 제1원자력발전소의 방사능 구름이 북풍에 실려 대량으로 도쿄 상공까지 흘러들어 왔던 것이다.

들은 바로는 도쿄 우체국 직원인 우리들도 외부 작업에 불안을 느낄 정도였으니, 현지 후쿠시마의 동료들은 더한 불안을 안고 작업했으리라. 이것도 집배원의 숙명이라면 숙명이라지만, 비가 오나 눈이 오나 매일 바깥에서 배달일을 하는 이상, 일반인보다 더 많은 오염에 노출될 위험이 있다는 생각에 동료들이 걱정되었다.

계획 정전과 후쿠시마

3·11 이후, 내가 살고 있는 도쿄에서도 전력 부족으로 인해 계획 정전이 실시되었다. 직장에서는, 사이타마현에 살고 있는 동료가 "어젯밤에는 계획 정전으로 승강기가 멈춰서 8층까지 계단으로 걸어 올라갔지 뭐야. 그런데 위에서 내려다보면 길 건너편 동네는 불이 켜져 있는 거지. 대체 어떤 기준으로 나누는 건지 원……."이라며 불만을 뱉어 냈다. 배달하는 곳의 맨션 승강기 옆에도 자치회가 만든 '계획정전안내문'이 붙어 있어 불안감을 증가시켰는데, 결국 도쿄전력의 소재지인 도쿄는 23구 중에서 아라카와구荒川区와 아다치구足立区만 계획 정전 대상이 되어 '불공평하다'는 불만의 소리가 나오기도 했다.

부끄러운 이야기이지만, 나는 그때까지 후쿠시마 원전에서 만들어진 전기가 도쿄까지 보내진다는 것을 모르고 있었다. 니가타에 있는 가시와자키가리와柏崎刈羽 원전이 도쿄까지 전력 공급을 한다는 건 알았지만, 도호쿠 지역에 있는 후쿠시마 원전은 도호쿠전력의 오나가와女川 원전과 같은 계열일 뿐이라고 막연히 생각했었다. 무지했다고밖에 할 말이 없지만, 사고 후 도쿄 주민들도 같은 말을 했던 걸 보면, 필시 후쿠시마는 도쿄의 일반인에게는 그 정도로 먼 존재였던 것이다. 슬픈 일이지만 3·11로 인해 후쿠시마는 도쿄에게 아주 가까운 존재가 되어 버렸다. 나에게도 그때부터 후쿠시마는 머릿속 한구석에서 계속 떠나지 않는 존재가 되었다.

후쿠시마 우체국에서는

　3·11 이후, 도쿄에서도 한동안 매일같이 혼란이 계속되었다. 현지의 생생한 피해 상황이 밝혀짐에 따라, 배달 작업을 하고 있어도 마음이 가라앉지를 않았다. 배달처 고객들로부터도 "후쿠시마에 우편이 가나요?"라는 질문이 많았기 때문에 현지 정보에 신경을 곤두세우고 있는 날들이 계속되었다. 나 또한 '일하다 저렇게 큰 지진이 온다면 어떻게 해야 좋은 걸까, 혹시 또 원전이 폭발해서 수도권에도 방사능 구름이 날아온다면 어쩌지?' 같은 생각을 하고는 했다.
　실제로 우체국은 3·11 당일, 도호쿠 3현에서만 61명에 다다르는 사망 및 행방불명자를 내었다. 휴일이라 집에서 피해를 입은 사람도 있었지만, 근무 중에 지진과 쓰나미를 만나 목숨을 잃은 사람도 많았다. 나는 외부 작업에 종사하는 사람들은 긴급시를 위한 대비가 항시 되어 있어야 한다는 것을 통감했다. 하지만 내가 일하는 우체국에서도 큰 재해에 대처할 수 있는 매뉴얼을 본 적도 없을뿐더러 피난 훈련조차 한 번 한 적 없는 것이 현실이었다. 3·11 때도 관리자는 당황해서 허둥댈 뿐, 사원들이 "피난 지시를 내려 주십시오!"라며 재촉하자 그제야 가까운 공원에 피난하도록 지시했다.
　그때, 후쿠시마의 동료는 어떻게 했을까. 동료의 수기를 잠시 소개한다.

뒤돌아보면 쓰나미,
빨간 오토바이의 액셀을 힘껏 밟고 전력을 다해 도망치다

길고 심한 진동이었다. 이 정도면 꽤 큰 쓰나미가 올 것 같았다. 하지만 한편으로는 '대수롭지 않게' 여겼다. 지금 들고 있는 우편물 한 다발만 하면 이 마을 배달을 마무리할 수 있어서 잠시 '일'이냐 '피난'이냐를 고민하다가 '일'을 끝내기로 했다. 안 좋은 예감이 들었다. 들고 있던 우편물 한 다발을 다 돌린 시점에서 '일단락 지을 때까지' 일을 할까 다시 고민하다가 결국 높은 지역으로 향하기로 했다. 이런 시골 어디에 이렇게나 많은 차가 있었는지 길은 꽉 막혀 있었다. 하지만 오토바이의 이점도 있었고 샛길을 꿰고 있어서 그나마 다행이었다. 뒤돌아보니, 쓰나미가 보였다. 놀랄 정도로 높고 빠르다. 사람을, 차를, 집을 삼키고 있다. 바짝 다가오는 공포, '도망쳐!' '서둘러!' '올라가!' 무서워서 뒤돌아볼 수 없었지만 확실히 쓰나미가 쫓아오고 있다. 액셀을 힘껏 밟았지만 좀처럼 나가지 않는 오토바이. 겨우 비탈진 곳까지 왔지만 아직 안심할 수는 없다. 꽤 높은 곳까지 가서야 오토바이를 멈췄다. 아래를 내려다보니 말 그대로 지옥이다. 다리가 얼어붙는다. 나중에 생각해 보면 구조하기 위해 되돌아갔어야만 했지만 한 걸음도 뗄 수가 없었다. 파도가 쓸고 간 이후에도 2차, 3차로 몰려오는 쓰나미에 한동안 움직일 수 없었다. (외부 작업원 W)

그날 후쿠시마현 나미에정浪江町 해안가에 있는 우케토講戶 우체국에서는 우편과 금융 창구 업무를 하던 여성 사원 1명이 순직했고, 다른 남성 사원 1명은 현재까지도 행방불명 상태이다.

여성 사원의 시신은 우체국 근처에서 2주 후에 발견되었다. 한편 우체국에서 500미터 정도 떨어진 우케토 소학교에서는 그날 학생 전원이 피난해 무사할 수 있었다. 이전 같은 직장에서 일한 적이 있는 동료는 "왜 우체국만!"이라고 하며 원통함을 지울 수 없다고 말했다. 거대한 쓰나미가 몰려온다는 긴급 경보를 듣고 해안에서 가까운 우체국에서 일하는 딸이 걱정되었던 모친이 '빨리 도망쳐!'라고 문자를 보냈다고 하지만, '위에서 아직 지시가 없어.'라는 답장이 돌아왔을 뿐이라고 했다. 결국 그것이 최후의 연락이 되어 버렸다. 예전 동료는 만약 자신이 그녀 입장이었다면 어땠을지를 지금까지도 생각하곤 하는데, 방재 무선으로 경보가 울려도 현금, 우표, 개인정보, ATM 기기 등의 정리가 남아 있어 바로 떠날 수는 없었을 것이라고 말했다.

당일 국장이 쉬는 날이어서 급하게 지원 파견을 와 있던 행방불명(지진 후 4년이 지난 시점까지)된 남성 사원(41세)의 경우도, 익숙하지 않은 우체국에서 어떻게 해야 좋을지 판단하기 어려운 상황이었던 것 같다. 우체국 관계자들이 유족들을 조문한 것은 사고 후 4년이나 지난 시점이었다. 가족들은 "순직이라더니 이렇게 방치할 수 있느냐. 한두 번이라도 좋으니 함께 수색 정도는 해야 하는 것 아닌가. 회사가 참 너무한다."라고 말했다고 한다.

배달원도 그렇지만 긴급 재해 시 판단은 최종적으로 개인에게 넘겨진다. '10분이면 끝난다.' '한 다발만 더 하면 끝난다.'라는 판단으로 목숨을 잃을 수도 있는 것이다. '일보다는 목숨' 그리고 포기하는 것과 피난하는 것은 다르다는 것을 평소부터 교육하고 피난 매뉴얼을 준비해 두었다면 이렇게 후회하는 일은 없었을 것이다.

안전성 확인과 업무 재개

후쿠시마현 우체국은 3·11로 큰 피해를 입었다. 직접적인 건물 피해를 입지 않아 업무가 가능한 사무소라도 우정 본사는 방사능 오염을 경계하여 '날씨에 의한' 외부 작업 가능 여부를 소속 장이 판단하도록 했다. 제1원전이 수소폭발한 직후인 3월 15일과 16일에는 전원 대기 지시가 내려왔다. 그 외에도 우천 시에는 배달 업무를 중지하는 조치도 내려왔다. 후쿠시마현에서 가까운 미야기현 남부에서는 외부 작업 후, 사용한 우비 등을 회수해 세탁하도록 하는 조치가 내려졌다고 한다.

하지만 3월 23일, 우정 본사는 옥내 대피 요청 이외의 지역에서 업무 개시를 지시했다. 그 근거로 '원자력안전위원회가 피난·옥내 피난구역 이외의 지역에서 비에 젖어도 건강에 영향을 미치지 않는다는 견해를 내어 안정성이 확인되었기 때문'이라고 설명했다. 그 이후 "이유 없이 출근하지 않는 자에 대해서는 무단 결근 처리"하겠다는 지점장의 발언이 나오기 시작했다.

3월 23일에 나온 '후쿠시마 원전 피난 지시 지역에 대한 일본 우정 그룹의 업무 운영 방침'을 보면, 우정 본사가 사람의 생명을 경시하고 있는 것 아닌가 하는 의문이 생긴다.

'기본적 견해'는 '사원의 인명을 최우선으로 함과 동시에, 해당 지역의 다른 기업의 동향을 파악, 보편적 서비스를 확보한다는 관점으로 대응함.'이라고 되어 있다. 그리고 '나가사키대학교 의학 교수이며 방사선 영향 연구 등의 권위자'로 알려진 야마시타 슌이치山下俊一의 강연 내용과 기자회견 내용을 두 번이나 인용하고 있다.

내용은 다음과 같다. 첫째, '이와키시의 방사능 측정치는 건강에 영향을 주지 않는, 극히 낮은 수치를 보이는 바, 절대 안전하며, 우천 시 외출할 경우 비에 젖어도 건강에 영향은 없다.'(3월 20일 이와키시 강연) 둘째, '1시간당 20마이크로시버트의 방사선을 쬔다고 해도 인체에 흡수되는 양은 약 10분의 1에 지나지 않고, 24시간 연속으로 쬐어도 약 50마이크로시버트에 지나지 않는다. 세계에는 1년간 자연계에서 10밀리시버트에서 50밀리시버트의 피폭을 당하는 지역도 있는데, 그런 환경에서 사는 사람들도 장래에 암에 걸릴 가능성은 다른 지역의 주민들과 다르지 않다.'(3월 19일 기자회견)

한편으로 우정 본사는 '후쿠시마현 지사가 총리대신에게 보낸 긴급 요청서'(3월 16일) 중 '물류를 담당하는 사업자 여러분에게는 지역의 사정을 충분히 이해하여 협조해 주시기를 부탁드

립니다.'라는 부분과 관방 장관의 기자회견 발표 중 '옥내 대피를 지시 받은 지역이라도 실외에서 일정 활동을 한다고 바로 인체에 영향을 끼칠 정도의 수치를 보이는 것은 아닙니다. 과잉 반응을 하는 대신 성실히 지역 여러 분들께 물자를 잘 전달해 주시길 바랍니다.'(3월 16일)라는 부분을 인용해 자료로 첨부하였다.

우정 본사, 비에 젖어도 건강에 영향은 없다

업무 운영 방식 문서가 나온 3월 23일은 4호기가 폭발하고서 8일밖에 경과되지 않은 시기로, 당시 멜트다운 상황은 발표되지 않은 상태여서 '건강에 미칠 정도의 레벨이 아니'라고 판단할 근거조차 없을 때였다. 오히려 방사선 물실이 확산되던 긴박했던 시기로, 모니터링 체제도 정비되어 있지 않아, 대체 어디에 어느 정도의 방사선이 내리고 있는지 전문가도 파악하지 못한 상태였다. 그럼에도 불구하고 '괜찮다'고만 하다니 기가 막힐 뿐이다. 게다가 30킬로미터 권역인 고선량 지점*의 바깥이라도 이타테촌飯舘村와 같은 고선량 지역이 있다는 것조차 알려져 있지 않았다.

하지만, 우정 본사는 '안전성이 확인되었다'며 실외 업무 재개를 지시했다. 게다가 우정 본부에서는 '건강에 영향을 미치는

---

* 영어로는 hot spot. 방사성 오염이 집중된 지점.

레벨이 아니다.'라는 문구를 '건강에 영향을 미치지 않는다.'로 바꿔 사용하고 있는 실정이었다.

외부 작업원의 경우, 일반인에 비해 장시간 실외 작업을 하는 데다가, 도랑이나 처마 밑과 같이 방사능 수치가 높은 곳에서 일을 한다. 또한 비와 눈, 모래 먼지 등에 무방비인 작업 실태를 감안하면 그 피폭량이 일반인보다 꽤 많을 것임에도 불구하고, 우정은 서둘러 '안전 선언'을 해 버렸던 것이다.

게다가 간과할 수 없는 것은 우정국 최대 노조인 JP 노동조합이다. 그들은 이 우정의 '참고자료'를 그대로 가지고 와, 어떠한 검증도 없이 '전문적 견지에 의한 공적 기관의 견해'로 당일 수리해 버렸다. 이렇게 노동조합은 조합원이 무방비 상태로 실외 작업을 하게 되는 데 공헌했다. 이번 원전 사고로 이 '전문적 견지'와, '공적 기관의 견해'라고 하는 '신화'에 대한 질문이 제기되었다. JP 노동조합의 전신인 전국체신노조全逓의 '안전 없는 노동은 없다.'라는 슬로건은 대체 어디로 간 것인가? 사고 후 6월 전국대회에서는 '탈원전을 조합 입장으로 하자'는 조합원의 요구가 있었음에도 JP 노동조합은 '원전에 대해서는 논의하지 않겠다'는 답변만 내놓을 뿐이었다.

작업을 재개한 이타테 우체국이 1개월 후 폐쇄되다

3월 23일에 있었던 '안전성이 확인되었다'는 우정 본사의 지시에 따라, 원전 20킬로미터권 바깥에 있는 후쿠시마현 내 다른 우체국 지점 그리고 배달 센터는 일제히 업무 재개에 들어갔다. 집배원들은 이전과 같이 배달 작업을 하러 나갔다. 제1원전으로부터 북서쪽으로 40킬로미터 정도 떨어진 이타테 우체국도 업무를 재개했다.

3월 12일 제1호기 원전 폭발을 시작으로 제3호기, 제4호기마저 폭발하여 이타테촌에는 주변 시정촌市町村*에서 온 피난민이 모여들었다. 산이 막아 줘서 안전할 거라고 생각한 것인지, 피난민은 한때 1500명에서 2천 명을 넘어, 학교 체육관 등에서 숙박해야 했다. 하지만 그때 이미, 문과성과 후쿠시마현에서 마을에 설치한 모니터링기는 모두 높은 수치를 나타내고 있었다. 3월 23일에는 원자력안전위원회가 긴급 시 신속 방사능 영향 예측 네트워크 시스템SPEEDI에 의한 시뮬레이션 결과를 발표했는데, 지도상의 오염 지대는 역시 북서 방면으로 확산되어 있었다. 또한 이타테촌은 원전에서부터 30킬로미터 내의 옥내 대피 권역 바깥에 속해 있었는데도, 권역 내 수치보다 높은 수치가 나왔다. 이로써 20, 30킬로미터씩 동심원 형태로 선을 그어 구획을 나누는 것이 실태를 정확히 반영하고 있지 않다는 것이 명백해졌다.

우정 본사가 업무 재개를 지시하고 1개월 후인 4월 22일, 겨우 정부가 '계획적피난구역'으로 지정하여, 이타테 우체국은 다

* 일본의 지방 기초 자치단체의 단위.

시 폐쇄되었다.

이타테 우체국을 비롯한 주변 20킬로미터권 바깥의 배달원은 1시간당 50마이크로시버트가 넘게 계측되는 이타테촌과 그 주변 지역을 비가 오나 흙먼지가 섞인 바람이 부나, 한 달 동안 꼬박 이렇게 빨간 오토바이를 타고 계속 달렸던 것이다. '안전성이 확인되었다'는 우정 본사의 말만 믿고서.

'여기에 있으면 죽어!'

우정 본사는 피난한 사원의 의향 조사를 4월 하순부터 개시, 현 외 근무 희망을 포함한 개인 의사를 존중하기로 했다. 하지만 4월 22일, 30킬로미터권 내의 옥내 대피 지역이 긴급 시 피난 준비 구역으로 바뀌면서 피난 해제가 된 가와우치촌川內村의 일부와 히로노정広野町, 하라마치시原町市 지역의 직장에 근무하고 있는 사원들은 출근 요청을 받게 되었다. 원전 20킬로미터 접경 지역에도 배달하게 되자 가와우치 집배 센터 사원들은 이구동성으로 "가고 싶지 않아."라고 말했다고 한다. 젊은 사원 중에는 불안한 얼굴로 "가고 싶지 않아, 가고 싶지 않아."라며 같은 말만 되풀이한 사람도 있다고 하는데, 결국에는 관리자의 설득에 가와우치촌에 가게 되었다고 한다.

5월 20일, 현 외 희망자의 이동 발령이 있었다. 직장을 빼앗긴 사원들은 각자 고심 끝에 멀게는 아오모리, 히로시마, 도쿄와 니가타 등 새로운 근무지로 향했다. 어쩔 수 없이 가족과 별거를 선택한 경우도 많았다.

관할구역 내 제1원전이 있고, 원전 사고 뒤에는 폐쇄된 오쿠마大熊 우체국에서는 일하던 기간 고용 사원 14명 중 절반인 7명이 사고 반년 후인 9월말 시점에 퇴직했다. 이동이라는 형태로 일은 보장받더라도 고향으로부터 떨어진, 환경도 전혀 다른 지방에서 집배원 일을 한다는 것이 쉽지 않다는 것을 잘 알 것 같다. 정사원에게는 지급되는 주택보조금도 없이 열악한 노동 조건은 바뀌지 않아 미래에 대한 불안은 늘어 가기만 했을 것이다. 또한 아무리 고용이 보장된다 하더라도 굳이 우체국 일을 고집할 이유가 없었던 것일지도 모른다. 이렇게 3·11은 젊은 기간 고용 사원의 인생도 크게 바꾸어 놓은 셈이다.

한편 퇴직한 기간 고용 사원 중에 현 외 이동자만 있는 것은 아니었다. 현 내 근처 지점으로 이동한 어떤 젊은 기간 고용 사원이 "방사선이 이렇게 강한데, 자전거로 배달하게 했다. 여기에서 계속 있으면 죽게 될 거야."라고 말하며 그만둔 경우도 있다고 한다. 생계보다 목숨이 중요함을 느끼고 한 결정이리라.

후쿠시마에 가다

원전 사고로부터 반년이 지나, 여름철 전력 부족에 대한 우려가 커지는 중에도 계획 정전은커녕, 도쿄의 길거리는 원래의 떠들썩함을 되찾은 듯했다. 하지만 후쿠시마 원전 사고로 고향에서 쫓겨난 주민이 몇 십 만 명이나 있다는 현실은 내 마음속 깊은 곳에 앙금이 되어 침전해 있었다. 도쿄를 위해서 쉬지 않고 전기를 보냈던 후쿠시마. 우리의 생활은 그 땅의 희생 위에 이루어졌던 것이다. 변명의 여지가 없다. 무언가 하지 않으면 안 된다는 속죄의 마음이 커져만 갔다. 우선, 현지를 이 두 눈으로 봐야겠다고 생각했다. 10월 상순, 나는 쫓기듯 차를 타고 후쿠시마로 향했다.

아직 지진의 흔적이 남아 있는 도호쿠 자동차도로를 북상해 후쿠시마현에 향했다. 니혼마쓰二本松 인터체인지에서 일반도로로 나와 동쪽으로 향하자, 차창 밖에는 황금색으로 빛나는 벼 이삭의 바다가 이어졌다. 이곳 니혼마쓰 지역에서 수확한 쌀에서 국가가 정한 기준치를 넘는 세슘이 검출되었다는 보도가 막 나온 직후였는데, 과연 이 벼는 다 어디로 가게 되는 것인지 궁금해졌다.

드디어 원전 40킬로미터권 내에 들어갔다. 산은 물들어 가기 시작했고 현 도로를 따라서 코스모스와 피안화(석산)가 피어 있다. 들새들도 자유롭게 날아다녔다. 바깥 공기는 서늘해서, 숨을 들이쉬면 숲의 냄새에 기분이 좋았다. 사계절이 오고가는 것은 변함이 없는 것처럼 보이지만 이 공기도, 숲도, 새도, 꽃도, 사람도 모두 그날로부터 변해 버렸다. 예전의 관광 캠페인 '아름다운 후쿠시마'는 이제 아무도 입 밖에 낼 수 없게 되었다. 얼핏 보면 평화로운 산촌의 풍경도 그 안은 눈에 보이지 않는 방사능에 의해 파괴되어 가고 있다고 생각하니 가슴이 죄어 왔다.

이타테 우체국의 우체통 봉인

차가 이타테촌에 진입했다. 마을의 모습이 단번에 바뀌었다. 인가는 전부 문이 닫혀 있었고, 상업 시설이나 채소 판매소 등 상점 입구에는 체인이 걸려 있었다. 미소를 띠고 있는 '이타테 소牛' 간판만 덩그러니 서 있다. 정말로 '죽음의 마을'이라고밖에 달리 할 말이 없는 광경이었다. 이타테 우체국에 도착하니 우체통은 봉인되어 있었고, 우체국 입구에는 "계획적피난구역에 지정되어 업무를 중지합니다."라고 붙어 있었다. 이곳은 지금도 시간당 3마이크로시버트의 초고선량이 계측되는 지역이다.

현도 12호선에서 야기사와八木沢 고개를 넘어 미나미소마시에 진입했다. 이곳은 수일 전 '긴급 시 피난 준비 지역'에서 해제된 곳으로, 지금까지 피난해 있던 주민이 돌아와도 되는 곳이다. 그 때문인지 이타테촌에서 볼 수 없었던 '사람'이 길을 걷고 있고, 라면 가게와 편의점에도 손님이 드나들어 활기가 있어 보였다. 다만 소학교는 아직 수업을 재개하지 않아, 불도저가 교정의 흙을 제거하는 작업을 하고 있었다. '미나미소마 도로 휴게소'에 도착하니, 주차장에는 오키나와 현경의 경찰차가 있었고 경찰관이 휴식을 취하고 있었다. 주민 이외에도 공사 관계자로 보이는 사람들도 있어, 꽤 북적거렸다.

이번에는 해안 쪽으로 향했다. 감청색 태평양 바다가 보이기 시작했다. 저 멀리에 높은 굴뚝 건물이 보여 제1원전인가 하고 순간 놀랐지만, 이곳에 세워진 도호쿠전력 하라마치原町 화력발전소였다. 이곳도 지진의 영향으로 건물이 불타 버려서 복구 전망이 아직 보이지 않는 상황이라고 한다. 길옆에는 쓰나미로 파손된 것으로 보이는 자동차가 몇 대씩이나 방치되어 있었다. 해안 근처에 가 보니, 초원이 한눈에 들어왔다. 쓰나미로 건물이 쓸려 간 자리에 반년이 흘러, 들풀이 무성하게 자라 있었다. 그 옆에 산더미 같은 잔해 사이를 트럭들이 바삐 오가며, 실어 온 대량의 나무 더미와 못 쓰게 된 철근을 놓고 간다. 남쪽으로 내려가려고 하니 '접근 금지'라고 적힌 안내판이 길을 막고 있었다. 여기서부터는 원전 20킬로미터권 내의 경계구역이다. 잔잔하고 온화한 바다를 보며, 그 안에 살고 있는 생선이나 조개류, 해조류도 전부 오염되어 버렸다고 생각하니 슬펐다. 여기서부터 20킬로미터도 더 떨어진 곳에 있는 원전 건물이 신기루처럼 눈앞에 보였다 사라졌다.

피폭될까 겁을 먹고 아내와 아이가 통곡하다

우체국 지인을 통해 당시 제1원전 바로 아래에 있는 오쿠마 우체국 근무자 요시오카 씨(가명, 40대)의 이야기를 들을 수 있었다. 원전 건물로부터 약 5킬로미터 내륙부에 있는 이 우체국에서는 당시 약 30명이 근무하고 있었다. 지진 당일, 우체국 건물 자체는 내륙부에 있었기 때문에 쓰나미에 의한 피해는 받지 않았고, 직접적인 인명피해도 없었다. 그러나 경계구역 바로 근처에 있었기 때문에 우체국은 그날부터 아직도 폐쇄된 모습 그대로였다. 요시오카 씨는 지진 당일 비번으로, 이와키시 자택에 딸과 함께 있었다. 집은 피해가 없었지만 지진 후 물도 전화도 끊겨 불안한 밤을 보냈다고 한다. 나중에 들어 보니, 당일 근무했던 동료는 모두 목숨만 겨우 부지해 도망쳤다고 한다. "배달 중 제1원전 건물을 올려다보니 예감이 좋지 않았어요. 하지만 설마 이렇게 되리라고는 꿈에도 생각하지 못했습니다."

그렇겠지. 나를 비롯한 다른 이들도 원전의 안정성을 믿어 의심치 않았으니까. 설마 하룻밤 만에 자신의 직장이 폐쇄될 거라고 누가 예측이나 했을까?

다음 날인 12일 아침에, 반경 10킬로미터 이내의 주민에게 피난 지시가 내려진 것을 알게 된 요시오카 씨는 "지금 이러고 일하고 있을 때가 아니야."라고 판단하고, 출근을 포기했다. 오후, 수소폭발이 보도되고 나서 친구들로부터도 '빨리 도망쳐!'라는 문자와 전화가 계속 걸려 왔다고 한다. 14일에 과장으로부터 안부 확인 전화가 걸려 왔지만 이야기하는 도중에 3호기가 폭발했다는 속보가 나와, 출근에 대한 말은 꺼내지도 못했다. 이후 2주 조금 넘게 회사로부터 연락이 두절되었다. 15일이 되자 옆집도 일제히 피난을 시작, 요시오카 씨의 가족도 피난을 결정하고는, 도중에 차에서라도 잘 각오로 경차를 타고 마을을 빠져나왔다고 한다. 하지만 피난민이 몰려 도로가 극심한 정체 상태였기 때문에, 어쩔 수 없이 집으로 돌아올 수밖에 없었다. 그날 밤, 아내와 아이는 점점 다가오는 피폭 위험에 겁이 나, "대성통곡했다"고 한다.

그 후, 3월 29일에 과장으로부터 "내일부터 이와키 지점에 출근해 주십시오."라는 전화가 걸려 왔다고 한다. 다음 날 출근해 보니 사고로 미배달된 우편물을 전송하고 환송하는 처리를 근처 우치고內郷 우체국 사무실에서 해 달라고 부탁 받았다. 4월 1일부터 다른 지점에서 온 직원들과 함께 이와 비슷한 업무를 했지만 당시 고리야마郡山 지점에 보관해 있던 미처리 우편물은 13만 통이 넘어, 사무실 안이 온통 우편물로 가득했다. 당시에는 그런 길고 긴 날들이 계속되었다. 하지만 점점 사람 수가 늘어나면서 일에 가닥이 잡혀 나갔다. 다른 현에 피난 가 있던 직원들에게도 점점 출근 명령이 떨어졌기 때문이다. 하지만 우치고 주변 아파트에 입주하는 것조차 아직 어려워, 호텔에 머물면서 출퇴근할 것을 지시 받은 사원들도 많았다.

지금은 단번에 "원전이 밉습니다."라고 말하는 요시오카 씨. 직장도 뺏긴 데다가 고향인 다무라시 미야코지都路에도 돌아갈 수 없게 되었기 때문이다. 메이지 시대 이후 전해 온 논밭을 지키기 위해 요시오카 씨는 풀을 베고 밭을 경작해 왔다. "풀을 베고 나서 도랑에 앉아 논밭을 바라보는 게 좋았지요. 나이가 들어 가면서 점점 고향의 좋은 점을 알게 되었습니다."라고 하면서 말을 이어 갔다.

아이에게도 그 점을 느끼게 해 주고 싶어서 필사적으로 땅을 지켜 왔지만 "원전이 내 꿈을 앗아 갔지요. 조상님들 묘에 아이를 데려가는 것조차 할 수 없게 되었습니다."

미야코지가 '긴급 시 피난 준비 구역'에서 해제되었다고는 하지만 주변 지역에서는 지금도 1마이크로시버트를 넘는 선량이 계속 나오고 있다. "원전이 우리와 조상님들 사이를 떨어뜨려 놨습니다."라고 말하던 요시오카 씨.

앞으로의 일을 묻자 "불안하죠."라고 대답한다. 일은 우치고 우체국에서 사고 우편 처리만 계속하게 되는 것인지, 벌써 거의 반년간 사무실 작업을 하고 있다고 한다. 그는 "원래 일하던 오쿠마의 주소도, 단말기 조작법도 잊어 가고 있습니다. 이래서 외부 작업으로 돌아갈 수 있을지⋯⋯."라며 불안이 끊이지 않는다고 한다.

가족들은 일시 피난했다가 돌아와, 이전처럼 생활하고는 있지만, 중학생 아이의 등하교는 차로 해 주고, 집에 돌아오면 매일 옷부터 빨고, 바로 샤워를 시키고 있다고 한다. "이와키시에서 나눠 준 요오드제를 아이에게 바로 먹였으면 좋았을 걸." 하고 지금도 후회를 한다. 요오드제의 봉투에 '지시가 있을 때까지는 절대 복용하지 말 것.'이라고 주의사항이 적혀 있었기 때문이다. 아이의 얼굴을 볼 때마다 '무사하기만 해 달라'며 간절히 바라기만 할 뿐이라고.

피폭의 공포를 느끼면서 배달하다

제1원전에서 약 60킬로미터 떨어져 있는 후쿠시마시 우체국에서 배달 작업에 종사하는 다구치 씨(가명, 50대) 이야기도 들었다. 사고 후, 외부 작업원에 대한 방사능 대책으로 몇 개 지점에서 고글과 마스크를 지급했다고 한다. 하지만 그는 "찜통 같은 더위에 그걸 쓰려는 사람은 아무도 없었습니다."라고 말했다.

후쿠시마현 나카도리中通り에 위치하고, 원전으로부터 거리도 있는데도 선량이 매 시간당 2마이크로시버트를 넘는 곳도 있었다. 방사능 피폭의 공포를 느끼면서도 지금도 우편 배달을 계속한다고 한다.

"우체통은 인가 지붕 아래에 있고 그 아래에 바로 도랑이 있는 경우가 많습니다. 그곳은 방사능이 쌓이기 쉬운 곳이지만, 우리들은 그곳에 오토바이를 세우면서 매일 배달을 하고 있습니다."

회사는 원전 사고 직후 3월 15일과 16일에 전원 옥내 피난 조치를 내렸고, 그 후 우천 시에도 옥내 피난을 지시했지만, 4월에 들어서자 통상 업무로 복귀하라는 조치를 내려 버렸다. "지금까지 약 180일간, 하루 5시간에서 6시간을 일하면서 쐰 선량이 내 몸에 얼마나 쌓여 있을지를 생각하면 불안해집니다."라고 말하는 다구치 씨.

후쿠시마 시내의 길거리 풍경은 사고 이후 완전히 바뀌어 버렸다. 배달 작업을 해도 "애들은 1명도 보이질 않아요."라고 했다. 여름에도 긴 소매에 마스크, 모자를 쓴 주민이 많고, 빨간 오토바이에 올라탄 배달원들은 무방비인 채로 달리고 있다.

"회사에서 외부 작업원을 포용하는 자세라고는 눈곱만큼도 없습니다."라며 분노를 감추지 못하는 다구치 씨. "놀란 건, 작업 재개를 지시한 내용의 회사 문서가 이와키시에서 개최된 강연 내용(야마시타 슌이치 강연) 중 긍정적인 부분만 골라, 외부 작업을 해도 된다는 근거로 삼은 것입니다." 사람 목숨보다 업무를 선택한 회사의 속내가 보인다는 것이다.

게다가 노동자의 목숨과 건강을 지키기 위해 만들어진 노조(JP 노동조합 소속)도 "전문적 견지에서 공적 견해가 나왔기 때문에 외부 작업을 승인했다"며 무비판적으로 회사의 의견을 그대로 받아들였다. "이번 여름에 있었던 조합의 도호쿠 지역본부 대회 의안서에도 외부 작업원의 건강 문제는 언급조차 하지 않고 있고, '피난 지역의 업무 운행'에 대해서만 말합디다."라며 다구치 씨는 질렸다는 표정을 지었다.

"매일의 업무 속에서 회사 법령 준수나 품질 향상이라는 말만 반복하다가, 자기 자신도 어느새 생명보다 일이 중요하다는 사명감을 만들어 내고 있던 것은 아닐까요? 나라면 다 집어던지고 도망갔을 것이라며 자신 있게 말하는 사람이 얼마나 있습니까? 이번에 희생자 모두가 목숨을 걸고 울린 경종을, 살아남은 우리들이 잘 새겨들어야 하지 않겠습니까?"라며 다구치 씨는 격분하며 말했다.

한편, 제1원전에서 약 25킬로미터 북쪽에 있는 미나미소마시 하라정 지점에 근무하던 스기무라 신지 씨(가명, 50대)는 지금도 지진 당시 자신의 행동을 반성한다고 한다. 아들이 피난을 재촉했지만 당일 야근 업무가 우선이라고 생각해서 "행정 지시를 기다리겠다"고 고집을 부린 것이다. "안전보다 일이라는 의식이 먼저 들었죠. 이것이야말로 안전 경시지요. 원전 대참사로 이어졌다고 생각하면 지금도 자숙하게 됩니다." 그 당시 쓰나미 경보가 울려도, "쓰나미가 오기 전에 남아 있던 우편물 한 다발을 돌리고 왔다"고 득의양양하게 말하는 동료도 있었다고 한다. "간발의 차로 살았죠. 지금 생각하면 정말 무섭습니다."

결국 가족이 모두 피난을 가기로 결정하고, 피난처를 전전하다 6월에 지바현 이치하라시市原市에서 겨우 상황이 진정되었다. 하지만 그 당시 90세에 가까운 장인이 피난소에서 행방불명되기도 하고, 장모가 "여기에서 죽으면 모두에게 피해만 끼치게 된다"며 억지로 삼시 세 끼 밥을 무리해서 입에 우겨 넣기도 해, 마음 편할 날이 하루도 없었다고 한다. 모친이 지바에 도착해 제일 먼저 한 말이 "여기에서 죽고 싶지 않아."였다. 그는 그 때 역시 노인들은 고향으로 돌아가고 싶어 하는 의식이 강하다는 걸 실감했다고 한다.

앞으로에 대해서 물어보자, "젊은 사람들은 처음에는 '돌아갈 수 없다'는 생각을 했지만, 지금은 '돌아가지 않겠다'고 단호하게 말합니다. 이것 때문에 아이들하고 언쟁 중입니다."라고 말하며 어두운 표정을 지었다. 이처럼 원전 주변 시정촌에 살고 있는 사람들 중, 스기무라 씨처럼 가족 사이에 의견이 갈리는 경우가 많다고 한다.

1장 제염 작업

하로워크*에 가다

2011년 12월 16일, 노다野田 수상은 기자회견을 열어 '원자로 냉온 정지' 상태임을 밝히고, '후쿠시마 제1원전 사고 수습'을 선언했다. 모두가 자신의 귀를 의심한 '수습 선언'이었다. 그 후, 몇 번이나 후쿠시마를 방문한 내 눈에 비친 것은 황량한 들판뿐, '수습'이란 멀게만 느껴졌다. 사고 이후 반년 이상이 흘러 '부흥復興'이나 '유대'와 같은 말들이 곳곳에 흘러넘쳤지만, 후쿠시마 사람들의 이야기를 들으면 들을수록 이런 단어들은 더욱 공허하게만 들릴 뿐이다.

마침 나는 60세 정년퇴직을 맞이하고 있었다. 우체국에 재고용되는 길도 있었지만, 나의 마음속에는 언젠가 후쿠시마에

* 일본의 공공 직업안정소. 'Hello work'의 일본식 영어 발음.

서 일하겠다는 생각뿐이었다. 오랜 생활에 익숙해진 도쿄를 떠나 가족들을 두고 혼자 후쿠시마에 가서 일을 한다니. 확실히 불안한 일이었지만, 그 이상으로 후쿠시마에서 살면서 그 현실을 이 두 눈으로 보고 싶었다. 3·11이라는 일본 역사상 큰 전환점이 된 '대사건'은 아직 끝나지 않았다. 오히려 지금도 진행 중이다. 앞으로 40년, 50년 혹은 100년 이상 걸릴지도 모르는 수습 작업의 역사적 진행에 한시라도 빨리 참여하고 싶었다. 그렇기에 정년퇴직은 절호의 기회였다. 후쿠시마를 위해 도움이 되고 싶다는 번지르르한 말이 아니라, 60세라는 전기를 맞이한 나의 제2의 인생이 후쿠시마에 있다고 생각했다.

2013년의 3월 말, 무사히 우체국에서 정년퇴직하게 된 나는, 바로 후쿠시마행 취업 활동을 시작했다. 2007년 우정이 민영화되면서 공무원이었던 신분이 일반인으로 바뀌었고, 그때 고용보험에 가입하는 것도 의무화가 되었던 덕분에 최장 90일간 보험금을 받을 수 있었다. 정년의 여운에 잠길 틈도 없이 5월부터 시부야에 있는 하로워크에 열심히 나가기 시작했다.

나이라는 허들은 있었지만 후쿠시마 제1원전 작업원이 심각하게 부족하다는 보도에 금방 일자리를 찾을 수 있을 거라고 나는 낙관적으로 생각했다. 하지만 현실은 그렇지 않다는 걸 깨닫는 데에는 얼마 걸리지 않았다.

겨우 일자리를 찾다

하로워크에 가면, 아침부터 저녁까지 남녀노소를 불문하고 구직자의 행렬이 끊이질 않는다. 입구 근처에는 업자로 보이는 여성 몇 명이 서서, 전단지를 나눠 주고 있었다. 접수대에 가서 "검색하러 왔습니다."라고 말한 후, 지정된 번호의 컴퓨터 앞에 앉아, 희망 근무지에는 '후쿠시마'를, 희망 직종에는 '건설'을 입력한다. 그러면 몇 개의 구인표가 뜨는데, 대부분 제염 작업이고 그중에는 제1원전 내 작업이라는 일자리도 하나둘 눈에 띈다. 후쿠시마에 가기로 한 이상, '핵심'이라고 불리는 제1원전에 들어가고 싶어, '기숙사 완비' 조건으로 몇 개의 후보를 추린 다음, 담당자에게 소개를 부탁했다.

구인표에는 말을 맞춘 듯이 '연령불문', '경험불문', '자격불문'이라고 써 있지만 역시 그건 말뿐이었다. 60세가 넘은 데다 건설 현장 경험도 제로인 초보를 그렇게 간단히 받아 줄 리 없었다. 직원에게 문의를 부탁해도, "원청 회사가 60세 이상은 찾지 않는다고 하네요."라고 하며 거절당하는 경우가 대부분이었다. 그래도 "우선 이력서를 보내 주세요."라며 좋은 느낌을 주는 회사도 있었지만 얼마 안 있어 '불합격' 통지를 받아 들고는 낙담하기도 했다. 답장이 오기라도 하면 다행이었다. 2주가 지나도 감감무소식인 곳도 있었고, 전화를 걸어 봐도 '지금 거신 전화는 고객의 사정에 의해……'라는 안내만 나올 뿐, 전화가 전혀 연결되지 않는 경우도 있을 정도였다. 정말로 인력이 부족한 상황인 게 맞는지 의문이 들 정도였다. '역시 아무것도 모르는 주제에 무모한 도전이었나.' 하는 생각이 들어 전략을 완전히 전환하기로 결정하고, 다음부터는 제염 현장 일자리를 찾아보기로 했다. 그러다 문득, 퇴직 후 몸을 쓰지 않은 탓에 체중이 순식간에 늘어나 있음을 깨달았다. 이 상태로 육체노동은 무리라는 위기감이 들어, 근처 스포츠센터에 다니며 몸을 다지는 것에 집중했다.

그러는 사이 가을바람이 부는 시기가 왔고, 겨우 회사 몇 군데에서 긍정적인 답변이 오기 시작했다. 구직 활동을 시작하고 5개월이 지나 슬슬 고용보험의 급부금 지급도 끝나 갈 즈음이었다.

10월 하순, 전화로 '채용'이라는 답장을 C사로부터 받았지만, 아무리 그래도 단번에 채용 결정을 말하는 모습에 겁이 나, 쭈뼛거리며 "면접은요?" 하고 물었다. 그러자 "아, 필요 없어요." 라는 대답이 돌아왔다. 내심 '잘됐다'고 생각한 반면, '누구라도 상관없다는 건가?'라는 생각도 들어 조금 실망하기도 했지만 이 회사에서 일하기로 결정했다. 일당이 1만 7천 엔(위험수당 1만 엔 포함)으로 다른 회사와 비교해도 손색이 없고 모집인 수가 20명으로 많다는 점, 회사의 규모가 크다는 것 등이 마음에 들었기 때문이다.

11월 초순, 건강진단과 각종 서류 절차가 있으니 도쿄 주오구에 있는 회사 사무소까지 와 달라는 연락을 받았다. 회사로 향했더니 부장이라는 사람이 나와 설명을 했는데, "일은 누구라도 할 수 있는 간단한 작업입니다."라는 말에 안심했다. 하지만 "만약 힘들다면 간토関東 부근에도 몇 군데 사무소가 있으니 ……."라는 설명을 덧붙이기에, 정말 간단한 작업인지 조금 불안해졌다. 게다가 실제 현지에 가는 것은 새해부터라고 하지 않는가. 이곳 말고도 몇 군데 괜찮아 보이는 다른 회사가 있어 조금 망설였지만 착실해 보이는 회사였기 때문에 이곳으로 결정했다. 연락이 있을 때까지 대기하라고 해서 기다리다 보니 결국 새해가 되었다. 그동안 현장 작업용 작업 점퍼나 안전 장화 등을 사 두거나 하면서 준비 시간을 보냈다. 그리고 1월 중순, 드디어 회사로부터 연락이 와, 임시 기숙사인 미나미소마시에 있는 호텔 K와 집합 일시를 안내 받았다.

폭설이 내리는 중, 나미에정에 들어가다

당시 미나미소마시는 '육지 속의 고독한 섬'이라고 불렸다. 3·11 이후, 대동맥이라고 할 수 있는 조반선常磐線과 국도 6호선이 불통되어, 버스만이 유일한 공공 교통수단이었다. 후쿠시마에 가려면 아부쿠마阿武隈 산지를 넘거나, JR 대행 버스로 센다이시까지 갈 수밖에 없었다.

2월 5일 늦은 밤에 도쿄 신주쿠에서 후쿠시마 행 야간 버스에 올라타고 현지로 향했다. 도호쿠도東北道를 경유해서 이른 아침 6시를 조금 넘겨 후쿠시마역에 도착, 다시 버스를 갈아타고 미나미소마시 JR 하라노마치原ノ町역으로 향했다. 8시간 반이

걸려서 겨우 도착. 가까운 역의 화장실에 들어가니 수도가 얼어 있어서 온도계를 보니 영하 5도였다. 도호쿠에 왔다는 걸 절실히 느꼈다. 여기서부터 집합 장소인 호텔 K까지는 택시로 가는 방법밖에 없었다. 가까운 버스정류장도 없었고, 걸어서 1시간 정도 걸린다고 하니 할 수 없었다.

지정된 숙박장소는 호텔이라고는 하나 1층짜리 프레하브*로, 부흥 작업원과 자원봉사자를 위한 '가설 호텔'이었다. 3·11 전에는 료칸이었다고 하지만 지진으로 건물은 반파되고, 그 이후 시와 중소기업 기반 정비 기구에서 벌이는 정비 사업의 일환으로 지원을 받았다. 이후 2012년 8월에 피해를 입은 세 현 중에서 처음으로 '가설 호텔'로 오픈했다고 한다. 식당과 목욕탕이 있는 관리동 두 동과 숙박동 네 동을 갖추어 최대 100명까지 머물 수 있다고 한다.

7인의 사무라이

호텔 앞 넓은 주차장에 택시를 멈춰서 내려 보니, 같은 입장으로 보이는 사람들이 있었다. 물어보니 나를 포함하여 총 7명이 이번 제염 작업 팀이 된다는 것. 구인표에는 모집 인원이 20명이라고 되어 있었는데, 결국 일할 사람을 구하지 못했던 것으

---

* 조립식 단층 주택.

로 보인다. 오늘은 모두가 전신계측기*로 계측을 받으러 간다고 한다. 서서 이야기하는 사람들에게 "이케다라고 합니다만, C 회사 시죠?"라고 물으니, "아, 다들 모인 것 같으니 금방 출발할 겁니다."라고 말하며 책임자인 다케모토 씨(가명)를 소개해 주었다. 이 사람은 함께 작업하며 현장을 감독하는 정사원이다.

그는 천천히 봉투 안의 인쇄물을 꺼내어 "여기에 이름을 쓰고 도장을 찍어 주세요."라며 각자에게 건넸다. '서약서'라고 쓰인 종이에 담긴 내용은 대략 다음과 같았다. '나는 폭력 단체, 폭력 단체 계열 기업, 총회, 사회운동 표방 등의 반사회적 세력에 해당하지 않음을 밝히고, 동시에 앞으로도 관계하지 않을 것을 서약합니다.' 이 서약은 C사의 상위인 K 건설 회사와 하는 것이었다. 역시 폭력 단체와 엮이는 건 피곤한 일이겠다고 생각하면서 대충 읽고는 도장을 찍었다. 서약서를 회수하자, 다케모토 씨는 오늘 모인 7명을 소개하지도 않은 채, "갑시다."라고만 말했다.

나는 T라고 하는 사람과 함께 차에 올라타, WBC 회장으로 향했다. 차 안에서 T와 이야기를 해 보니, 여기에 오기 전에는 나라하정楢葉町에서 제염 작업을 했다고 한다. 작업 기간이 끝나 하로워크에 가서 이 회사를 발견했다고 한다. 내가 "이 일은 처음이요."라고 말하자, "괜찮아요, 나 같은 사람도 할 수 있는 일

---

* 영어로는 Whole Body Counter. 줄여서 WBC로 표기한다. 체내에 침착한 방사성 물질을 체외로부터 측정하는 계측기로, 원자력발전소 등에서 체내 오염 검사를 할 때 사용된다.

이니까."라고 대답했다. 그는 50세 중반으로 이전에는 아오모리에 있는 은행에서 일했다고 한다. 대학생이 되는 딸이 있지만, 아오모리에는 "일자리라는 것 자체가 없다"며 후쿠시마에온 이유를 말해 주었다.

도중에 길을 헤매다가 겨우 검사장에 도착했다. 장소는 소학교 교정으로 지금 이곳의 학생들은 피난 중이어서 아무도 없었다. 7명은 여기에서 처음, 정식으로 인사를 했다. 책임자 다케모토 씨는 돗토리 출신이고, 나머지는 오키나와, 오사카, 니가타, 야마가타 그리고 T씨와 나는 각각 아오모리와 도쿄 출신으로, 일본 전국에서 한 팀이 모인 것이나 다름없었다. 연령 또한다양해, 내가 60대로 가장 나이가 많았고, 그 밑으로 50대가 2명, 40대가 3명, 최연소자가 25세였다. 들자 하니 모 국립대학을 졸업하고 일한 경험이 별로 없다고 한다. 말수도 적고 연약해 보여서, 역시 제염 작업은 '누가 하든 상관없다'는 건가 싶었다. 〈7인의 사무라이〉*라는 영화 제목이 떠올랐지만, 과연 이들과 함께 잘해 나갈 수 있을지 조금 불안해지기도 했다.

접수를 마치고 검사 순서를 기다리자, 곧 호명되어 교정 모퉁이에 있는 프레하브 검사장에 들어갔다. 전신계측기란 사람의 체내에 들어간 방사성 물질의 양을 측정하는 장치로, 전신을대상으로 인체로부터 방출되는 방사선의 양과 종류를 체외에서 직접 계측한다. 즉 내부 피폭을 재는 장치이다. 법령으로 방

* 1954년에 구로사와 아키라 감독이 제작한 영화의 제목으로, 산적들의 침입에 시달리던 농민들을 위해 전투를 벌이는 사무라이 7명의 이야기이다.

사성 물질을 취급하는 업무에 종사하는 자는 이 검사를 반드시 받게 되어 있다. 또한 일을 그만두더라도 기간 중의 방사선량을 재도록 되어 있다. 이름을 확인한 후, 상의를 벗고 엑스레이 검사기처럼 생긴 계측기에 들어가 선 채로 계측을 시작했다. 2분간이었지만 길게 느껴졌다. 검사가 끝나고 검사원이 "이상 없습니다."라고 해서, 당연하지만서도 가슴을 쓸어내렸다.

모두 검사가 끝나자, 다케모토 씨가 "오늘 일정은 이것으로 마칩니다. 기숙사에 돌아가서 자유시간을 가져도 좋습니다. 별도의 지시가 있을 때까지 대기해 주세요."라고 했다. 겨우 이걸 위해서 모인 것인가 싶었지만 이것도 한 절차라고 생각하기로 하고 각자 차를 나눠 타고 K 호텔로 향했다.

호텔에서 숙박 절차를 마치고 식당과 목욕탕, 코인 세탁소의 위치에 대해 설명을 들은 후, 방으로 들어갔다. 프레하브라고는 해도 방음이 되는 4조* 정도의 개인실이 아닌가! 게다가 텔레비전과 냉장고는 물론 냉난방 에어컨도 있었다. 목욕탕도 식당도 넓어 감개무량이다. 다만 교통편이 불편한 것이 단점으로, 가까운 편의점까지는 걸어서 20분이 걸렸다. 자가용이 있으면 좋겠지만, 없으니 참고 견디는 수밖에. 그리고 지금 지내는 호텔은 식비를 포함해서 전액 회사 부담이라고 하지만, 그도 지금뿐. 언젠가 원청 회사의 기숙사로 옮기면, 식비는 자기 부담이 된다는 말을 처음부터 들어서 잘 알고 있었다.

---

* '조'는 방에 까는 다다미를 세는 단위로 1조는 보통 가로 91센티미터, 세로 182센티미터 정도의 다다미 1장이다.

제염 특별 교육

다음 날 아침부터 우리 7명은 제염 작업 사전 연수를 위해 나미에정에 있는 시설로 이동했다. 국도 6호선을 남하하면 쓰나미의 흔적이 차창에 펼쳐진다. 오다카 지구小高地区에 들어서자, 해안까지 가득한 마른 풀과 건물 잔해가 애처롭기만 하다. 뒤집어진 차량과 트랙터도 뒹굴고 있다. 3년이나 지나고 있는데도 아직 손쓰지 못한 채 버려진 풍경이라니. 그렇다. 이곳은 허가 없이 들어가지 못하게 되어 있는 곳이다.

나미에정에 진입하자 목적지인 연수 장소가 바로 보였다. 국도 옆에 세워진 결혼식장을 도쿄전력이 빌려, 제염 작업의 거점

후쿠시마 제1원전과 나미에정

시설로 사용하고 있다고 한다. 7시부터는 주차장 옆 광장에서 다른 제염 작업원들과 함께 라디오 체조를 했다. 정면에는 우리 회사의 원청 회사인 4개 회사의 JV* 이름이 붙어 있다. 오늘 받을 연수는 '제염전리칙除染電離則(제19안 제염 등 업무에 관한 특별 교육)'에 의해 정해진 것으로, 사업자는 제염 등 업무에 노동자를 동원할 경우 반드시 노동자에게 교육을 시키도록 되어 있으며 내용은 다음과 같다. '하나, 전리방사선이 인체에 끼치는 영향 및 피폭선량의 관리 방법에 관한 지식. 둘, 제염 등 작업 방법에 관한 지식. 셋, 제염 등 작업에 사용하는 기구 등의 구조 및 취급 방법에 관한 지식. 넷, 관계 법령. 다섯, 제염 등 작업 방법 및 사용하는 기구 등의 취급.'

이 제염 특별 교육은 아침 9시부터 시작되었다. 나눠진 책자를 바탕으로 담당자가 방사능 관계와 제염 작업에 관한 설명을 했다. 나중에 확인 테스트를 한다고 해서 강사의 이야기를 열심히 메모하는 사람도 있었지만, 그중에는 취침 모드에 들어가는 사람도 있었다. 휴식 시간을 잠시 취한 후, 오후에도 연수가 계속되었다. 마지막으로 10개의 OX식 시험을 쳤는데, 나는 한 문제를 제외하고 모두 맞혔다. 관계자가 틀린 부분을 지적하며 "정답을 여기에 다시 써 주세요."라고 해서, 부끄러움을 감추며 다시 제출한 후 '합격'을 받았다. 덧붙이자면 내 팀에는 벌써 불합격자가 1명 있었다.

---

* 합작기업. 영어로는 Joint Venture. 복수의 서로 다른 기업체들이 하나의 사업을 공동으로 작업할 때 만드는 조직체로 주로 토목 건설업에서 많이 쓰이는 용어이다.

결국 오후 3시가 넘어서야 연수가 종료되었다. 다케모토 씨를 빼고 6명이서 다시 K 호텔로 돌아갔다. 돌아가는 차 안에서 "오늘 일당은 나오는 걸까?" 하고 누군가 말하자, "일이 아니니까 안 나오겠지."라는 대답이 나와 이 주제로 열을 올렸다. 후일, 누군가가 회사에 문의해 본 결과 "반액의 일당이 나옵니다."라는 답변을 받았다고 한다. 당연한 일일지도 모르지만, 모두 돈에 관해서는 민감하다는 걸 다시금 느꼈다.

대설로 대기

드디어 다음 주부터 현장 작업이다. 한껏 기합을 넣고 있었으나 후쿠시마현 지방에 다음 날부터 큰 눈이 내리기 시작했다. 본래 눈이 드물다는 후쿠시마현 해안에 위치한 하마도리浜通り 지방이지만, 이번에는 '10년만'의 대설이라고 할 정도의 큰 눈이 덮쳤다. 기숙사 주변도 은빛 세계, 자동차도 다닐 수 없을 정도로 눈이 쌓였다.

다음 날 그다음 날도 눈 속을 산책했다. 해안 부근까지 가자, 인기척도 없이 황량한 풍경만 있었다. 쓰나미로 건물이 없어지고 그만큼 광활히 들판만 펼쳐져 있는 광경에, 대체 언제가 되면 처음의 해안가 풍경으로 돌아갈 수 있을지를 생각하며 운동 겸 눈이 내리는 바닷가를 마냥 걸었다.

약 1주일간의 대기가 끝나고 2월 14일부터 작업이 개시되었다. 하지만 그날은 제염 작업이 아니라 제설 작업을 하라는 지시가 내려왔다. 아침 6시 15분에 차 두 대로 기숙사를 출발, 도중에 편의점에 들러 빵을 사서, 집합 장소인 결혼식장으로 향했다. 라디오 체조를 하고 나자 JV 전체 조례가 있었다. 19개 회사 대표들이 각각 앞에 나와, 오늘 작업 내용과 인원을 보고했다. 이후, 내가 속한 팀의 7명은 차량 세 대에 나눠 타고 현장으로 향했다. 도중에 나미에정 정사무소 근처에 있는 검문소에서 차량번호와 허가증을 검사 받고 나미에고등학교로 향했다. 지금은 피난구역이 되어 휴교에 들어간 이 고등학교는 이 지역 제염 작업의 거점 기지가 되었다. 여기서 우리들은 신분증을 보여 주고 선량계를 받아 입장에 필요한 절차를 밟았다. 그리고 고무장갑, 면장갑, 서지컬 마스크 등의 장비를 받고, 현장으로 향했다.

첫 작업은 묘지 제염 작업

이날 작업은 나미에고등학교 근처의 논에 쌓인 눈을 치우는 일이었다. 우리는 제염 작업을 한 풀과 나무, 토사 등을 넣어 둔 검은 후레콘백(플렉서블 콘테이너백의 약칭. 용량이 1톤이어서 톤백이라고도 부른다.) 가설 하치장을 만들기 위한 흙 쌓기 작업에 동원되었다. 익숙하지 않은 제설 작업에 허리가 아프고 팔뚝이 올라가질 않는다. 반나절 작업에 벌써 기진맥진해 버려서 앞으로 남은 기간 해낼 수 있을지 불안해졌다. 하지만 그다음 주부터는 눈도 대부분 녹아, 제설 작업은 이날로 끝이 났고 제염 작업에 들어가게 되었다. 나중에 알았지만 사실 여기는 실제 제염 현장이 아니었다. 진짜 제염 작업을 하기로 한 현장에 눈이 남아 있어 작업에 착수할 상태가 아니었다고 한다. 그때까지 공백을 메우기 위해 지시 받은 일은 묘지의 제염 작업이었다.

아직 눈이 남아 있는 묘지에 가서 눈을 치우면서 동시에 묘비와 포석 등의 오염을 제거하게 되었다. 킴타월이라고 하는 종이 타월('쥬죠킴벌리十條キンバリー'가 생산, 제조하고 있으므로 킴벌리의 앞 석 자를 따, 'Kim' 타월이 되었다는 이야기가 있다.)로 묘비와 그 주변을 닦는 것으로 첫 제염 작업을 개시했다. 처음에는 묘비 표면을 여러 번 닦았다. 그런데 같은 타월로 반복해서 닦으면 오염 물질을 다시 바르는 것이 되어 버린다고 한다. 그래서 '두 번 닦기 금지'라는 주의가 내려졌고, 오염된 묘비를 한 번에 닦아 내야 했다. 하지만 한 번 표면을 문지르는 것으로는 좀처럼 오염 물질이 떨어지지 않는다. 게다가 오전 중에는 기온이 영하로 떨어져, 물에 적신 킴타월이 차가워진 묘비 위에 닿자마자 금방 얼어붙어 버렸다. 결국 몇 번이고 닦아 내게 되었고, 얼지 않도록 속도를 내 힘을 주어 오염 물질을 닦았다. 추운 건 조금 참기 어려웠지만 제설 작업에 비하면 그리 힘들지는 않았다.

듣자 하니 다음 달에 있는 춘분에 이 지역 주민들이 성묘를 하러 오기 때문에 그 전에 제염을 해서 공간선량을 가능한 한 줄이는 것이 목적이라고 한다. 비석을 훔치며 조각된 글씨를 읽어 보니 전사라고 적혀 있는 묘도 있고, 3·11로부터 몇 달 지난

44

날짜가 적힌 묘도 있다. 후자는 재해와 관련된 죽음이겠지 하는 생각에 마음이 뭉클했다. 그날의 지진으로 쓰러진 채로 놓여 있는 비석도 많았는데, 나중에 석공업자가 작업할 테니 놔두라는 말에 손도 대지 못했다. 벌써, 찾아오는 사람도 없는지, 풀로 뒤덮여 묘석도 없이 봉분만 있는 묘도 몇 개 있었다.

나미에정에 있는 묘지는 관리 대상이 자치회와 절로 나뉘어 있었고 위치도 제각각이었다. 산 위에 있는 절에 가 보았지만 지진으로 건물이 망가져서 절의 주지도 피난 가 있었다. 그 때문에 아무도 성묘 오는 사람이 없어 한산하기만 한 묘지였다. 선량을 재어 보니, 시간당 30마이크로시버트를 넘겨 깜짝 놀랐다. 이래서는 아무리 제염 작업을 해도 누구 하나 오기 어렵겠다고 생각하면서도 '먼저 떠난 사람들은 기뻐해 주겠지.'라고 혼잣말하며 묘비를 훔쳤다.

하천 옆 제방 제염 작업에 들어가다

약 1주일간의 묘지 제염 작업을 마치고 드디어 제대로 된 제염 작업에 들어갔다. 하천 부지와 제방을 청소하는 작업이었다. 장소는 나미에고등학교 뒤편을 흐르는 우케토강請戶川의 지류 지대, 그 강의 하천 부지와 제방이었다. 맡은 구간의 길이가 적어도 1킬로미터 이상은 되어 보였다. 7명이 구불구불 흐르는 강의 부지와 제방에서 제초 작업을 한다. 갈색빛으로 마른 초목의 길이는 40센티미터에서 50센티미터, 그중에는 2미터가 넘는 나무도 있다. 큰 나무는 도끼와 톱으로 자르고, 풀들은 엔진이 달린 제초기를 쓰지만 초보자에게는 제초기 사용이 금지되어 있어, 나와 25세의 신입은 제초 작업에서 제외되었다. 우리들의 일은 오직 '풀을 모으는 작업'이었다. 즉, 기계로 잘라 낸 풀과 나무를 모아서 손으로 집어 들고, 검은 후레콘백에 넣는 작업이다. 평지라면 그나마 낫겠지만, 경사진 제방(법면이라고 한다.)은 몸도 기울여야 하기 때문에 발에 힘을 주게 되어서 발도 허리도 아팠다.

휴식은 10시에 15분간, 12시에 1시간, 15시에 15분간 있었는데, 다케모토 씨가 시간을 보고 "자, 휴식."이라고 말하기까지 너무 길게 느껴졌다. 육십을 넘은 몸에는 힘이 들었다. 그래도 전에 다른 제염 작업을 하고 온 동료들은 "이건 아주 편한 쪽에 속해. 숲은 경사가 더 심한 데다, 여름이면 땀범벅이 되고 엄청 힘들어. 게다가 가옥 지붕 닦기 작업도 얼마나 무섭다고."라고 말했다. 한편, "모집 인원이 20명이라고 듣고 왔는데 7명만 온 데다 신참도 들어 있어서 더 힘드네."라며 노골적으로 싫은 기색을 표하는 동료도 있었다. 제염 작업에 들어오기로 한 선택을 조금 후회했지만 이미 늦은 일이다.

작업원 숙소로 이사하다

어느덧 일하기 시작한 지 2주가 지나, 약속했던 숙소로 이동
하라는 통보를 받았다. 이사할 곳은 원청 JV의 숙소로, 장소는
지금보다 마을 중심부에 가깝고, 근처에는 편의점도 슈퍼마켓
도 있다고 한다. 숙소 요금은 회사 부담이므로 불평할 수는 없
지만, 현재 호텔의 생활보다는 수준이 떨어질 것은 뻔한 일이
다. 환경성은 제염 작업의 하청을 주는 제네콘* 각 사에 작업원

* 공사를 일괄적으로 추진할 수 있는 능력을 가진 종합 건설 업체, 영어 General Con-
struction의 약칭.

JV 숙소

의 숙식비 예산을 주고 있다. 그런데 가설이기는 해도 호텔은 1
박 2식에 3500엔(장기 체재 할인 적용) 정도의 금액을 회사가 지
불해야 해서 수지가 맞지 않는다. 하지만 회사 숙소라면 경비를
절감할 수 있다.

그런 이유로 모두 함께 일요일에 이사를 했다. 내 물건은 스
포츠가방 하나에 정리할 수 있었지만 차로 온 사람들은 컴퓨터
와 냄비, 솥 등 장기 제염 작업을 하는 동안 모은 집기와 물건이
한가득이었다. 각자의 물건을 나눠 싣고 하라정 남쪽 방면에 있
는 JV 숙소로 향했다. 그곳은 유명한 '소마노마오이相馬野馬追' 제
장에서 가까운 곳에 세워진 프레하브 2층 건물로, 7동부터는 작
업원 숙소로 쓰이고 있다.

수용 인원은 250명 정도인데, 넓은 주차장에는 차가 꽉 차
있다. 번호판을 보니 홋카이도에서부터 도호쿠, 신에츠信越*, 시
코쿠, 규슈 등 전국에서 온 차들이었다. 전국 각지에서 노동자
들이 제염 작업을 하기 위해 후쿠시마에 모이고 있다는 사실에
다시 한 번 놀랐다. 중앙동에는 식당과 목욕탕이 있어, 관리인
도 두고 있다. 방은 2조 반 정도로, 좀 전의 호텔의 반 정도밖에
안 되었지만, 에어컨도 냉장고도 텔레비전도 있는 1인실이므로
안심했다.

다만 벽이 얇아, 옆방에서 전화하는 소리가 들렸다. 각 층에
는 전기 세탁기가 다섯 대 정도 설치되어 있었으며, 무료로 쓸

---

* 지금의 나가노, 니가타 지방.

수 있어서 좋았다. 조식은 낫토, 야채절임 등의 몇 가지 반찬이 된장국, 밥과 함께 나와 230엔으로 저렴했다. 하지만 저녁식사 는 요리 2품과 반찬에 620엔으로, 모두가 비싸다고 불평했다. 목욕탕은 이전 호텔과 비교하면 좁지만, 씻을 수 있는 공간이 넓어 그럭저럭 나쁘지 않았다.

멋대로 생각한 함바* 분위기가 아닌, 사적 공간도 확보된 근 대적인 작업원 합숙소였다. 이전에는 방 하나에 몇 명이고 같이 지내는 이른바 '타코방タコ部屋**'이라고 불리던 노동자 숙소가 많 았다고 하지만 최근에는 다들 지원할 때 필수 조건으로 개인실 을 달라고 하는 노동자가 많아서 이를 배려해 주고 있다고 한다.

파워하라パワハラ***가 횡행하는 현장

고양이, 호랑이, 말, 양. 처음에는 마구 날아드는 이 업계의 전문용어에 매우 놀랐다. "고양이 좀 가져와."라는 말에 머릿속 이 하얘졌는데 작업을 하다 보니, 진짜 살아 있는 고양이를 말 하는 것이 아니라 손으로 끄는 일륜차를 말하는 것이었다. 이걸

---

* 토목 공사나 광산 등의 현장에 있는 노동자 합숙소.
** 전쟁 전에 이루어진 가혹하고 비인도적 노동을 타코방 노동으로, 노동자를 타코 즉 문어라고 불렀다. 이 시기에 그들이 지내던 비좁은 숙소를 타코방이라고 불렀다. 문어 를 잡기 위해 놓던 작고 좁은 항아리를 뜻하기도 한다.
*** 영어 Power Harassment의 일본식 약칭으로 직장 내에 권력을 가진 상사가 부하 직 원을 괴롭히는 것을 말한다.

알아차리는 데 약간 시간이 걸렸다. 호랑이는 토라 로프를 말하는 것으로 노랑과 검정 줄무늬의 안전 로프를 의미하며, 말은 접이식 사다리, 양은 토사를 건져 올리는 대나무제 키를 말하는 것이었다. "뭐야, 모르는 거야?"라며 바보 취급을 당할 것 같아서 그 자리에서는 "네, 가지고 오겠습니다."라고 대답했지만 무얼 말하는 건지 알 수가 없었다. 결국 부끄러움을 참고 동료에게 물어본 적도 있다.

처음에는 "신입이니까."라며 토목 작업을 하나부터 열까지 친절히 가르쳐 주던 다케모토 씨였지만 1주일이 지나자, 봐주는 것 없이 일을 진행했다. 그리고 "한 번은 괜찮지만 두 번은 안 가르쳐 줄 거니까."라든지 "자기가 어떤 작업을 지시 받았는지 잊은 건가?" 혹은 "손이 굼떠!"와 같은 질책을 쏟아냈다. 시작할 당시에는 '프로의 세계는 엄하군.' 하고 감탄한 나였지만, 동료들 앞에서 이름을 부르면서 나의 동작 하나하나를 공격하는 지경에까지 이르자, 다케모토 씨에게 반감을 품게 되었다. 어떤 때는 종업 미팅장에서 잠시 멍하니 있던 나를 본 다케모토 씨가 "시간만 때우면 돈이 나온다고 생각하나? 그렇다면 잘라 주지."라며 모두의 앞에서 악담을 퍼부었다. 정말 깜짝 놀랐다.

일반적으로 말하는 파워하라가 이런 건지, 이 세계에는 그런 언어란 존재하지 않는 줄 알았다. 연령은 전혀 관계없이, 하루라도 먼저 들어온 사람이 선배가 되고, 일이 빠르고 실력이 있는 사람이 존경받는다. 반면 일이 늦고 약한 사람이 등한시된다. 마치 군대와도 같다. 특히 나처럼 미경험자에다가 고령자인 사람이 바보 취급 받을 것은 불 보듯 뻔하다.

인생 경험을 쌓아 온 사람이 지닌 강함과 작은 것에 좀처럼 좌절하지 않는 점 그리고 요령이 좋은 건 젊은 사람보다는 나을 것이다. 그래도 일단은 같은 숙소의 50대 선배들로부터 작업을 잘하는 비결을 전수받기로 했다. "환경성의 순회나 상부 회사의 점검이 들어올 경우는 한눈 팔지 않고 손을 움직여야 돼. 모여서 작업을 하면 일을 태만히 하는 것처럼 보이니까 거리를 두고 일을 하는 게 좋아. 아무도 없을 때 그때는 천천히 일하면 되지."라고 경험자가 말해 주었다.

점점 다케모토 씨의 파워하라가 도를 넘어, 동료들 사이에서도 회사에 불만을 제기하게 되었다. 3월 중반, 니가타에서 온 H가 들어온 지 얼마 안 되어 "그만둘게요."라고 말했다. "다른 일 찾았으니까."라는 이유를 둘러대었지만 나중에 들어 보니 '그놈(다케모토) 밑에서 일하기 싫다'는 게 진짜 이유였다. 실제로 다케모토 씨는 모두가 보는 앞에서 "H는 아무것도 하는 게 없다."와 같은 식으로 H를 지명해서 비난하기도 했다고 한다.

퇴직 예정일이 다가오자 H는 여기도 이제 며칠만 견디면 된다며 기쁜 얼굴을 했다. 실은 예전에 고향의 가시와자키가리와 원전에서 방호복을 세탁하는 일을 했다고 한다. 하지만 3·11이후 원전 가동이 멈추면서 실직, 이곳 후쿠시마에 혼자 흘러들어오게 되었다고 한다. 무직의 50대에게 고향 니가타는 좀처럼 취직을 할 수 있는 구멍이 없는 곳으로, 그는 "빨리 재가동되면 좋겠는데."라고 말했다. 고등학생 딸이 있어서 뒷바라지하지 않으면 안 되지만 싫은 직장에서는 일하고 싶지 않다고. 그는 3월 초순부터 벌써 현장에서 보이지 않았고 하로워크에서 제염 관계 일을 찾기 시작했다고 했다. 몇 군데 회사에 이력서를 보냈는데 벌써 좋은 반응을 받고 있다고 하는 걸 보니, 아직 공급보다는 수요가 많은가 보다.

이야기가 다르다

"이야기가 다르잖아!"라는 말이 모두의 입에서 나오기 시작했다. 구인표와 다른 점이 너무 많았기 때문이다. 우선 '주휴 2일'인데도, 토요일은 원칙적으로 출근을 하는데다가, 일요일에도 일하는 경우가 있었다. '통근차 있음.'이라는 것도 사실은 자신들의 회사 차(화물칸이 달린 6인승 트럭. 더블캡이라고 한다.)를 몰고 현장으로 와 주는 것 정도였다. 게다가 급여 지급일도 당초에는 25일이었지만 다음 달 10일로 변경되는 등, 구인표와는 다른 일들이 계속해서 발생했다. 뭐, '구인표'라는 것은 어디까지나 모집 조건에 지나지 않으며 실제와 다른 경우도 있다고 들은 바 있어서 원래 그런 건가 하고 생각할 뿐이었다. 게다가 애초에 '고용계약서'는 언제 받을 수 있는가 하는 의문이 들기 시작했다.

그러다 겨우 다케모토 씨로부터 "도장 찍어."라며 계약서를 받은 것이 출근 시작일로부터 2주가 지난 후였다. '노동조건' 내용도 놀라웠던 것이, '계약 기간'이 회사가 하청을 준 '제염 작업이 끝나는 날'로 되어 있었던 것이다. 괄호 안에는 제염 작업 종료 예정일이 27년* 7월 31일이라고 기재되어 있었다. 하지만 이걸로는 언제든 '작업 완료로 인한 계약 만료'를 통보 받아도 아무 말도 할 수 없는 건 아닌가 하는 생각에 불안해졌다.

또한 노동시간이 7시 30분부터 16시까지라고 되어 있었지만 실제로는 아침 6시 반에 숙소를 나서서, 현장 종업까지는 빨라도 16시 30분, 늦을 때는 17시를 넘는 경우도 있었다. 이후 숙소에 돌아오면 거의 18시가 되는 날도 꽤 있었다. '이건 서비스 야근**이지 않나!' 하고 화를 내고 싶었지만, 고용 당하는 입장에서는 이제 와서 이상하다고 말도 못하고 조용히 '고용계약서'에 도장을 찍을 수밖에 없었다.

천적은 비

매일 아침, 6시 조금 지나 식당에서 밥을 먹고 6시 반쯤 다케모토 씨를 제외한 6명이 더블캡에 올라타 현장으로 향한다. 어깨를 맞댄 채 정원을 꽉 채워 이동하는 차 안이 쾌적하다고 말하기는 어렵다. '통근차 포함'이라는 건 말뿐, 우리들이 직접 교대로 운전해서 이동하는 게 현실이었다. 운전에 익숙하지 않

---

* 헤이세이 27년으로 서양력으로는 2015년.
** 회사가 야근수당을 지불하지 않는 것.

은 25세 K가 한 번은 연석에 부딪혀 타이어를 펑크 낸 적이 있었다. 그때 다케모토 씨는 "운전도 잘 못하는 사람에게 운전을 시킨 모두에게 공동 책임이 있다"며 타이어 값과 수리비를 나눠서 내도록 했다. 확실히 K의 실수이긴 하지만 동료들은 업무상 사고임에도 불구하고 모두에게 대금을 지불하게 하는 것에 불만을 품었다. 하지만 결국 K 혼자 전부 부담하는 것은 불쌍하다며 그냥 넘어가기로 했다. 수리 대금이 그닥 많이 나오지도 않아서 나중에 회사가 대금을 지불했지만 우리들의 기분은 찜찜할 뿐이었다. 나도 운전하는 경우가 있었는데 만약 사람이 다치는 사고라도 일으키면 어쩌나 하고 내심 불안했다.

제염 작업에서 성가신 것이 있다면 비나 눈이 와서 작업이 중지되는 것이었다. 아침부터 폭우가 내리면 모를까, 현지에 도착했는데 비가 내리면 작업을 할지 말지 판단하기 어렵다. 옥외 작업인 만큼 미끄러지기 쉬운 둑에서 작업하는데다, 풀이 젖어 있으면 베는 것도 어렵고 벤 풀을 모아 후레콘백에 넣는 것도 무리다. 이슬비 정도면 할 수 있지만 그 이상 비가 내리면 작업을 중지할 수밖에 없는 것이다. 우리들도 비가 오는 데 우비까지 입고 작업하고 싶지는 않은 게 사람 마음이지만, 일용직 신분이기 때문에 그렇게 하지 않으면 밥줄에 지장이 생기는 것이 현실이었다.

문제는 작업 중지 지시가 늦는다는 것이었다. 아침에 비가 적게 오면 조례를 한 후 일단 현장에 가서 차 안에서 대기한다. 하늘이 개면 "갑시다."라고 말할 때도 있지만 "오늘은 중지."라고 말할 때도 있다. 2차 하청인 이유로 원청 회사로부터 지시를 기다려야 해서 판단에 시간이 걸리는 경우가 허다했다. 같은 현장이지만 다른 원청 회사 밑에서 일하고 있는 작업원은 벌써 퇴근하는데 이쪽은 아무리 기다려도 연락이 오지 않는 일도 많았다. 동료들의 심리는 복잡해서 비도 오는데 하기 싫다는 사람이 있는가 하면, 숙소에 돌아가도 할 일이 없으니까 돈이라도 벌어야 한다는 사람도 있었다.

숙소에는 여러 하청 회사가 들어와 있지만 이른 아침부터 우천으로 작업 중지 지시가 내려져 현장에 가지 않았다는 회사도 있었다. 그런데도 우리가 속한 회사는 웬만한 폭우, 폭설이 아니면 일단 차에 태워 현장에 보낸다. 그러다가 중도에 작업 중지가 되면 한 푼도 안 나오는 것이다. 심할 때는 모처럼 여기까지 왔으니 '자원봉사'로 당번 일의 간이 화장실 청소를 하라는 지시를 받은 적도 있다. 오전 중에는 일하고 오후부터 작업 중지가 될 때에는 '일당의 절반'을 지급하도록 되어 있지만, 한두 시간 대기하다가 작업 중지가 되어 버리면 수지를 맞출 수가 없다. 날씨에 좌우되는 것이 토목 노동자의 숙명이라고 하면 할 말 없지만 역시 마음 한구석이 꺼림직하다. 일일 고용 제염 작업원의 비애를 절절히 느꼈다.

날림 피폭 대책

우리들이 매일 제염 작업을 한 나미에정 사카타 지구는 제1원전으로부터 직선 거리로 북서쪽으로 8킬로미터 정도 떨어진 곳에 위치한 '피난구역'이다. 주민들에게 일시 귀가는 허용되지만 장시간 있는 것은 금지되어 있다. 그 정도로 선량이 높은 곳이다. 하지만 장소에 따라 꽤 달라지기도 한다.

우리들의 담당 구역인 제방도 위치에 따라 선량이 제각각이었다. 1킬로미터 이상 긴 제방 구역이었지만 강 상류의 숲 지대로 가면 갈수록 선량이 높아졌다. 덧붙이자면 나미에고등학교 뒤편의 강 하류 쪽에서는 2~3마이크로시버트(1시간)였지만, 강 상류 아부쿠마 산지 근처에서 측정하면 20~23마이크로시버트를 기록했다. 원전이 폭발했을 때, 때마침 불어온 북서풍을 타고 대량의 방사성 물질이 내려앉은 지구가 여기였다. 마침 이 제방은 북서 방면으로 뻗어 있어, 강 상류로 가면 갈수록 선량이 확 높아진다. 아무리 그래도 1킬로미터당 10배나 차이가 나는 것에는 깜짝 놀랐다.

이곳에서 매일 약 8시간 동안 작업을 하지만, 그 방호 대책은 참으로 허술하기 짝이 없었다.

우선, 개인의 외부 피폭선량을 재기 위해 배부된 선량계. 일에 착수할 때 작업자증의 바코드를 판독 기계에 갖다 대어 입장체크를 한 후, 책상 위 상자에 산더미처럼 쌓인 선량계를 각자 집어들어 스위치를 켜는데 가끔 그걸 잊어버리는 사람도 있었다. 그래도 문제가 없었던 것이, 반납할 때 당일 적산積算선량을 보고하는 것은 각 개인으로, 스위치 켜는 것을 잊어버렸어도 적당한 수치를 담당자에게 말하면 되었던 것이다. 기계 조작에 실수가 있어서 수치가 이상하게 나와도 담당자는 동료와 같은 숫자를 적어 넣어 준다. 제1원전과 비교하면 10분의 1 이하 정도의 선량이니까 다소 오기가 있어도 영향은 없다는 것인가.

  매일 외부 피폭 검사를 한다고 해도, 나미에고등학교 입퇴역소에서 담당자가 GM관(방사선측정기)으로 전신 측정을 하고, 눈으로 대충 볼 뿐이다. 이치에프(제1원전)의 엄격한 검사와는 비교도 되지 않는다. 차량 타이어의 방사선 측정도 매일 검사장에

제초 작업 중인 나. 나미에정 사카타 지구

가서 측정하도록 되어 있지만, 바쁠 때는 생략해 버릴 때도 있다. 일단 차량 번호는 체크하지만 검사는 어디까지 임의적이다.

게다가, 제염 작업원에게는 유리 배지를 휴대할 의무도 없다. 작업 중 외부 피폭은 선량계로 계측하지만 근무시간 외의 피폭선량은 재지 않는다. 제1원전 작업원 등은 상시 유리 배지를 휴대하도록 되어 있어 관리지구 바깥으로 통근 시 등등 1일 24시간 동안의 외부 피폭선량도 기록해서 매월 적산값에 더하지만, 제염 작업원에게는 해당 없는 이야기이다. 제1원전과 비교하면 적은 값일지도 모르지만, 개인의 정확한 선량을 잴 자세조차 되어 있지 않다는 느낌을 받았다.

또한 내부 피폭 대책도 안이하다. 일단 작업 지역에 들어갈 때에는 고무장갑, 면장갑, 서지컬 마스크가 지급되지만, 제1원전처럼 커버올*을 입지 않는다. 헬멧, 고글, 아노락**, 안전조끼는 각 회사가 지급하지만 안전장화나 작업복은 각자 부담이다. 피난구역 중 고선량 지역에서는 커버올이 지급되는 곳도 있었지만, 나미에정을 비롯한 많은 제염 현장의 방호 체제는 안이했다. 관리, 감독도 철저하지 못하고, 현장에서는 아무렇지도 않게 마스크를 벗는 것도 일상다반사인 데다가, 오염된 장갑과 아노락을 처분하는 일도 대충대충이었다. 작업자의 교육과 지도도 현장 감독에게 일임되어 있는 것이 현실이다. 이래가지고서는 코와 입으로 들어오는 방사선 물질을 방호하는 데 불충분하

* 윗옷과 바지가 이어진 옷으로 작업복이 많다.
** 후드가 달린 짧은 외투.

다고밖에 말할 수 없었다.

또한 애초부터 휴식 시간과 점심시간에 사용 가능한 휴게소가 없어, 좁은 차 안에서 쉴 수밖에 없는 문제도 있었다. 많은 사람들이 휴식 시간에 담배를 피우는데 그때는 당연히 마스크를 벗고 필 수밖에 없다. 게다가 차 안에 연기가 차게 되니(나 같은 비흡연자도 있으므로) 창문을 조금 열게 된다. 그때 바깥 공기의 오염 물질이 차 안에 들어오게 되며, 입과 코를 통해 체내로도 들어올 가능성이 충분히 생긴다. 점심시간에는 나도 마스크와 고무장갑을 벗고 밥을 먹는데, 그때 창문을 열어 버리면 당연히 오염 물질을 섭취하게 되는 것이다. 위에서는 '담배는 밖에서 피우지 말도록.' 하고 지시해, 나를 비롯한 비흡연자들은 어쩔 수 없이 화장실차(간이 화장실을 화물칸에 설치한 경트럭)에 가서 쉴 수밖에 없었다. 하지만 길거리나 덤불 속에서 담배를 피우는 사람도 가끔 보았다. 종업 시에도 신체 오염 측정조차 없이 먼지투성이의 작업복 그대로 숙소에 돌아가는 경우도 있었다. 환경성의 외부, 내부 피폭에 대한 방호 체제, 교육이란 대체로 형편없음을 실감했다.

2명이 보충되었지만

H가 그만두게 되어, 회사는 3월 말에 2명을 후임으로 넣어주었다. 이걸로 우리 팀은 8인 체제가 되었지만 사기는 오르지

않았다. 다케모토 씨는 "일이 늦어지고 있다고 위에서 말이 나왔다"며 재촉했지만 동료들 중에는 "우리가 게으름을 피우고 있다는 말이냐!"라고 하며 반발하는 사람들도 있었다. 하긴 당초 20명이 일할 예정이었지만 7명밖에 모집이 되지 않은 데다가, 그중 2명(나를 포함)이 초보자. 그리고 1명이 그만두게 되었으니 공사 기한에 맞추지 못할 거라는 초조함이 생기는 것이 어찌 보면 당연하다. 하지만 동료는 "처음부터 무리였어. 진심으로 하려고 했다면 미경험자는 채용하지 말든지, 일당을 좀 올리든지, 대안은 얼마든지 있었을 텐데 말이야."라고 차갑게 말했다.

그래도 급히 경험자 2명을 넣었고, 나 같은 신입도 점점 일하는 요령을 익히게 되어 제염 작업은 속도가 붙고 있었다. 그새 엄격했던 다케모토 씨의 지시도 느슨해졌다. 처음에는 목초와 나무뿐만 아니라, 지면으로부터 5센티미터 정도 흙을 정확히 긁어내도록 지시하곤 했지만, 이제는 흙은 적당히 해도 되니 표면의 풀만 제대로 베라고 말했다. 또 K 건설 담당자가 진행 상황 점검을 나온 동안에는, 풀을 베서 땅 표면의 흙이 보이면 제염 작업을 했다는 증거가 되므로 외관만 잘 정비하라는 지시를 하기도 했다. 이른바 날림공사라는 것이다.

게다가 8명으로는 공사 기한에 맞추기 어렵다고 생각했는지 다른 회사로부터 사람을 빌려오기도 해서 작업원 수는 3배 이상이 되었다. 처음에는 계속 이어지는 둑을 보고, 이건 여름까지는 걸리겠다며 막막하기만 했는데, 인해전술을 쓰자, 어느새 제방의 풀들은 점점 사라져 가고 있었다.

주지周知회

어느 날, 오전 중 갑자기 "오후에 주지회를 할 테니 전부 공터에 모이도록." 하는 지시가 있었다. 이 '주지회'라는 것은 현장에 어떤 사건이 있을 때, 긴급히 작업원을 모이게 해, '야단'치는 모임이라고 한다. 그날은 우리들이 벤 풀과 나무 중에 금속 조각이 섞여 들어가 있었다는 게 이유였다. 매일 하는 초목 집적 작업 중에는 작은 잡초나 토사는 후레콘백에 넣지만 큰 나무와 대나무는 후레콘백에 넣는 대신 따로 정리해서 트럭에 하적하고, 좀 떨어진 집적소에 옮겨 큰 파쇄기로 분쇄해서, 작은 조각 형태로 처리해야 한다. 그때, 풀과 나무 이외의 이물질이 들어가면 기계가 멈추거나 드물게는 파쇄기의 이가 망가지는 경우도 있다고 한다. 집적소는 이런 일반 초목 외에도 대나무류 전문 파쇄기를 설치한 곳이 따로 있어, 모아 온 초목 중 대나무가 많이 발견되면 "제2집적소(대나무 전문)에 가져가"라며 반입을 거절하고 있다.

집적소에는 주변 지역에서 여러 업체가 오는데 어찌된 일인지 이날 아침, 우리 팀을 혼입된 이물질을 들고 온 '범인'으로 단정지어 버렸다. 주지회에서는 사실 경과 보고가 있어 우리들에게 설명을 요구했지만, 모두 "그런 철 조각은 본 적도 없다"며 완전 부정했다.

나도 하적 작업에 참여하고 있었는데, 작은 금속이라면 몰라도 지적 당할 만한 금속 덩어리를 넣을 리가 없었다. 집적소를 담당하는 H 중기 담당원이 수많은 업자들 가운데 대체 왜 우리들을 지목한 건가, '억울하다'는 목소리도 나왔다. 우리가 신참이어서 좋게 보이지 않았는지 모르지만 H 중기 작업원의 태도에 화를 내던 하적 담당 T가 '(H 중기) 쟤네들 양아치구먼.'이라고 하기도 했다. 결국 이 사건은 유야무야되었다. 상부인 K 건설은 주의가 있었기 때문에 형식적으로라도 '주지회'를 열어 구색을 맞추려 한 것일지도 모른다.

그다음 주에도 주지회가 열렸다. 이번에는 지게차로 작업을 하던 중, 실수로 가선을 절단했다는 것이 이유였다. NTT(일본전신전화주식회사)의 전화선이었다고 하는데 이번에는 범인이 명백했기 때문에 모두에게 주의만 주는 주지회였다. 재발 방지책을 의논한 후, '눈에 띄는 핑크 리본을 가선에 묶어 두자'는 제안이 나왔다. 다음 날부터 실행하기로 되어, 이 일은 원만히 해결되었다.

애당초 이 주지회를 여는 K 건설 책임자는 현장에 거의 얼굴을 내비치지 않는다. 조례에서 지시만 전하고, 특별한 용무가 있지 않는 한 작업 현장에는 오지 않는다. 매일 종업 후에는 이전에 말한 결혼식장으로 쓰였던 곳에 설치된 JV 사무소 내의 K 건설사 방에서 각 팀의 조직 장이 참여하는 미팅을 한다. 하지만 정말 중요한 일이 아니면 우리에게까지 내용이 전달되거나 하지는 않는다. 환경성을 꼭대기로 해서 JV, 원청 회사 19개, 우리들 2차 하청 회사라고 하는 피라미드 체제는 비밀주의 그 자체인 것이다.

입소 당초, 건설 현장에서 오랫동안 경험을 쌓아 온 다케모토 씨에게 "요즘은 담합 같은 거 없지 않나요?"라며 농담처럼 물어본 적이 있는데, "있는 게 당연하잖아!"라는 답이 돌아왔다. 실세에 의한 '말 한마디'로 담당 회사가 결정되는 게 당연하다는 것이다. 공공 공사 일반에 대해 말한 것이었지만, 이 제염 작업에도 역시 담합이 있겠다는 생각이 들었다. 그러고 보니 제염 담당 구역은 각 JV로 나뉘어져 있다. 그 아래에 우두머리 역할을 하는 원청 담당자가 있다고 해도 이상하지 않다. 하라정에 있는 주점가에서 동업계의 사람들로 보이는 그룹과 자주 마주친 적이 있었는데 그게 바로 담합의 자리였던 걸까.

나미에의 벚꽃

4월에 들어선 어느 날 아침, 상부의 K 건설 부장이 조례에서 이상한 말을 했다. 내용은 "예정되었던 다음 구역의 일에 관해서 말인데, 어젯밤 H 중기 사장이 위의 JV 담당자에게 전화해서 다음 구역 일을 자신들이 하겠다고 했다고 해서, 그러기로 했습니다."라는 것이었다. 들어 보니 당초 이곳 지역 출신인 H 중기가 마땅히 담당하기로 되어 있었던 일인데, '사람 수가 안 맞는다'는 이유로 우리들이 일을 맡아 왔다는 것이다. 그것이 갑작스럽게 '우리들에게 그 일을 맡기'라는 직담판으로 돌아온 것이다. 부장의 말씨를 보니 그쪽 사장이 '무서운' 사람이라는 것 같다. 일을 부탁하는 입장의 JV로서는 약자의 입장이 될 수밖에 없지만, 아무리 그래도 그런 '말 한마디'에 일을 빼앗겨 버리다니, 말도 안 되는 일이었다. 그래도 그때는 별일 아닌 것으로 생각하고 넘어갔지만 그것이 전조가 될 줄이야.

매일 제방과 싸움을 벌이는 일은 단조로워서 재미는 없었지만, 자연의 바람과 태양 아래에서 몸을 움직이는 것이 그렇게 괴롭지는 않았다. 예전 우편물 배달을 할 때에도 사계절의 변화를 느끼면서 하는 외부 작업은 꽤 괜찮다고 느꼈었다.

4월 상순, 제방의 길을 따라 심어진 벚꽃나무들이 일제히 개화하기 시작했다. 일을 시작했을 즈음에는 폭설로 은빛 세계였

늘어선 벚꽃나무 아래에서 제염 작업

던 제방이었는데, 눈이 녹고 갈색 흙빛이 드러나는 3월에 들어서자 신록이 펼쳐졌다. 그리고 지금은 빨갛고 노란 들꽃들 위에, 눈부신 벚꽃잎의 분홍 융단이 덮여 있다. 이제는 벚꽃잎이 눈처럼 흩날리는 계절이 온 것이다. 제방의 경사면에서 묵묵히 일을 하고 있는데 갈퀴 위로 벚꽃잎이 내려앉았다. 순간 나에게 어떤 단어도 함께 '내려왔다.'

제염하는 갈퀴 위에 내리는 꽃잎, 귀여워할 새도 없이 떨어지는 나미에의 벚꽃

이때 떠오른 단가를 투고했더니, 후일 '아사히가단朝日歌壇*에 게재되었다. 태어나 처음으로 지은 단가短歌였다.

해고?

처음에는 호랑이 중사처럼 일을 재촉하던 다케모토 씨의 말투에 변화가 생긴 것은 4월에 들어서면서였다. "일이 줄어들었다"고 말하기 시작하더니 다음 달 5월에 있는 황금연휴에는 "각자 쉬고 싶은 만큼 쉬어도 좋다"고 말하기에 이르렀다. 그리고 나서 4월 하순 어느 날 오후에, 갑자기 "전부 모여 달라"며 집합을 시키더니 "5월부터는 일이 있을지 없을지 잘 모르겠다"고 통

* 조간 〈아사히신문〉의 단가 투고란.

보했다.

계약서에는 '제염 작업 예정일 27년(2015년) 7월 31일'이라고 1년 이상은 일이 있는 것처럼 적혀 있었다. 그래 놓고서는 아직 4개월도 되지 않았는데 작업이 곧 종료될 것 같은 분위기였다. 나를 비롯해서 모두가 놀란 것은 당연한 일. 3월 말부터 투입된 사람들 입에서 "망했다."라는 말이 나오는 것도 십분 이해가 갔다. 새로 온 두 사람은 지금까지 몇 군데에서 제염 작업을 한 경험이 있는데, 공사 기일 종료로 우리들이 있는 이곳 C사에 응모한 것이었다. "제염 작업을 고를 때는 꽝이 있지. 그런데도 들어와 보지 않으면 몰라."라며 좌절한 듯 말했다. 들어온 지 1개월만에 공사 기일 종료 통보를 받은 이번 경우가 완전히 꽝이라는 것이다.

다음 날 다케모토 씨가 "5월 황금연휴가 끝나면 농업도로 옆 용수로 제염 작업에 들어가게 되지만 인부 수는 절반 정도면 될 것 같다"고까지 말해, 모두들 지긋지긋하다는 듯 구직 활동에 돌입했다. 다케모토 씨도 더 노골적으로 "제1원전에는 일도 더 재미있고 급여도 좋은 곳이 얼마든지 있다"고 아주 가볍게 농담을 하듯 다른 곳으로의 취업을 권장하는 말을 했다.

그리고 5월 연휴가 끝나 어느새 제염 작업이 종료되고, 근처의 용수로 청소 작업으로 넘어가게 되었다. 다음 주 점심시간 끝에 다케모토 씨가 모두를 모이게 해, "일은 6월 말로 끝나게 되었다"며 정식으로 통보했다. 화난 동료 T씨가 "해고라는 것입니까?"라며 언성을 높였다. 당황한 다케모토 씨는 "그런 게 아니다."라고 하며 말을 흐렸지만 7월부터 일은 확실히 알 수 없는 상황이었다. "그런 거라면 오늘 부로 여길 그만두겠습니다."라고 말하는 사람도 있었다. 다케모토 씨는 "지금 갑자기 그만두는 것도 곤란하다"며 모두를 필사적으로 달랠 뿐이었다.

이렇게 되자 모두는 의심으로만 가득 차, 언제 그만둘지 서로 눈치를 보는 얼굴들이었다. 나는 그 이야기가 나올 때부터 좋은 기회라고 생각해, 5월 중에 퇴직할 결심을 굳히고 있었다. 경사면 작업이 계속되어 지병인 요통이 악화된 데다가, 갈퀴와 빗자루를 계속 쥐고 일한 탓인지 손목이 저리기 시작했기 때문이었다.

이번에 시작하는 용수로 청소 작업은, 사람 수가 적어지면 적어질수록 남은 사람에게 부담이 될 것은 불 보듯 뻔한 일이었다. '빨리 그만두는 사람이 승자'라는 분위기였지만 바로 다음 일을 찾을 수 있는 것 또한 아니므로, "어쩔 수 없으니 6월 말일까지 일할까."라고 하는 이도 있었다. 이미 교실 붕괴가 아닌 팀 붕괴 상태가 되었고, 나를 포함한 3명은 퇴직 의사를 밝혔다.

날짜를 적지 않는 '퇴직원'

며칠 후, 회사 상부 '차장'이라는 사람이 현장 사무소에 와서, 정식으로 이야기했다. "당초 좀 더 길게 일해 달라고 부탁할 예정이었습니다만, 저희들의 힘이 부족해서 죄송하게 되었습니다."라며 우선 사과부터 해 왔다. "원청에서 다음 공사 구역 수주를 받았습니다만, 서류 등의 준비로 작업 개시까지 3개월이 걸릴 것으로 생각됩니다."라며 변명도 덧붙였다. 그러고 나서 '하지만'이라는 말과 함께, "이것이 고용 정지라는 뜻은 아닙니다. 희망하시는 분이 있다면 저희 회사가 있는 센다이 쪽에 다른 일거리가 있습니다. 다만 지금보다 조금 급여가 낮아지긴 합니다."라며 이야기를 이어갔다. 그 '조금 낮아지는 급여'가 문제다. 제염은 국가로부터 1만 엔의 위험수당이 나오지만 다른 토목 현장에서는 받을 리 없으며, '조금'이라는 것이 정말 '조금'이라고는 아무도 생각하지 않을 것이다.

이 이야기를 들은 동료들은 "1년은 갈 거라고 생각했는데. 적어도 반년은 계속하면 실업보험이랑 유급휴가도 받을 수 있었을 텐데."라며 불만을 표출했다 화를 내던 동료 중 1명은 '오늘 그만둘 것'이라고 해, 차장이 필사적으로 만류하여 겨우 일단락되었지만 모두들 실망한 얼굴로 발길을 돌렸다. 돌아갈 때 사무원이 "날짜는 안 적어도 되니까 퇴직원을 적어 주세요."라는 말과 함께 종이를 주었다. 이걸로 '해고'가 아닌 '자기 사정에 의한 퇴직'으로 할 셈이다.

불만은 있었지만 나는 퇴직 의사를 이미 전했기 때문에 그 자리에서 '일신상의 이유'로 시작하는 전형적인 퇴직원을 적어 냈다. 하지만 '사실은 고용 중지지 뭐.'라는 생각을 떨칠 수가 없었다.

그날 밤, 마음이 맞는 동료 T와 함께 동네 술집에서 송별회를 했다. 그는 이 제염일 다음에는 꼭 이치에프*에 가서 일하고 싶다고 했다. 사실 제염에 오기 전에 이치에프의 하청 회사 면접에서 "죽어도 좋으니 일하고 싶습니다!"라고 말했지만 '의욕 과잉이 채용 불가의 원인'이 된 쓰라린 경험이 있다고 한다. 하지만 후쿠시마에 온 이상 꼭 제1원전에서 일해 보고 싶다고 한다. 나도 다음은 이치에프 행에 도전하겠다고 하자, "자 그럼 먼저 가서 기다리세요."라고 격려하며 서로 악수했다. 그는 이후, 도미오카정의 제염 작업에 들어갔다고 했다. 어찌된 건지 그곳에는 우리들과 한 팀이었던 N이 조직 장으로 T를 직접 다루는 상사로 부임해 왔다고 한다. T는 전화로 "이거 곤란하게 되었어."라고 말했다.

후쿠시마를 떠나기 전날 밤, 친해진 술집 가게 주인에게 "그동안 신세 많이 졌습니다."라고 인사하니 "꼭 다시 후쿠시마에 와 주세요. 이곳을 잊지 말아 주세요."라는 대답을 듣고, 가슴이 시려 왔던 것을 아직도 기억한다.

---

* '이치'는 일본어로 숫자 1을, '니'는 일본어로 숫자 2를 뜻하며, 일본에서는 후쿠시마 제1원전, 제2원전이라는 호칭과 함께, 사고가 일어난 원전이라는 점을 강조하는 의미의 고유명사로 '이치에프', '니에프'라는 호칭을 사용한다. 본문 94쪽을 참조하라.

무엇을 위한 제염 작업인가

　매일매일 제방 경사면에서 제염 작업을 계속하다 보니 '무엇을 위해 이 일을 하는 걸까?'라는 의문이 문득 들었다. 길고 긴 후쿠시마의 겨울이 끝나고 한꺼번에 개화한 알록달록한 화초들을 '제염'이라는 명목하에 가차없이 베어 나가는 우리들. 흙 속에서 얼굴을 내미는 개구리와 뱀, 곤충들을 오염토와 함께 검은 대형 후레콘백에 밀어 넣는다. 불쌍하다고 느끼면서도 일이므로 선을 긋는다. 녹색의 땅을 점점 갈색으로 바꿔 나가는 일 말이다.
　'자연 파괴'라는 말이 떠오르지만 이미 이곳 후쿠시마의 자연은 원전 사고로 인해 파괴된 것 아닌가 하는 생각이 서로 엇갈렸다. 올려다보면 푸른 하늘에는 새들이 자유롭게 날아다니고 둑 밑 개울에는 물고기가 떼지어 헤엄치고 있었다. 봄에는 산나물과 죽순, 가을에는 버섯과 나무의 열매가 나는 한적한 산골 마을의 풍경이지만 그곳에 인간의 모습은 없다. 멧돼지도 자주 보였지만 이쪽에 인간이 있는데도 강 건너 대나무 숲을 한가롭게 걷고 있었다. 사고가 나고 3년이 지났기 때문에 사고 후에 태어난 멧돼지일지도 모른다. 이전 인간들이 많았던 풍경을 알지 못해서 인간에 대한 어떠한 공포심도 없는 걸까. 오가는 국도 6호선을 지나다 차 안에서 흩어진 잔해 위에 서서 우리를 내려다보는 듯한 멧돼지도 보았다. 왠지 '우리들이 사는 곳을 이 지경으로 해 놓다니.' 하고 달리는 차 안의 인간들을 위협하는 듯이 보였다.

아무것도 모르는 야생동물들은 조용히 자유를 노래하는 듯하지만 장래 이 생태계가 어떻게 변화해 갈 것인지 그리고 방사능 오염에 의한 먹이사슬이 각각의 개체에 어떤 영향을 미칠 것인지 아무도 알지 못한다. 인간이 저지른 잘못이 땅의 모든 생명의 미래를 바꾸어 갈 것이라는 생각이 미치자, 다시금 원전으로 저지른 죄의 깊이를 인식하게 된다. "이건 제염이 아니라 제초잖아." 공사 마감일이 다가오자, 표면의 풀만 베어도 좋다는 지시가 내려져 결국 형식뿐인 '제초' 작업을 하게 되었다. 초보도 다 아는 사실이지만 오염의 근원이 되는 토양을 제거하지 않

제방에 올라 바라본 후레콘백 산

으면 공간선량은 별로 내려가지 않는다. 실제로 내가 제염 작업을 한 나미에정의 하천 부지 공간선량은 작업 전 1시간당 4마이크로시버트를 넘겼지만, 작업을 실시하고 3개월 후 같은 곳을 계측해 보니 3.5마이크로시버트로, 아주 조금밖에 내려가지 않았다. 이런데도 환경성은 '수치가 내려갔다'고 할 것인지.

제염 직후 땅의 표면이 벗겨져 버린 둑도 3개월이 지나면 새싹이 다시 여기저기 얼굴을 내밀어, 녹색과 갈색의 얼룩무늬가 된다. 한여름이 되면 원래의 녹색 융단으로 뒤덮여서 선량도 다시 오르겠지. 그렇기에 작업원들이 "제초 작업"이라고 빈정대는 것이다. 그러는 중에 베어 낸 나무와 깎아 낸 토석 등을 채운 검은 후레콘백 산이 점점 만들어졌다. 원래는 논밭이었던 평지에 갈 곳 없는 오염 봉투들이 야적되는 광경은 이상하기 그지없다. 시간이 지나면 후레콘백 표면에서부터 오염 물질이 토양으로 스며드는 것이 불가피하다. 사실, 억지로 밀어 넣었던 나뭇가지가 후레콘백을 뚫고 튀어나온 광경을 몇 번이나 보았다.

그것을 두려워해서였을까. 우리가 임시로 썼던 논 중에서도 주인이 빌려 주지 않겠다는 곳이 있었다. 우리는 조례 시간에 지도를 보면서 "이 구역에는 절대 들어가지 말도록." 하고 엄하게 주의를 받기도 했다. 그리고 작업원 중 누군가가 무단으로 발을 들인 일이 있었는지, 주인이 JV 담당자에게 불같이 화를 냈다고 한다. 역시, 조상으로부터 대대로 물려받은 땅이 이런 검정 포대로 뒤덮여 버리면 걱정이 되겠지. 또한 외지인인 작업원이 자신들의 논밭에 들어간다는 것에도 저항감이 있을지도 모른다. 하지만 제염을 해야 하는 것 또한 사실이다. 정부는 오쿠마정과 후타바정에 중간 저장 시설을 건설하도록 정했는데, 제1원전 주변의 국가 직할 제염 대상 지역인 시정촌 11곳에는 이러한 가설장이 175개소나 설치되어 있다고 한다. 시설이 다 지어진다고 해도 이만큼이나 많은 포대를 이동하는 것은 쉬운 일이 아닐 뿐더러, 그 이후 다시 제염 작업을 한다고 해도 결국 원래의 논밭으로 되돌아갈 수 있을지 모르겠다. 일단 논밭과 농도의 제염 작업은 표토 5센티미터를 긁어내어, 그 위에다가 오염되지 않은 산의 모래를 깐다. 하지만 흙이 생물을 길러 낼 수 있을 정도로 회복되기까지는 시간이 몇 년 걸린다고 한다. 하물며 후레콘백이 놓여 있던, 오염수가 깊은 지층까지 침투해 버린 논에는 아득한 긴 세월이 필요하지 않겠는가.

어느 정도 제염해야 사람이 돌아올까. 자문을 가슴에 새기는 나미에의 풀과 꽃들

아사히가단, 5월 19일 게재

절반이 미집행된 제염 예산

이곳 나미에정에 있는 이주제한구역(연간 적산선량이 20밀리시버트를 넘을 위험이 있는 지역)은 환경성이 "희망자가 하루라도 빨리 고향에 돌아올 수 있도록 헤이세이 28년도(2016년)까지

는 20밀리시버트 이하로 만드는 것을 목표"로 제염 작업을 하고 있는 '제염특별지역'이다(장기적으로는 넌간 1밀리시버트 이하를 목표로 한다고 한다). 우리가 맡은 구역(나미에정 사카타 지구)은 환경성의 기준을 충족했다며 나미에정에서는 최초로 '제염 완료' 지역이 되었다.

나미에정은 헤이세이 29년(2017년) 3월에 피난 지시 해제를 목표로 '부흥 거리 만들기 계획'을 추진하고 있다. 그 전제는 제염에 의한 선량 저감이다. 그러나 재해를 입은 각 현의 제염 작업이 대부분 끝난 것과 비교해, 후쿠시마현의 제염은 별로 진척되지 못하여, 나미에정의 경우 2013년도에 택지와 농지의 5퍼센트, 도로와 숲의 8퍼센트 정도만 겨우 제염 작업이 완료되었을 정도다. 후쿠시마현 전년도 예산에서 제염 비용은 9960억 엔이었지만, 실제 집행된 예산은 50.1퍼센트에 그쳤다. 그 이유로 거론된 것이 인력 부족과 인건비, 자재비 급등이다.

왜 사람이 모이지 않는 것인가? 확실히 올림픽 때문에 도쿄 쪽으로 노동자가 흘러가는 것도 있지만, 제염 현장 근로 조건이 너무 나쁜 것도 이유이지 않을까? 땡볕 아래 혹은 혹한의 날씨에도 방사능에 노출될 위험을 견디며 하는 노동의 대가 치고는, 일일 특수근무수당 1만 엔(일률)에 5천 엔에서 7천 엔의 일당(하청 회사별로 다르다.)은 결코 많다고 할 수 없다. 그런 가운데 환경성은 "제염 개시 2년 만에, 선량이 떨어지는 등 환경이 개선되었다"며, 2014년 4월부터 거주 제한, 피난 지시 해제 준비 구역 특수근무수당을 하루 1만 엔에서 6600엔으로 감액했다(나미에정 등 귀환 곤란 구역은 그대로 유지한다). 이래가지고서는 노동자가 모일 리가 없다.

더욱이 문제는 돈만이 아니다. 환경부를 최상으로, 대형 건설사(제네콘)를 비롯하여 계층화되어 있는 하청 구조에서 제염 노동자는 무법 상태에 놓여 있다. 앞으로 5조 엔을 넘을 거라고 하는 제염 예산에 모여드는 건설사들. 하지만 수당에서 돈 떼기 및 산업재해 은폐, 이중 파견 등 위법 사례는 4차, 5차 하청 구조를 가진 현 상황에서는 없어지지 않을 것이다. 과거 그대로의 봉건적 건설 현장에서 감독(조직의 장)의 권력은 절대적인 것으로, 파워하라가 생기는 건 당연한 일이다. 직장뿐만 아니라 합숙소에서 숙식을 함께 하는 중에는 초등학생 수준의 이지메나 고자질도 일상다반사로 일어난다. 실제로 나의 동료 중에는 어떤 신입을 두고, "저 녀석, 괴롭혀서 내보내야겠다."라고 공공연하게 말하는 사람도 있었을 정도다. 그런 환경에 싫증이 나서 그만두는 사람도 많다. 동료 중 하나는 "돈이 아니야. 조금 덜 받아도 즐거운 현장이 좋아."라고 곧잘 말했다. 이렇게 제염 노동자는 좀 더 나은 현장을 찾아 철새처럼 떠돌아다니는 것이다.

집단 보이콧 사건

나는 같이 일하고 있는 동료들로부터 다른 현장의 여러 가지 이야기를 듣곤 했다.

예를 들어 '어묵 사건'과 같은 일이 있었는데, 어느 제염 작업자가 편의점에서 어묵을 도둑질해 경찰서에 간 적이 있었다고 한다. 며칠 후, 원청 업체에서 "회사의 명예를 더럽혔다"며, 공동 책임 명목으로 같은 하청 회사 소속 직원들에게 '출입 금지' 조치를 취했다고 한다. 심한 이야기라고 생각했지만 이처럼 현실에서는 원청 업체가 생사여탈권을 쥐고 있는 것이다.

갑자기 '고용 정지'까지 되는 일은 없지만, '괴롭힘'과 같은 취급을 받은 일화도 있다. '로테이션'이라는 단어가 듣기에는 좋을지도 모르지만, 요점은 사람이 남아 있고, 그 몇 명을 계속 교대로 현장에 보내는 것이다. 그것도 전날, 조직 장이 대상자를 종이에 적어서 붙여 놓는 방식으로 알려 준다. 조직 장의 임의적 판단으로 며칠씩이나 현장에 가지 못하는 사람도 있어서 결국은 그만둘 수밖에 없는 경우도 있었다고 한다.

이렇게 인권이 무시당하는 현장이라고는 하지만, 가만히 앉아서 당하고만 있을 노동자들이 아니다. 바로 보이콧 사건이 있었던 것이다. 어떤 현장에서 원청 회사의 조직 장 A가 하청 회사 직원 B에게 "그만두지 그래, 바보 같은 자식!"과 같은 폭언을 일상적으로 했다고 한다. 그리고 회식 자리에서 A와 동석한 B는 계속 참아 왔던 울분이 터져 버렸는지, 무심코 A의 멱살을 잡아 버렸다. 동료들이 B를 말려, 큰일로 번지지는 않았지만, A가 즉석에서 "넌 해고야!"라고 선고했고, 동료들은 "원청 회사 사람에게 해고라는 말을 들은 이상 따를 수밖에 없겠지."라며 기가 죽어 있는 B를 동정했다. 모두 다 아주 예전부터 있었던 이지메에 가까운 원청 사람들의 언동에 화가 날 대로 나 있었기에 A가 돌아가자, "내일 보이콧 합시다!"라는 말이 누군가의 입에서 튀어 나왔다. 그러자 "그래! 한번 보여 주자고!"라며 분위기가 고조되었다. 즉시 그 자리에는 없던 동료들에게 각자 나누어 연락을 했고, 그중에는 "그래도 돈 벌어야지."라며 쉬지 않겠다는 사람도 있었지만, 몇 명 빼고는 대부분이 동참 의사를 표시했다. 팀 리더도 참가하겠다고 했지만, 동료들이 그러지 않는 게 좋겠다고 충고했다. 결국 다음 날, "식중독에 걸렸다"며 20명이 넘는 노동자들이 일제히 전화로 쉬겠다고 했다. 현장에 나간 것은 몇 명뿐으로, 결국 작업은 중지되었다. 다음 날도 식중독. 그러자 사태를 심상치 않게 여긴 원청 회사가 움직이기 시작했고, A의 언동에 문제가 있었다는 것을 알아챘다. 결국 B의 사건은 '불문'에 부쳐져, 해고는 없던 일로 되었고, 3일째부터는 모두 평소대로 근무했다고 한다. 자연 발생적인 파업이라고도 할 수 있겠지만, 제염 현장에서 동료들 간의 연대가 낳은 해고 철회 사례로 남았다.

술집에서

불과 넉 달 간의 제염 체험이었지만, 우편 현장과는 다른 차원의 세계가 거기에는 있었다. 미증유의 원전 사고에서 기인한, 제염이라는 특수한 직종. 피폭 당할 수도 있다는 막연한 불안을 가슴에 품고도 노동자들은 작업을 계속하고 있다. 돈뿐만 아니라, 후쿠시마의 부흥에 조금이라도 도움이 되고 싶다는 생각으로 일하는 근로자도 많다는 것을 알았다.

한숨 돌릴 겸, 매주 한 번 정도는 걸어서 30분 정도 거리의 하라정에 있는 술집에 갔다. 입소 초기에는 숙소 식당에서 저녁 식사를 먹었지만, 음주를 금지하고 있어, 할 수 없이 쟁반으로 식사를 방까지 가져와, 조촐하게나마 반주를 하곤 했다. 그러다가 동료 T로부터 "숙소 식당 음식은 비싸고 맛없으니까 안 먹기로 했다"는 이야기를 듣고 나도 즉시 동참했다. 일단 아침 저녁 식대는 급료에서 빠져나가고 있지만, 적당한 이유를 대면 먹지 않아도 된다. 바로 기숙사 장에게 가서, "당뇨병 때문에 식사에 제한이 있다."라고 T와 같은 병명을 보고하고는 공제를 받기로 했다. 이후부터는 근처 슈퍼마켓과 편의점에서 반찬이나 회를 사 와서, 방에서 느긋하게 술을 마시면서 저녁 식사를 했다. 그러나 그것도 매일 하니 싫증이 나서, 휴일 전날 같은 때는 30분 정도 걸어서 한잔하러 가게 됐다.

들어가기 좋게 생긴 가게에 들어가 혼자서 마시고 있으면, 가게 사람이 말을 걸어온다. "제염일을 하고 있습니다."라고 하면, "아, 정말 수고가 많으시네요."라고 꼭 대답해 준다. 옆자리의 현지 사람도 "멀리서 와 줘서 감사합니다."라며 내게 음식을 대접한 적이 한두 번 있었다. 입에 발린 말이 아니라 정말 고마워해 주는 거라 생각하니 솔직히 기뻤다.

하지만 어느 가게 주인으로부터 "수고는 해 주고 계시지만,

제염은 별로 의미 없지 않나요?"라는 말을 들었을 때는 조금 충격이었다. 자신은 우리가 매일 다니는 나미에정에 살며 식당을 운영했으나, 피난 와서 지금은 미나미소마시 하라정에서 술집을 하고 있다며, 이전 나미에정의 자연을 그리워하는 듯 "이제는 돌아갈 수 없지요."라고 딱 잘라 말했다. "아무리 제염 작업을 해도 숲을 작업하지 않는다면 소용없어요."라고 화난 것처럼 말하고는 고향에 돌아가는 것은 포기했다고 덧붙였다. 그러면서도 먼 곳에서부터 제염 작업을 하러 온 작업원에게 방을 빌려 주거나, 잠을 재워 주고 있다고 한다. 또 술을 마시러 가면 서비스라며 여러 가지 안주도 내주고는 했다.

이 가게에는 나미에정에서 피난한 사람도 들르는데, 어떤 여성은 매달 잠깐씩 집에 들러 방이나 뜰을 청소하며 귀환에 대비하고 있다고 한다. 돌아가지 않는 사람, 돌아가고 싶은 사람, 그 선택지는 실로 다양하다. 하지만 돌아가고 싶은 사람이 있는 이상 우리는 조금이라도 그들에게 도움이 되고 싶다. 제염이 의미 없다고 생각하는 사람이 있을지도 모르지만, 그 덕에 선량이 조금이라도 떨어진다면, 제염이 무의미하다고는 말할 수 없을 것이다.

하지만 철새처럼 제염 현장을 여기저기 돌아다니다 보면, 제염 작업을 하는 의식도 점점 희박해지기 마련이다. 내가 경험한 것처럼, 공사 기간 종료라는 최후 통지가 언제 올지 모르는 현장에서는 당연히 고용 불안 때문에 일에 집중할 수 없다. 이러한 제염 작업에는 환경성 직할 제염 작업과 지자체 발주 제염 작업이 있는데, 노동조건도 임금도 피폭 대책도 제각각 다른 것이 또한 문제다. 역시 현장을 제네콘에게 전부 맡기고 있는 현재 상황을 개선해서, 정부가 책임을 지고 일괄적으로 제염 작업을 진행하는 체제가 주민에게도 작업원에게도 필요하다는 것을 통감했다.

2장 이치에프에 들어가다

원전은 면접 세 번

2014년 5월, 본의 아니게 나미에정에서의 제염 작업을 그만 둔 나는 바로 다음 직장을 찾기 시작했다. 이번에야말로 '핵심'이라고 할 수 있는 이치에프, 즉 제1원전에 들어가고 말 것이다. 다시 하로워크에 다니는 날들이 이어졌다. 사실 저번에도 이치에프 근무를 희망했었는데, 구인표에 '연령불문'이라고 적혀 있더라도 막상 문의하면 "60세 이상 분들은 원청 업체에서 뽑지 않는다고 합니다만⋯⋯."이라며 모조리 거절당했던 경험이 있다. 이번에도 안 될 거라고 생각하면서 반쯤 포기하고 찾아보았는데, 무려 60세 이상도 "상관 없어요."라고 말해 주는 회사가 있는 거 아닌가! "내일 저녁 5시에 사무실로 오세요."라는 말을 듣고 반신반의하면서도 즉시 이력서를 들고, 이와키시에 있는

K사로 갔다.

　7월의 어느 날, 알려 준 사무실을 찾아갔는데 응답이 없었다. "실례합니다!"라고 몇 번이나 말하자, 그제야 안에서 "무슨 일입니까?" 하고 담배를 문 채 정장 차림의 남자가 나타났다. "오늘 5시부터 면접이라고 해서 왔는데요."라고 말하자, "아, 그렇군. 근데 지금 아무도 없는데요."라고 쌀쌀맞게 대답했다. 그는 "잠깐 기다리세요."라고 말하고는 어디론가 전화를 걸더니 "내가 면접할 테니까."라며 갑자기 명함을 건넸다. 명함에는 '이사장'이라고 적혀 있었다. 긴장하며 이력서를 건네자 그는 "우체국에서 일했군요. 왜 다시 후쿠시마에서 일하려고 하는 거지요?"라고 물었다. 덧붙여 말하자면, 내 이력서에는 고등학교 졸업 후 고향 우체국에 입사, 42년간 근무한 후 정년퇴직했다고 적혀 있어, 꼬투리 하나 잡기 어려울 정도로 평범하기 그지없었다. "나이는 있지만 아직 몸을 움직일 수 있으니 후쿠시마에 도움이 되고 싶어서 왔습니다."라고 내가 대답하자, 이사장은 미소를 띠우며, "나이는 전혀 문제없습니다. 일은 가벼운 작업이니까……."라며 벌써 '채용'이 결정된 분위기 같았다. 건강검진과 남은 여러 가지 절차를 설명하더니 "뭔가 하고 싶은 질문 있습니까?"라고 해서, 나는 조심스럽게 "사회보험 등은 어떻게 됩니까?"라고 물어보았다. 그러자 이사장은 "급여가 많은 편이 좋겠지요."라며 단번에 가입하지 않는다고 대답했다. 구인표에는 '건강보험, 후생연금 가입'이라고 적혀 있었는데 '말이 다르지 않냐?'고 반박하고 싶었지만 그 말을 꾹 삼키고는 "네, 잘 알겠습니다."라고 대답하고 말았다.

이것으로 면접은 끝났다고 안심했지만 이걸로 끝난 것이 아니었다. 나중에 "아직 상부 회사 두 군데와 면접이 남아 있습니다."라고 연락이 왔기 때문이다.

3차 하청, 급여는 제염보다 낮다

이전 제염 작업에서는 면접도 없이, 갑자기 현지에 집합했었지만, 원전 구내 작업의 절차는 역시 까다로웠다. 8월 상순에 다시 이와키시에 가서, 다른 사람 2명과 함께 K사의 상부 회사인 E사의 면접을 보았다. 결과는 합격. 그 위의 S사 면접도 받으라는 이야기가 있었지만 결국 생략되어, 사전 교육 때 가면 되는 걸로 되었다. 사실, 그 위에도 원청 회사 TPT(도쿄파워테크놀로지)라는 것이 있고, 그 위가 도쿄전력이라고 한다. 즉, 나의 직접 고용주는 3차 하청 회사라는 이야기다. 참고로 제염 작업을 할 때는 2차 하청 회사 소속이었다. 하청 회사가 위에 하나 더 있다고 해도 중간에서 가로채는 돈이 더 많다고는 할 수 없겠지만, 급여가 제염 작업 때 일당 1만 7천 엔이었던 것에 비해, 이번 작업에서는 1만 4천 엔으로, 3천 엔이나 적었다.

나미에정 등 특별 지역 제염은 국가와 환경성 직할 사업이므로, 작업원에게 주는 특수근무수당(위험수당이라고 부른다.)으로 1일 1만 엔(2014년 4월부터 귀환 곤란 구역 이외는 6600엔으로 감액되었다.)이 직접 개인에게 지급되었다. 하지만 원전 작업은 민간 회사인 도쿄전력이 총괄 역할을 하고 있고, 정해진 특수근무수당을 개인에게 직접 지급하는 제염 작업과는 달리, 하청 회사 각자가 지급액을 정하도록 위임하고 있다. 나의 경우, 제염 때는 일당 7천 엔에 특수근무수당이 1만 엔이었지만, 여기 이치에프에서는 일당이 1만 엔에 특수근무수당이 4천 엔이다. 특근수당만 보면 제염보다 6천 엔이나 싸서 반토막도 안 된다. "피폭선량도 높은 데다가 힘든 장비로 작업하고 있는데 위험수당이 제염 때보다 적다니 이상하네."라고 동료가 자주 중얼거렸다. 하지만 그뿐만이 아니라 제염과 원전 작업은 노동조건 이외에도 복리후생 면을 포함해서 다양한 부분에서 차이가 있었다. 이 둘은 비슷하지만 전혀 다른 일이었던 것이다.

J 빌리지에서 AB 교육

건강검진과 면접을 뚫고 드디어 마지막 등록 절차를 받게 되었다. 장소는 폐로 작업의 전진 기지로 유명해진 J 빌리지였다. 원래 이곳은 일본 최대 규모의 축구 훈련장으로, 1997년 후쿠시마현 나라하정과 히로노정에 걸친 광대한 토지에 개장했다. 이곳 J 빌리지는 이치에프에서 약 20킬로미터 떨어진 곳으로, 피난 대상 지역의 경계선에 위치해 있어, 국가와 도쿄전력이 폐로 작업의 거점 기지로 점찍어 놓은 곳이었다. 현재 하루

J 빌리지 4층에서 바라본 주차장

에 작업원 7천 명이 이용하는 시설이다. 이전의 잔디 구장은 거대한 주차장으로 변해 버려, 지코재팬*과 나데시코재팬**이 땀을 흘리며 연습했던 그라운드의 모습은 이제 어디에도 없다.

이곳에 우뚝 솟은 센터홀에는 등록 센터 및 회의실 그 밖에 식당 및 호텔도 들어와 있다. 예전에 감독과 선수들이 머물렀던 발코니가 딸린 남쪽 방에는 이제 주로 여자와 간부 사원이, 스태프 등이 사용했던 것으로 보이는 북쪽 방에는 도쿄전력 남자 사원이 기숙사로 사용하는 듯했다.

---

* 일본 축구 남자 대표팀의 별명
** 일본 축구 여자 대표팀의 별명

이곳 3층 홀에서는 오늘 'A 교육'이라는 강습을 받았다. 정식 명칭은 '관리구역 입소 전 교육'이라고 한다. 도쿄전력(위탁?) 사원이 방사성 물질의 종류, 핵분열 구조, 원자로의 구조, 베크렐과 시버트의 차이 등 원자력 발전에 관한 기초 지식을 강의했다. 두꺼운 자료를 받았지만 꽤 오래 전에 작성된 듯, 3년 전의 원전 사고에 대해서는 일절 다루고 있지 않았다. 현실과 너무나 동떨어져 있었기 때문에 담당자가 구두로 "사고 후 현재는 달라진 부분이 있습니다만……."이라고 하며, 하나하나 부연 설명을 해야 했다. 전체적인 분위기는 '방사능은 안전하다'는 인상을 줄 수 있는 내용으로, 사고에 대한 반성의 기미는 조금도 찾아볼 수 없었다.

오후부터는 'B 교육'이 진행되어, 원전 지구에 들어가는 순서, 방호복 착용 방법, 전면 마스크의 종류, 오염 지역 구분 등 원자력발전소 내에서의 작업을 위한 지식을 강의했다. 전면 마스크를 쓰는 방법도 연습해 보았다.

마지막으로는 피폭에 의한 산업재해 해당 질병에 대해 설명하는 시간이 있었다. 각종 암과 백내장, 백혈병 등 피폭에 의해 생길 수 있는 질병의 예가 언급되었고, "업무 중 피폭에 의해 이러한 병에 걸렸다고 생각하는 분께서는 가까운 노동기준감독서* 혹은 노동국에 가서서 상담 바랍니다."라는 안내도 있었다. 노동기준감독서는 산업재해 신청이 있을 경우, 조사를 통해 산

---

* 법률에 근거하여 사업자들이 최저 노동기준 등을 준수하고 있는지를 감독하는 일본 후생노동성의 산하 기관.

재 인정 여부를 결정하는 곳이다. 강사는 백혈병의 경우를 예로 들며, 연간 5밀리시버트를 넘을 경우가 인정 기준이 된다고 설명했다. 나에게도 5밀리시버트 이상 피폭 당하는 일이 생길까? 하지만 일본에서 피폭에 의한 산재가 인정받은 경우가 지금까지 13명에 그쳤다는 것을 나중에 알게 되어, 정말 '좁은 문'이라는 걸 깨달았다.

A, B 교육과 강습의 마지막에는 보기 3개 중에 하나의 정답을 찾는 식의 객관식 쪽지시험이 있었는데, 20문제 중 16문제를 맞히면(80점) 합격이었다. 비교적 간단한 문제지만 헷갈리는 것도 있어 불합격을 받는 사람도 꽤 나왔다. 하지만 그렇다고 해도 그 자리에서 담당자가 친절하게 답을 알려 주기 때문에 합격을 받을 수 있다. 참고로 나는 A 교육이 95점, B 교육이 100점이었고, 동료 중에 70점을 받아 불합격을 받은 후 재시험에서 합격이 된 사람도 있었다. 이 점수는 교육 종료 후 바로 회사에 보고하도록 되어 있었다.

중지 정맥 등록, 작업자증 교부

이후 중앙홀 2층에서 각종 증명서를 발행했다. 디지털카메라로 얼굴 사진을 촬영한 뒤, 개체 인증을 위해 중지 정맥을 등록했다. 이런 등록 절차는 제염 작업 때에는 없었다. 최근에는 은행 현금카드를 만들 때에도 정맥 인증을 하기 시작했다는데,

나는 이번이 처음이었다. 지시 받은 기계에 오른손 중지를 넣고 안쪽에 있는 버튼을 가볍게 눌러야 했는데, 이것이 마음처럼 잘 안 되다가 세 번째가 되어서야 겨우 인식에 성공했다.

각종 수속을 끝내고 30분 정도 대기한 후, 정식으로 도쿄전력 로고가 찍힌 '작업자증(구내)'을 교부받았다. 이 ID 카드는 오른쪽에는 얼굴 사진이, 왼쪽에는 개인번호 여덟 자리와 이름과 후리가나* 이름이, 그리고 바로 아래에는 바코드가 인쇄되어 있었다. 이 카드로 근무 시간이나 방사선 피폭량 등이 관리된다고 한다. 이러한 이유로 우리들은 "목숨 다음으로 소중한 것이니 절대 잃어버리면 안 됩니다."라고 몇 번이고 주의를 받았다.

* 한자를 읽기 쉽게 음으로 표기한 것.

작업자증(구내).

출입구에서는 "읽어 두라"며 A4 크기의 전단지를 받았고, 거기에는 '업무상 알게 된 정보나 자료 등을 외부의 보도기관에 함부로 누설하지 마시오.'라고 쓰여 있었다. 이른바 '정보 누설'을 금지하는 전단이다. 제염 작업을 할 때는 이런 주의까지 받은 적은 없었는데, 역시 이치에프는 달랐다.

내 얼굴 사진과 도쿄전력 로고가 붙은 ID 카드를 곰곰이 바라보면서 조금 감동했다. 드디어 염원하던 이치에프행 티켓을 거머쥐게 된 것이다.

통칭 '공무원 숙소' 입주

입소 절차를 마치고 안내 받은 곳은 이제부터 내가 살 회사 기숙사였다. 이와키역에서 북쪽으로 차로 10분 떨어진 곳에 있는 민간 아파트의 방 하나를 회사가 빌린 것이었다. 지은 지 40년 이상 된 것 같은 목조 2층 건물의 낡은 방이었다. "조금 오래되기는 했지만……."이라고는 하나, 안에 들어가 보니 곰팡이 냄새가 코를 찌른다. 다다미는 주저앉았고 벽도 얼룩투성이. 예상은 했지만 꽤나 낡은 방이었다. 목욕탕에는 작은 욕조가 있었는데 무심코 '관'이라는 말이 튀어나올 정도였다. 화장실은 물론 화식*이었는데, "여기는 그나마 좋은 편입니다. 다른 기숙사는

* 쭈그려 앉아 볼일을 보는 변기.

폿통식*이니까요."라고 해서 포기하기로 했다. 냉장고, 가스, 전자레인지도 있으니 당장은 어떻게든 견딜 수 있겠지만, 제염 작업 때 숙소에 있었던 에어컨 따위는 어디를 둘러봐도 없었다.

오봉**이 지났다고는 하지만, 아직 8월 한가운데. 밤에 잠을 잘 수 있을까 걱정이 앞섰다. 방은 6조, 8조 크기로 각각 하나씩이었고 언젠가 1명이 더 들어온다고 했다. 신경 쓰였던 룸메이트는 만나 보니 59세로, 전직 경찰관이었다고 한다.

면접 때 사장이 "기숙사에는 우체부였던 당신과 전직 경찰관이 함께 지내게 될 것 같네요. 뭐, 공무원 숙소가 되겠군요."라고 말하며 히죽 웃었던 것이 떠올랐다. 일단 방은 미닫이문으로 나뉘어 있었지만, 화장실과 세면대 따위는 하나밖에 없으므로 제대로 된 사적 공간이라고 할 수는 없다. 뭐, 이 정도는 각오하고 있었다.

"예전에는 여기에 2층 침대를 넣고 4명이 살았어요."라는 말에 깜짝 놀랐다. 설마 또 그렇게 될 예정인 건지 불안해졌다. 하지만 곧 걱정해도 소용없는 일임을 깨닫고 기운을 내서 새로운 생활을 시작하기로 했다. 그러나 금방 무더운 여름밤에 기분이 가라앉았다. 1층이지만 조금은 바람이 통할 거라 생각하고 창문을 열어 보니, 한쪽에 방충망이 없었다. 괜찮겠지 싶어서 창문을 열어 놓으니 바람은 들어오지만 벌레도 함께 들어왔다. 서둘러 창문을 닫았지만 한동안 모기, 바퀴벌레와 사투를 벌일 수

---

* 물을 사용하지 않는 재래식 화장실.
** 일본의 추석으로 8월 13일부터 15일까지이다.

밖에 없었다. 결국 더위는 참아 보기로 했다. 대신에 냉장고를 반쯤 열어 두고 겨우 하룻밤을 보냈다.

이치에프로 첫 출근

다음 날, S사에 가서 C 교육을 받았는데, 이곳에는 다른 회사 소속인 사람이 2명 더 있어, 전부 5명이었다. S사의 현장 책임자인 나카네 씨(가명)가 오전 내내 강의를 했는데, 내용은 구체적인 일의 내용과 온열질환 대책에 대한 것이었다. "뭐, 나도 매일 하는 일이니, 이케다 씨 같은 연령대 분들이라도 충분히 할 수 있는 일입니다. 하지만 젊은이들에게 지지 않겠다며 무리하거나 하지는 마세요." 하고 걱정 어린 당부도 해 주어 기뻤지만, 한편으로는 바보 취급 당한 듯한 느낌도 들었다. 원래는 이 C 교육 이후, D 교육이 있다고 했는데, 실제 일에 투입된 후 10일간 실시되는 훈련을 받으면 되는 것이라고 했다. 형식적인 교육이기는 했지만 이렇게 법정 'ABCD 교육' 전부를 마치고 드디어 '꿈의 이치에프'에 들어가게 되었다.

첫 출근 날, 같이 들어가기로 한 U씨가 아침 5시 20분에 차로 숙소까지 데리러 와 주었다. 오늘 같이 들어가기로 되어 있는 N씨를 중도에 태워 J 빌리지로 향했다.

U씨는 차 안에서 유리 배지와 WID 증이라고 하는 작업원증과는 또 다른 ID 카드를 나눠 주었다. 유리 배지는 구내 바깥

에서의 외부 피폭선량을 재는 선량계이고, WID 증이라는 것은 공사 건명과 공사 기간, 담당 기업과 바코드가 찍혀 있는 것이다. U씨는 "둘 다 절대로 잃어버리지 않도록 해 주세요."라고 신신당부했다. 빨간 끈과 후크가 달려 있어, 먼저 받은 작업증과 함께 달아 놓기로 했다.

이날부터 매일 아침, 차에 타면 반드시 이 작업증과 WID 증, 유리 배지 3종을 함께 휴대하고 있는지를 확인하는 것이 일과처럼 되었다.

이와키시에 있는 숙소를 나오면 우선 편의점에 들러 오늘 먹을 아침과 점심을 사 놓는다. 샌드위치와 캔커피는 아침식사, 주먹밥 2개는 점심 식사용이다. 같은 종류면 질리기 때문에 빵이나 다른 종류의 주먹밥으로 바꾸어 가며 산다. 다시 차에 돌아가서 빵을 입에 우겨넣고는 캔커피와 함께 삼킨다. 운전은 U씨가 했는데, 그도 익숙해진 듯한 손으로는 핸들을 잡고 다른 한 손으로는 빵과 음료를 솜씨 좋게 입에 넣는다.

국도 6호선은 이른 아침부터 동업자들의 승용차들로 꽉 막혀서, 빨간 정지등이 뱀처럼 구불구불 이어져 있었다. 숙소를 나와 약 50분, 앞 유리창 너머로 아침 햇살이 비치는 J 빌리지의 거대한 건물이 보이기 시작했다.

이제부터는 주차장 찾기가 아침의 첫 번째 일이다. 이전에는 6면이 전부 잔디였다는 축구장은 사고 후 하루 1천 대 이상 차를 세우는 원전 작업자용 거대 주차장이 되어 버렸다. 오후와 저녁때가 되면 주차 담당원이 입구에 서서 유도 작업을 한다. 차가

1천 대 이상 주차되는 까닭에 J 빌리지의 건물 입구는 근처부터 자동차로 가득 차 있다. 24시간 작업원이 근무하고 있으므로 아침 일찍 야근을 마치고 돌아가는 차들도 가끔 있다. 재빨리 그런 차를 발견하면 '럭키'라고 외치며 빈 공간에 차를 넣는다. 예전에는 녹색의 잔디밭이었을지 모르지만 3년이 지난 지금은 울퉁불퉁한 땅일 뿐이다. 비어 있다고 생각하고 주차를 하면 전날 밤 내린 비로 물웅덩이가 생긴 자리일 때도 있다. 어찌 보면 자동차 전시장처럼 보이지만 번호판을 보면 역시 '이와키'가 많고, 다음으로는 '후쿠시마', '고리야마', '아이즈会津'처럼 후쿠시마현 번호판이 많아서, 전체적으로 80퍼센트는 이 근처 차라는 걸 알 수 있었다. 이전 제염 작업을 할 때 머물던 숙소 주차장에서는 후쿠시마 번호판이 적고, 도호쿠를 비롯한 전국 각지의 번호판을 구경할 수 있었던 것과 비교하면 이곳은 정말 딴판이다.

셔틀버스

우리는 여기에 차를 두고 J 빌리지 센터홀로 향했다. 안에 있는 대기소에서 K사의 우리 팀 동료 6명과 대면했다. 우리 세 사람이 들어가기 3주 전부터 이치에프에 들어간 동료들이었다. 모두 웃는 얼굴로 신참인 우리들을 맞아 주었다.

여기서 연락 버스를 타고 이치에프까지 간다. 이미 작업원 수십 명이 입구에서 버스가 도착하기를 기다리고 있다. 입구에는 '1F 행', '2F 행' 등의 안내가 붙어 있다. 역시 이치에프, 니에프란 통상적으로 사용되는 호칭이었다. 건물 내부에 눈을 돌리니 '여러분은 영웅! 매일의 작업, 힘내세요.'와 같은 격려 메시지나 색종이가 벽에 한가득 붙어 있었다. 종이학도 있다. 중학생, 초등학생이 만든 것이 많았지만, 도쿄전력 각 지점에서 근무하는 직원들로부터 온 격려 메시지도 있었다. 그중에는 '목숨 걸고 노력하고 있는 여러분'과 같은 거창한 것도 있어서 왠지 멋쩍어졌다.

몇 분간 기다리자, K사의 책임자인 아마노 씨(가명)가 "이 버스로 갑시다."라고 말해 우리는 6시 40분발 버스에 올라탔다. 정원이 60명인 연락 버스는 10분~15분 간격으로 있었고, 시각표를 보니 이른 새벽부터 심야까지 운행 일정이 꽉 차 있어, 하루 100대 이상은 운행하는 듯했다. 차량 색으로 3사의 버스가 들어와 있는 것을 알 수 있었다. 이 대형 버스 이외에 원청 회사 전용 통근버스도 운행하고 있으므로 J 빌리지의 현관 근처 터미널에서는 차량 유도원들이 바쁘게 차량의 출입을 안내하고 있었다.

버스는 곧 국도 6호선으로 빠져나왔다. 눈앞에 보이는 언덕에 '나라하ならは 도로 휴게소'라는 간판이 보였지만 그 아래에는 '현재 폐쇄 중'이라고 '후타바 경찰 나라하 임시 청사'가 세운 새 간판이 서 있었다. 그렇다. 3·11로 인해 후타바 경찰이 이곳으로 이동한 것이다.

이전 제염 작업 때에는 6호선을 남하해 미나미소마시에서 나미에정 쪽으로 갔지만, 이제부터는 이와키시에서 북상하여 히로노정, 나라하정, 도미오카정을 경유, 오쿠마정까지 가는 일이 일과가 될 것이다. 쓰나미의 흔적이 생생했던 오다카 지구와 나미에정에 비해서, 같은 6호선이라도 생각 외로 복구가 진행되어 풍경이 꽤 달랐다. 하지만 그것도 나라하정까지 만이었다. 도미오카정에 들어서자 3·11 당시 부서진 건물이 국도변에 그대로 모습을 드러낸다. 여기는 피난구역으로, 사람들의 진입이 허용되지 않는다. 논도 손대지 않은 채 엉망이었고 노란 양미역취꽃*이 지면에 끝없이 펼쳐져 있었다. 차량은 버스나 대형 덤프트럭 등 원전과 관련된 것뿐이었다.

입퇴역소

차 안은 경치를 보는 사람도, 그렇다고 떠드는 사람도 하나 없이 조용하기만 했다. 이른 시간인 탓인지 모두가 졸고 있다.

도중에 '제2원자력발전소'의 신호를 통과, 이윽고 '중앙대'의 신호등에 걸려 우회전하자 '후쿠시마 제1원자력발전소에 오신 것을 환영합니다!'라고 쓰인 간판이 눈에 들어왔다. 멀리 하늘색 배기탑이 보인다. 드디어 이치에프에 왔다고 생각하니 가슴이 두근거렸다.

* 북미 원산인 귀화식물로 길가나 빈 터에 자라며, 한국의 경우 남부 지방에 널리 퍼져 있다.

버스가 멈추자 운전기사가 "수고하셨습니다. 잘 다녀오십시오."라며 인사를 한다. 시간은 7시 20분쯤 되었고, 40분 정도 걸린 듯했다. 모두 느릿느릿 차에서 내려 입퇴역소 건물로 향한다. 말하자면 관소. 지금부터 매일 여기에서 입소 절차를 해야만 안으로 들어갈 수 있다.

우선은 짐 검사. 카메라 같은 것이 들어 있지는 않은지 담당 직원이 꼼꼼히 체크한다. 금속탐지기 문도 통과해야 하는데 담배의 은박지나 동전, 휴대전화 등을 소지한 사람들이 지나자 부저가 울려 재검사하는 경우도 보였다. 물건이 가득한 가방을 든 사람 뒤에 줄을 서기라도 하면 더욱 꼼꼼히 검사하기 때문에 기다리는 게 고역일 때도 있다.

게이트를 통과하자 또 다른 검사 게이트가 나왔다. 이번에는 개체 인식 장치이다. 게이트에 들어가 전날 교부된 작업자증의 바코드를 장치에 가져다 대고 오른손 중지를 센서기에 집어넣어 미리 등록한 정맥으로 본인 확인을 한다. 그러고 나면 게이트가 열리는 구조였는데, 이 게이트에서 발목을 잡히는 사람들이 꽤 있었다. 아마도 센서 안쪽에 있는 버튼을 너무 세게 눌러서인 듯했다. 고양이 발바닥의 볼록한 부분을 부드럽게 만지듯 눌러야 하는 게 비결이라면 비결이랄까. 처음은 멋지게 통과. 좋은 징조다.

다음으로 비닐로 된 커버를 구두에 씌우고 계단을 올라, 2층으로 간다. 여기서 옷을 갈아입어야 한다. 장비품을 놓는 수납장에 가서 가득 쌓여 있는 군화, 모자, 면장갑과 고무장갑, 흰 마스크, 상하 내의, 흰색과 청색의 방호복(커버올)을 차례로 집는다. 그러고 나서는 작업대에 비치된 매직펜으로 청색 커버올에 소속 회사와 이름을 적는다. 멀리서도 판별이 가능하도록 앞뒤로 적어야 한다. 그리고는 로커 쪽으로 가는데, 대형 건설 회사라면 마땅히 가지고 있는 전용 로커가 무슨 이유인지 우리들이 속한 회사에는 없어서 적당히 비어 있는 다른 회사의 로커를 쓰기로 했다.

작업복을 벗어, 가지고 온 종이 가방에 넣고, 팬티 1장만 입은 채로 상하복을 입는다. 군화, 면장갑과 고무장갑, 모자와 마스크를 착용하고 마지막으로 이동용 청색 커버올을 입고서야 겨우 최종 관문으로 향한다. 가는 도중에 보면 로커 앞에서 신참으로 보이는 사람이 옷을 갈아입을 때 팬티도 벗어 버리고 알몸이 되는 경우도 있었는가 하면, 등에 용 문신을 한 사람도 있어 깜짝 놀랐다.

이후, 지정된 대로 APD라고 불리는 경보 선량계의 수납장에 가서, 설정치 0.8밀리시버트인 파란 선량계를 집어들었다. 다음으로 이 APD와 작업자증, 그리고 WID 증을 차례로 센서에 가져다 대자 '입장해도 좋습니다.'라는 표시가 뜬다. 마지막으로 얼굴 식별을 하는데, 담당자에게 자신의 얼굴과 작업자증의 사진을 보여 주고 유리 배지를 제시하면 본인 확인이 끝나고, 겨우 입장 허가를 받게 된다.

또 한 번 1층으로 내려가, 전면 마스크를 집는다. 마스크는 몇 가지 종류가 있었고 크기에 따라서도 두 종류가 있었는데 적당한 것을 골라 함께 비치된 물티슈로 마스크의 입 부분과 그 주변을 닦았다. 전에 사용한 사람의 체취가 남아 있기 때문이다. 닦은 마스크는 역시 비치된 비닐봉투에 넣고 가지고 가서, 거울 앞에서 마스크와 커버올 작업복 착용을 제대로 했는지 확인한다. 마지막이 안전화인데, 나에게 맞는 사이즈를 골라 신고 나가자, 담당자가 "무사히 다녀오세요."라며 배웅했다. 버스에서 내려 여기까지 마치는 데 20분 정도 걸린 듯한데, 담당자는 이 순서를 전부 외우기까지 "1주일은 걸린다"고 말했다.

병사가 된 기분

그 후 입퇴역소를 나와 같은 팀 동료들과 대기소로 향했다. 처음 보는 구내 저 멀리에는 배기탑과 철탑이, 가까이에는 회색과 하늘색의 탱크가 나란히 서 있었다. 벚꽃나무가 심어진 주도로를 5분 정도 걸으니, 재해 전 하청 회사가 입주해 있던 '기업동' 한편에 '자력동'이라 불리는 우리들의 대기소가 있었다. 도착해서는 우선 안전화를 벗어 수납장에 놓고 고무장갑도 벗어서 비닐봉투에 넣었다. 청색 커버올도 벗은 후, 면장갑과 서지컬 마스크, 파란 모자를 벗어 각각의 폐기용 비닐봉투에 넣어서 버린다. 그때부터는 거치식 선량계와 GM관으로 자신의 신체와 전면 마스크의 선량을 재어 이상이 없음을 확인한다. 그 후, 입장 시간과 회사명, 이름을 기입하고 구석의 휴게실 겸 미팅실에 들어간다.

이후, 분홍색 난연성 소재로 된 시트로 덮인 바닥에 책상다리를 하고 앉아 준비 작업에 들어갔다.

우선 체온과 혈압, 알코올을 순서대로 계측기에 체크한 후, 각자의 건강 체크 시트에 계측치를 기입, 수면 시간과 아침 식사 여부 등을 적는다. 또한 설사는 하지 않았는지 등의 항목을 모두 적어야 했다.

이 작업이 끝나면, 흰색의 커버올, 군화, 면장갑, 고무장갑을 착용한 상태로 대기하는데, 화장실에 가거나 담배를 피우며 휴식을 취한다.

9시에 1차 하청 S사와 미팅이 있었다. 전체가 20명 좀 넘는 인원으로 당일 작업 분담을 확인한 후 KY(위험 예지의 생략어)를 시행했다. 오늘의 작업에 어떤 위험 요소가 있는지 모두가 지적해 보고 대책을 생각하는 연습이었다. 예를 들면 계단에서 발이 미끄러져 넘어질 위험을 지적하면 그것을 예방하기 위해 '발밑을 조심해야 한다'는 것을 대책으로 내어놓는 것이다.

잠깐의 대기 후, 9시 20분쯤에 원청 회사인 TPT(도쿄파워테크놀로지) 담당자가 대기실에 오더니 최종적으로 주의사항을 지적했다. 그리고 팀 전원이 유비사시指差*를 하며 구호를 외쳤는데, "발밑 주의 완료, 산재 제로를 만들자.", "오늘도 안전히." 라고 하며 검지를 위아래로 움직이면서 꼼꼼하게 체크했다.

일제히 전면 마스크를 착용하고, 오염 방지를 위해 손목 부

* 손가락으로 가리키며 작업을 점검하는 것.

위와 목 주변을 테이프로 둘둘 말았다. 마지막으로 담당자가 APD와 유리 배지 착용 여부를 육안으로 점검하면, 퇴실 시간을 적고 안전화를 신은 후 밖으로 나간다.

승합차와 트럭에 나누어 타고 출발하여 주도로를 나오자, 바로 하얀 시트로 뒤덮인 1호기, 파란 하늘에 떠 있는 구름이 그려진 2호기, 찌그러진 철골이 보기에도 가슴 아픈 3호기, 크레인이 둘러싸고 있는 4호기가 보였다. 텔레비전에서 자주 본 장면이지만 지금 눈앞에 나타난 원자로의 실물은 가슴을 요동치게 만들었다. 드디어 전투 모드. 기분은 전선을 향하는 병사 같았다.

一人KY　支援シート

スローガン
【いつでも・どこでも一人KY】
④転倒・つまずき＋厳寒期

Q今日の作業内容は何ですか？
Q何処に危険が潜んでいますか？
Q防寒対策は十分か？体調は？
自問自答して危険の芽を摘み取ろう！

傷病者発生の第一報は救急医療室（ER）へ！
救急医療室：0240-30-7119, 0240-30-7292

■タンクパトロール作業中、
　足を滑らせ転倒負傷

■仮設昇降足場を降りる際に
　右足を捻って負傷

本日もご安全に！

위험 예지 지원 시트

서머타임제

　우리의 첫 현장은 1호기의 뒤편 서쪽에 있는 '사무본관동'이
었다. 지진 전에는 제1원전과 제2원전에 관한 사무 처리를 도맡
아 하던 중추 부서로, 직원들의 급여와 복리후생 관계 일도 하
던 곳이라고 한다.

　우리들은 건물 현관 옆에 세운 철골에 둘러싸여, 사무동에서
나온 쓰레기 분류 작업을 해야 했다. 건물을 올려다보니 3·11의
흔적이 아직도 생생하게 남아 있어, 사무동 2층 유리창은 거의
없고, 천장의 벽도 부서져 절반은 아래로 축 늘어져 있었다. 멀
리 눈을 돌리니 오른쪽에는 하얀 커버가 씌워진 1호기, 왼쪽에
는 부상을 입지 않은 5, 6호기가 보인다.

　하얀 방호복과 전면 마스크로 완전무장을 한 후, 작업을 개
시했다. 총 20명 정도의 작업원들은 여러 종류의 쓰레기가 섞
여 있는 대형 비닐봉투를 열어, 종이, 박스, 고무, 플라스틱, 금
속 등을 종류별로 나누어 각각 20리터짜리 비닐봉투에 넣고
'인슈록'이라고 하는 비닐 재질의 결속 밴드로 봉했다. 바퀴가
달린 작고 둥근 의자에 앉아 작업을 했다. 대형 선풍기가 있어
서 바람이 조금은 들어왔지만, 숨쉬기도 힘든 데다 더위 때문
에 쓰러지기 직전이었다. 오봉이 지났다고는 하나, 아직 8월 하
순. 오후가 되면 30도를 가볍게 넘는다. 미팅에서 반복되었던
'온열질환'에 대한 이야기를 절반은 흘려듣다니, 내가 방심했다.
작년 여름 이 구내 작업에서 십 수 명이 쓰러졌었다는 것도 납

득이 갔다. 엄청난 땀이 방호복 안에서 줄줄 흘러내렸다. 아직 적응되지 않은 탓도 있었지만 전면 마스크가 이마를 꽉 조여 고통스러웠다. 각오는 하고 있었지만 상상 이상의 세계였다. 하지만 곧 "자, 끝냅시다."라는 지시가 들려왔다. '시작한 지 얼마 안되었는데.' 하고 생각했지만, 마음속으로 '다행이다.' 하고 쾌재를 불렀다. 다른 동료들도 마찬가지였는지 재빨리 돌아갈 채비를 했다. 하지만 일을 했다는 느낌은 역시 들지 않았다.

이치에프는 6월 하순부터 9월 하순에 걸쳐, 구내 작업원의 온열질환 예방을 위해 하루 중 작업 시간을 원칙적으로 1시간으로 제한하는 '서머타임제'를 실시하고 있었다. 실외 작업 시간을 단축하는 것과 함께, 수분과 염분 섭취, 쿨조끼 착용(출발 전에 보냉제 4개를 조끼 앞뒤 주머니에 넣음.)을 의무화했다. 그럼에도 불구하고 매해 여름, 메슥거림이 생기거나, 어지러움증을 호소하다 온열질환에 걸리는 작업원들이 끊이지 않았다. 전면 마스크에 방호복을 입으면, 물도 마실 수 없는 데다가 공기도 통하지 않아, 그렇게 되는 것도 당연하다.

매일 아침 미팅에서는 귀에 딱지가 않을 정도로 온열질환에 주의하라는 말을 들었다. 어느 정도냐 하면, WBGT라고 하는 더위 지침을 매일 작업 개시 전에 현장에서 체크하는 것이다. 이 지침은 온도, 습도, 복사열 3개의 요인이 바탕이며 주의, 경계, 엄중 경계, 위험의 4단계 색으로 구분된 표를 보고 주의를 환기시킨다. 그룹 장은 현장에 가면 제일 먼저, 설치된 온도계와 습도계를 체크하고 WBGT 표에 그날의 수치를 기록한다. 기온이 30도를 넘고 습도도 높아지는 때는 그룹 장이 시계를 보며 정확히 1시간 만에 현장 작업을 중지시켰다.

이렇게 시작한 불볕더위 아래서의 첫 작업. 처음에는 호흡조차 어려웠지만 익숙해져 딱 1시간 만에 작업을 마무리할 수 있게 되었고, 그러자 어느새 견딜 만하게 되었다. 이런 서머타임제를 환영하는 사람들이 많은 것도 납득이 갔다. 불볕더위 아래에서 8시간 줄곧 제염 작업을 하던 것과는 많이 달랐다. "매일 2리터 이상의 페트병에 담긴 물을 다 비워 버린다"는 동료가 있었지만 지옥과 같던 제염 현장과 비교하면 이치에프는 천국과 같았다.

싱겁게 일이 끝나다

이렇게 해서 1시간 만에 작업을 끝내고 다시 승합차에 올라타고 대기실로 향했다. 올 때와는 달리, 다들 안심했다는 듯 미소를 띤 얼굴을 하고 있다. 도착하자 입구에서 우선 신발을 벗어 수납장에 넣고, 고무장갑과 면장갑, 커버올 그리고 전면 마스크를 마지막으로 벗은 후, 비치된 GM관으로 머리부터 발끝까지 선량을 재고, 오염 여부를 확인한다. 이후 입장 시간, 회사명, 이름을 적고 휴게실로 돌아간다. 하지만 쉴 틈도 없이 땀범벅이 된 속옷을 벗어 양말과 함께 대기소에 비치된 비닐봉투에 넣고 작업복으로 갈아입은 후, 이동용 청색 커버올을 입는다.

그때, 목에 걸린 APD의 수치를 보는 것이 일과가 되었다. 첫날은 0.03밀리시버트로 의외로 높았다. 제염 때와 단위 자체가 다르다. 그때는 6이라든지 8이라는 숫자를 말하고는 했지만 그것은 천분의 1 단위인 마이크로시버트의 이야기. 즉 오늘 수치를 환산하자면 30마이크로시버트가 된다. 고작 1시간 일하고 이 정도 피폭선량이 나오다니, 역시 이곳은 이치에프라는 것을 다시금 실감했다.

이제부터 물을 마시거나 화장실에 가거나, 간식을 먹을 수 있는 휴식 시간이다. 에어컨도 켜져 있어 안심이다. 팀 모두가 돌아와 쉬고 있자니, 나카네 씨가 "모두들 컨디션은 괜찮나?"라며 건강 체크를 했다. 원청 회사 담당자에게 작업 종료를 보고하고 "수고하셨습니다."라는 말과 함께 작업을 종료했다. 나올 때는 이동용 청색 커버올을 착용하고 다시 기록 용지에 퇴장 시간과 이름을 기입한 후, 신발을 신고 서지컬 마스크를 한 후, 걸어서 입퇴역소로 향했다.

입퇴역소에 도착하면 우선 신발을 벗고 탈의실에서 커버올과 장갑, 서지컬 마스크를 벗어, 전면 마스크와 함께 반납한 후, 마지막 난관인 측정기로 향한다. 작업복 차림이 된 우리들은 계측기 게이트에 들어가 손을 대고 발을 모아 전신 오염도를 체크했다. 여기서 경보음이 울리면 아웃, 게이트가 닫히고 '신변 확보'를 한다. 담당자가 재빨리 들어와 GM관으로 오염 부분을 구석구석 조사한다. 제일 많은 경우가 발끝이다. 다음은 사타구니와 신장 부위라고 한다. 발은 오염된 양말을 갈아 신으면 해결

되지만 사타구니와 신장 부위는 꽤 골치 아프다. 땀이나 비로 커버올이 젖어 버리면 오염 물질이 팬티까지 침투하는 경우도 있다. 그렇게 되면 팬티도 벗고 오염된 곳을 닦아야 한다. 오염된 팬티는 몰수되고 비치된 새 팬티(도쿄전력 팬티라고 불린다.)가 지급된다. 그리고 담당자로부터 오늘의 작업 장소, 작업 내용, 장비 상태 등을 질문받은 후 겨우 풀려나게 된다. 시간도 걸릴 뿐더러 모두의 보는 눈이 있어 부끄럽기 그지없다. 그러니 이 게이트에 들어갈 때에 제일 긴장되었다.

오염 체크가 끝나면 2층으로 올라가 APD를 반납한다. 소정의 계측기에 끼워 넣으면 오늘의 선량, 입장 시간이 기록된 종이가 인쇄되어 나온다. 이것을 집고 APD는 수납장에 돌려 놓는다. 가끔씩 조금 전의 대기실에서 본 선량과 다를 경우가 있는데 여기까지 오기까지 뒤집어 쓴 선량이 카운트되어, 수치가 올라갔기 때문이다.

이후, 입소할 때 옷을 갈아입은 로커로 가서 구두를 신고 선량이 적힌 종이를 팀 리더에게 전달한 다음, 1층으로 내려와 게이트에서 작업자증을 대고 정식 퇴장 절차를 완료한다. 그리고 버스 대기실로 들어간다. 귀가 시간의 버스도 사람들로 가득 찰 때가 많아 한두 대씩 기다려야 하는 경우도 생겼다. 현장에 나가 일을 시작한 것이 9시 40분경, 정확히 1시간 만에 일을 끝마치고 대기소에 돌아온 것이 11시 전, 그 후 옷을 갈아입거나 하며 퇴장 절차를 완료한 것이 11시 반, 버스를 타고 다시 J 빌리지에 도착한 것이 12시 반 즈음. 이후 아침에 탄 차에 타고 숙소로 돌아온 것이 1시 반경이었다. 뭔가 맥이 빠지고 일을 했다는 느낌이 들지 않았다. 그렇다고는 해도 숙소를 나와서 약 8시간이 경과하고 있었다. 이치에프의 일이란 장비 착장과 절차로 대부분의 힘을 써 버리는 것이라는 사실을 깨달았다.

각자의 3·11

처음에는 애먹이던 입퇴장 절차였지만, 1주일 정도 되자 몸이 기억하게 되었다. K사 팀 동료 9명과도 잡담을 나누게 되었고, 얼굴과 이름을 외울 수 있게 되었다. 출신지는 아키타, 미야기(2명), 오사카, 도쿄(나), 그리고 이곳 후쿠시마 출신 4명이었다. 제염일을 할 때에는 전국에서 왔다는 느낌이 강했지만 여기는 이곳 출신인 사람들이 많았고, 그 대부분이 원전 관계에서 일하던 사람들이었다. 이야기를 나눠 보니, 3·11을 어제 일처럼 기억하고 있었다.

쓰나미로 장인을 잃었다며 담담히 말하던 동료. 장인은 일단 가족과 함께 고지대로 피난했지만 좋아하던 모자를 잊고 온 것을 깨닫고 집에 돌아가 쓰나미에 휩쓸려 버리고 말았다고 한다. 그때 왜 강하게 말리지 못했었는지 장모는 지금까지도 후회하고 있다고 한다.

4호기의 터빈 건물에서 배관일을 하고 있다가 지진을 경험한 사람도 있었다. '흔들' 하는 진동과 함께, 건물 안은 정전으로 암흑이 되었고 어떻게 해서든 도망쳐야 한다며 모두가 입퇴역소까지 달려갔다. 차로 히로노정에 있는 자택으로 향했지만 길은 자동차들로 꽉 차, 좀처럼 갈 수 없었다. 4시간 정도 걸려 겨우 집에 도착해, 그때부터 모두 함께 피난길에 올랐다. 그리고 수소폭발이 보도되어 불안한 날들을 보내고 있었는데, 회사에서 전화가 걸려 와 복구 작업에 긴급 지원을 나와 달라고 부탁을 받았다고 한다. 망설임도 있었지만 갈 수밖에 없겠다고 결단을 내렸다. 그러고 나서 다시 이치에프 구내로 향했으나 벌써 그 안은 건물 잔해 등으로 엉망진창이었고, 건물에서는 아직도 연기가 올라오고 있었다. 휘발유가 부족했기 때문에 모두가 트럭 화물칸에 올라타 현장으로 향했다고 한다. 몇 주간의 강행 공사로 "꽤 되는 선량을 먹어 버렸지만 돈은 좀 벌었지."라며 지금은 웃으며 이야기하는 동료. 하지만 그 당시에는 원청 회사의 요청을 거절할 수도 없었거니와, 계속 이치에프에서 일해 왔다는 책임감도 있었다. 이 동료처럼 일시 피난 후, 회사의 부탁을 받고 돌아온 사람들이 꽤 있다고 한다.

이치에프가 아닌 제2원전(니에프)에서 일하던 선배는 "그렇게나 큰 지진이었으니 쓰나미가 닥쳐올 거라고는 생각했지. 어떻게든 모두가 빨리 도망가도록 지시하고 난 다음, 아무도 없는 걸 확인하고 마지막으로 피난했지. 얼마나 아슬아슬했다고."라고 회상했다. 그러고 나서는 당분간 일을 쉬었는데 부탁을 받고 다시 원전일에 돌아오게 되었다고 덧붙였다. 그리고 그 선배는 "도쿄전력을 위해서 하는 게 아냐. 고향을 위해서야."라며 힘주어 말했다. 고향의 젊은 신참들에게는 "그저 돈벌이한다는 기분으로 후쿠시마에 와서는 안 된다.", "우리들은 고향을 위한다는 정신을 가져야 해."라는 충고를 한다고 한다.

오고 가는 차창에 펼쳐지는 해안선을 보면서 동료가 "이곳은 시신이 몇 구씩 흘러들어 온 곳이야."라고 말했다. "지진 1년 후, 해안 가까이 주차장에서 하룻밤을 지샌 적이 있는데, 밤중에 추워요, 추워요. 하는 여자 목소리가 들려서 한숨도 못 잤다니까."라고 무서운 이야기를 하기도 한다. 올해 여름부터 해수욕이 다시 허용되었지만 "이곳 사람들은 별로 바다에 들어가지 않는다"고 했다.

전직 경찰관 룸메이트

엄청난 더위에 숙소에서는 간이 선풍기를 사서 어떻게든 버티며 지내 왔는데 어느새 가을바람이 불어왔다. 역시 도호쿠의 가을은 빨리 온다. 그렇게 생각할 즈음 룸메이트가 들어왔다. 원래 경찰관이었다고 해서 조금 긴장했었지만, 막상 B의 인상은 둥글둥글한 아저씨. 출신은 아키타현이고, 나이는 59세라고 해서 '왜 정년을 1년 남겨 두고 그만뒀을까.'라는 의문이 들었지만 물어보기 망설여졌다. 하지만 의문은 얼마 안 가서 풀리고 말았다. 당일 B의 환영회를 겸해 가까운 술집에 들러, 둘이서 술을 마셨는데 마실 때는 별일 없이 즐거웠다.

입주하고 다음 날 아마노 씨가 "B 좀 잘 부탁하네."라고 말해 "아, 네. 그렇지 않아도 어제 환영회 겸 한잔했습니다."라고 답했다. 그러자 아마노 씨의 말투가 거칠어지더니 "그 자식에게 술은 먹이지 마. 또 마시게 했다가는 당신도 처벌할 테니까!"라며 명령조로 말해, 깜짝 놀랐다. '처벌'이라니. 'B가 술 때문에 무슨 일이 있었던 거군.' 하고 직감했다. 결국 그 '환영회'가 B와의 처음이자 마지막 회식이 되고 말았다.

나는 다음 날부터 자연스럽게 B의 주량을 체크하게 되었다. 위스키를 좋아한다며 4리터 병을 사 두었는데, 그것이 1주일도 가지 않았다. 마치 위스키를 맥주처럼 꿀꺽꿀꺽 마셔 버렸다.

나는 B도 나와 같은 회사 소속이라고 생각하고 있었는데 들어 보니 T라는 건설 회사 소속으로, 상부 회사도 나와는 다른 V사라고 한다. 내가 소속한 K사가 T사에 B를 소개했다고 한다. 좋게 말하면 인재 파견 회사, 사실대로 말하면 인부 차출人夫出し* 같은 일을 우리 K사가 하고 있었던 것이다. B의 작업 장소는 이치에프 구내가 아니라 인근 부지였고, 작업 내용도 배관 기재 등을 정리하는 일로 B는 '잘 모르는 작업'이라고 말했다. 그런 B에게 새로운 근무지로 발령이 났다. 장소는 무려 아오모리현 롯카쇼촌에 있는 일본원연** 핵연료 재처리 공장에서의 작업이었

---

* 파견업이 발달한 가운데에서도, 일본은 노동자를 건설 현장에 파견하는 것을 법으로 금지하고 있다. 이 법은 지휘 체계를 일률적으로 관리하고 근무 환경을 개선하는 것을 목적으로 한다.

** 일본원연주식회사의 약칭으로 핵연료 재처리, 농축 및 중저준위 방폐물의 관리를 전담하는 기관이다.

다. 들어 보니, 시운전하는 기계의 점검 보조 요원으로 가 주었으면 하는 것이 회사 입장이었다. 이곳 후쿠시마에 와서 1주일 밖에 지나지 않았는데 이렇게나 빨리 전근 이야기가 나오다니. 숙소도 완비되어 있다고는 하지만 주변에 편의점 하나 없는 곳이라고 했다. "발령을 받으면 거절하기 어렵겠지."라며 B는 포기한 듯한 얼굴이었다. 하지만 다음 날 출근하니 "전근 이야기는 없던 걸로" 되었다고 했다. 안심한 듯한 B였지만 사람에게 중요한 결단을 내리게 하고는 이유도 제대로 설명하지 않고 '없었던 일'로 하다니, 씁쓸했다.

그런 일도 있고 해서 B의 주량은 더 늘어 버렸다. 어느 날, 나는 재차 아마노 씨에게서 "B와는 절대로 술 마시지 마. 죽을 수도 있어."라는 충고를 들었다. 근무처 현장에서 동료들이 T사를 통해 B에게서 술냄새가 진동한다는 보고를 K사에 한 모양이다. 매일 밤 같은 방에서 나와 같이 술판이라도 벌이고 있는 것처럼 오해 받고 있는 걸까. 하지만 나는 "네, 잘 알고 있습니다."라고 대답했다.

그것이 이유인지 확실히는 알 수 없지만 B는 교대제로 이치에프의 구내 작업을 지시받았다. 이번 현장은 오염수 탱크를 순찰하는 작업으로, 하루 2교대제여서 아침 8시부터 하는 낮 근무와 밤 10시부터 하는 야근이 있고, 2주 간격으로 주기가 바뀐다고 한다. 낮 근무는 그렇다 쳐도 밤 근무가 되면 출근 전 저녁 때부터 다음 날 아침까지 술을 마시지 못하는 것은 당연한 일. 근무가 끝난 오후에 마시고 잠을 잔 후, 일어나 출근하는 생활

패턴이 되었다. 주량은 이전보다 절반 이하로 줄어 있었다.

첫 급여일에 B가 명세표를 보여 주었는데, 깜짝 놀란 것이, 급여에서 공제되고 있는 것은 고용보험 하나로, 연금과 건강보험은 물론 소득세까지 공제되지 않았다. 이렇게 말하는 나도 급여에서 사회보험은 공제되지 않았지만, 소득세는 확실히 떼고 있었다. 게다가 일을 시작한 지 벌써 한 달이 지났는데도 B 본인도 "어디의 회사에 소속되어 있는 건지."라며 고개를 갸웃거렸다. "만약 사고로 죽게 되어도 우리 회사에는 그런 사람 없다고 말할지도 모르지." 하고 겁을 주자, B는 한순간에 얼굴이 흐려졌지만, "뭐, 할 수 없지."라며 쓴웃음을 지었다.

도쿄전력 사원의 사무 책상

처음에는 허둥대기만 했던 사무본관 앞의 작업도 1주, 2주가 지나니 점점 여유가 생기기 시작했다. 회수한 쓰레기 중에는 정말 다양한 것들이 있어, 3년 반 전 그날로 돌아가는 기분이 들었다. 작업 중 발견한 신문의 날짜는 3월 11일로, 〈아사히신문〉 조간이었다. 그날의 일을 끝내고 나면 책상에서 읽을 예정이었던 신문이었는지 읽은 흔적이 없었다. 지진으로 어지럽혀진 여러 사무 책상 중에는 사원들 사진이 무더기로 나온 것도 있었다. 동료들과의 회식, 가족 여행으로 간 디즈니랜드, 다들 미소를 가득 머금은 얼굴들이다. 귀엽게 생긴 인형도 있어서 여성 직원들도 꽤 있었던 것으로 보였다. 여기서 사무 작업을 하고 있던 도쿄전력 직원들은 지금 어떻게 지내고 있을까. 그날이 오기 전 그들 모두 이 이치에프의 어느 한구석에서 일상생활을 보내고 있었을 터였다.

급여명세서도 나왔는데, 사고 전년(2010년) 연말 보너스 금액을 보고 놀라고 말았다. 관리직 것일지 모르지만, 지급액이 무려 267만 엔*으로, 우체국에서 일할 때 내가 받은 겨울 보너스 최고 지급액의 3배가 넘었다. 역시 도쿄전력은 일류 기업이었다.

명세서 내용에 놀란 마음이 진정되지도 않은 채로 '정치연맹'이라고 적힌 영수증도 발견했다. '도쿄전력노동조합정치연맹'이 정식 명칭으로, 아마도 도쿄전력 노조의 선거자금 단체인 듯하다. 월 2600엔씩 징수하고 있었는데, 비싼 건지 싼 건지는 알 수 없었지만 이 돈은 결국 원전을 추진하는 추천 의원에게 돌아가는 것이리라. 계속 작업을 하니 국회의원뿐만 아니라, 현 의회 의원과 이 지역 의회 의원의 포스터와 후원회 정보지 등도 줄줄 나왔다.

지역 축제와 자원봉사자 활동 전단지도 있어서 노동조합 치고는 지역 활동에 꽤 적극적이었다는 것을 알 수 있었다. 지역 주민에게 원전을 이해시키기 위해 이렇게나 열심히 활동하는 것이 노조의 역할인가? 산더미처럼 쌓인 선거 전단지를 정리하던 나는 문득 의문이 들었다.

사내보도 나왔는데 권두의 소장 인사를 보니, 지금은 세상을

---

* 한화로 약 2700만 원.

떠난 요시다 마사오吉田昌郎* 제1원전 소장의 글이 게재되어 있었다. 부드러운 미소를 띤 사진을 보니 가슴이 아파 왔다.

석면의 공포

작업을 잠시 쉬고 건물 상부로 눈을 돌리니, 일부 붕괴해 아래로 매달려 있는 천장 벽이 바람에 흔들려 하얀 먼지 같은 것이 날아온다. 동료가 "저거 석면인 것 같은데."라고 말하자 그걸 들은 아마노 씨가 "아냐, 암면이야. 석면이라는 말하지 마. 입 밖에 내면 귀찮아질 수 있어."라고 강한 어조로 말했다. 확실히 둘러보니 무너진 천장 안쪽과 벽의 여기저기에 석면 같은 하얀 판 같은 것이 드러나 있다. 인조 광물 섬유인 암면이라고 아마노 씨는 말했지만 조사해 보니 낡은 암면 중에는 석면을 함유한 것도 많다고 되어 있지 않는가! 법 규제가 정비되기 한참 전에 건설된 이 제1원전에 석면이 마구잡이로 사용되었을 것이다. 건물뿐만이 아니라 부지 내를 종횡으로 달리는 각종 배관에도 석면이 단열재로 사용된 게 확실하다. 그것들이 3·11 지진과 그 후 수소폭발에 의해 주변으로 흩어져 날아갔을 걸 생각하니 무서워졌다.

폐에 영향을 준다는 석면, 작업 중에는 전면 마스크를 하고 있으니 직접 들이마시지는 않겠지만, 입퇴역소와 대기실을 왕

* 2011년 동일본 대지진 당시 후쿠시마 원자력발전소 사고의 수습 작업을 지휘했다.

복할 때에는 보통의 마스크를 하고 걸어 다니므로, 방진 효과를 기대하기 어렵다. 석면의 섬유는 아주 가늘어서 주변 주민들에게도 피해를 끼칠 가능성이 있다. 사실 3호기의 잔해를 철거하기 위해 지금까지 씌워 놓았던 커버를 벗기니 방사선 물질이 20킬로미터나 떨어진 미나미소마시의 논밭까지 날아갔다는 기사를 본 적이 있다. 이치에프에서 날아간 것인지 판정되지는 않았지만, 혹시 3호기의 잔해 중 석면도 바람을 타고 날아갔을지도 모를 일이다.

조금 전 대화에 이어서 아마노 씨가 "방사능과 석면, 어느 쪽이 더 무서워? 당연히 방사능이지 않겠어?"라고 말했지만 나는 속으로 '둘 다 무서운데.'라고 반론했다. '조용한 시한폭탄'이라고 불리는 석면, '즉각적인 건강 피해는 없다'며 계속 쐬고 있는 방사능. 나에게는 어느 쪽이랄 것도 없이 무서운 존재다.

갑작스러운 작업 중단

사무본관 앞에서의 분류 작업은 매일 끝없이 계속되었다. 2층에서 내려보낸 미분별 쓰레기는 입구 부근에 아직도 산적해 있다. 올해 내내 걸릴 것 같다고 생각했는데, TPT 책임자가 갑자기 "오늘로 사무본관 작업은 종료입니다. 내일부터는 1, 2호기의 서비스 건물 쪽으로 가도록 하세요."라고 말했다. 예고 없던 작업 전환에 모두 놀라 "하다 만 작업이 아직 많은데, 어떻게 하면 좋습니까?"라고 물어보니 "적당히 정리하면 됩니다."라는 대답이 돌아왔다.

어찌 되었든 원청 회사의 높으신 분이 내일부터 작업을 이동하라고 지시하면 따르는 수밖에 없다. 무조건 의문은 품지 않는 게 좋다. 다들 '왜?'라는 얼굴을 하고는 있지만 그날은 사무본관 뒷정리에 온 힘을 쏟았다. 이전부터 일하던 선배는 "자주 있는 일이야."라며 웃어 버렸다. 조령모개는 아니지만 상부의 의향에 작업이 이리저리 바뀌는 것이 일상다반사라고. 위에서 하라고 하면, 질문하지 말고 상관에 절대 복종하는 군대 그 자체였다.

다음 날, 우리들은 바로 새로운 장소로 이동했다. 이번에는 제대로 1, 2호기 건물이다. 건물이라고는 해도 우리들이 향한 곳은 서비스 건물로 원자로의 동쪽, 즉 바다 쪽 방향에 입구가 있었다. 텔레비전에서는 서쪽에서 비춘 원자로 4개의 모습을 자주 보여 주지만 뒤를 돌아가 보면 1, 2호기의 터빈 건물은 같은 건물로 되어 있다. 3, 4호기의 터빈 건물도 한 쌍으로 되어 있고, 긴 건물 안에 1, 2라고 숫자가 적혀 있을 뿐이다. 서비스 건물은 1, 2호기와 3, 4호기에 각각 하나씩 있어서, 발전의 운전 관리를 주로 담당하는 장소다. 이렇게 한 쌍으로 짓는 편이 효율적이었을 것이다.

우리들이 맡은 임무는 이 서비스 건물의 뒷정리로, 가연물과 위험물의 회수 그리고 분별 작업이었다.

3장 1, 2호기 건물

소나무 복도, 대나무 복도

새로운 현장인 1, 2호기 서비스 건물에 들어간 첫날. 우선 건물 전체 구조를 모두가 파악하도록 E사 소속 팀 리더인 사사키 씨(가명) 지도하에 견학을 했다. 바다 쪽 1호기 터빈 건물 입구에서 안으로 들어가니, 안벽岸壁 부근에는 덤프트럭과 승합차 등이 오가고, 동토 벽 쪽은 '카지마 건설鹿島建設'이라고 쓰인 표시를 방호복에 붙인 작업원들도 있어서 혼잡했다. 멀리 바라보니, 바다의 푸른색이 조금 섬뜩하게 느껴졌다. 항내에는 해수 조사를 하고 있는 건지, 작업선이 오가고 있었다. "옛날에는 여기 안벽에서 낚싯대를 늘어뜨리고는 했는데……."라며 선배가 쓸쓸한 말투로 중얼거렸다.

3·11 직후 이 안벽 부근은 지진과 쓰나미의 잔해들로 걸을

수도 없는 상태였지만 지금은 대부분 정리가 되어, 작업용 도로도 정비되어 있었다. 1호기 입구는 가설 계단을 이용해, 안으로 들어가게 되어 있다. 입구 부근은 가설 조명이 있어 환했지만 안으로 더 들어가자 점점 어두워졌다. 바닥에는 케이블이 몇 십 개나 늘어져 있어 자칫 방심하면 넘어질 듯했다. 천장에는 다양한 배관들이 안쪽의 원자로 건물을 향해 구불구불 설치되어 있었다. 입구에서 조금 들어간 곳에는 쓰나미의 피해를 입은 것으로 보이는 게이트가 있었는데, 방호복과 APD(선량계)로 어지럽혀져 있었다. 조례에서 "APD는 절대로 잃어버리지 않도록" 하라고 수없이 들어왔는데, 그 귀중품들이 바닥에 진흙을 뒤집어쓴 채 굴러다니는 것을 보니 처참했다. 그러고 보니 사고 후의 긴급 작업 때, APD가 없어서 이를 장착하지 않은 채 직원들이 복구 작업에 뛰어들었다고 들었다. 평소에는 보관장에 자동 충전되어 있는 APD도 한순간에 쓰나미에 휩쓸려 버린 것이다.

이 게이트는 원자로 관계 작업을 하러 가는 사람들의 관문으로, 예전의 입퇴역 게이트라고 한다. 벽 쪽을 보니 가슴 높이 정도에 진흙 자국으로 만들어진 평행선이 남아 있었다. "여기까지 쓰나미가 왔었군." 하고 동료가 가슴이 아픈 듯 말했다.

좁은 복도를 사사키 씨 뒤에 붙어서 걸어가니, 왼쪽에 길고 어두운 복도가 있었다. "여기가 그 유명한 소나무 복도"라고 사사키 씨가 손가락으로 가리켰다. 폭은 4미터 정도일까, 구석은 어두워서 잘 보이지 않지만 50미터 정도 되어 보이는 긴 '복도'이다. "이쪽 건너편의 이중문 안으로 들어가면 바로 저세상으로

갈 수 있지."라고 말하며 사사키 씨는 정면의 검은 벽을 향해 합
장을 했다. 그렇다. 저쪽에는 멜트다운된 1호기의 원자로가 있
는 것이다. "이곳 아래에는 대나무 복도가 있지만, 지금은 물에
젖어 들어갈 수 없어."라며 사사키 씨가 아래쪽을 가리켰다. 트
렌치라고 불리는 지하에 지금도 오염수가 고여 있어서다.

　터빈 건물과 원자로 건물 사이를 가로막은 1층의 긴 통로가
일명 '소나무 복도'이다. 꽤 오래전부터 그렇게 불려 왔다고 하

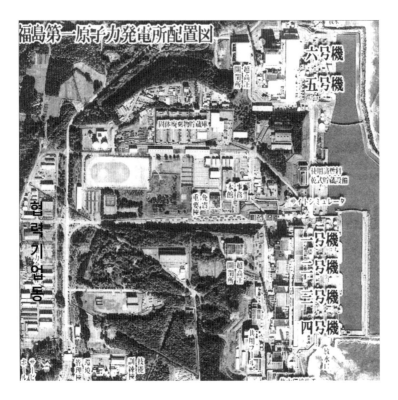

사고 전의 후쿠시마 제1원전(왼쪽 끝에 있는 '협력기업동'을 휴게실로 사용)

며, '요시다 조서吉田調書'와 국회 사고 조사 문서 등에도 자주 등장하는 장소다. 길고 무섭게 보여서 그런 이름이 붙었는지 모르지만 다들 그렇게 부른다.

다만 그 지하의 '대나무 복도'는 그리 유명하지는 않은 듯, 각종 문서에도 별로 등장하지 않는다. 안을 들여다보고 싶다고 해도 오염수가 한가득 고여 있는 지금 상태로서는 앞으로도 그 누구도 볼 수 없을지 모른다.

거대한 암녹색 터빈

다음으로 안내 받은 곳은 2층의 터빈실. 계단을 올라가니 눈앞에 거대한 암녹색 터빈이 보였다. 터빈은 올려다보아야 할 정도의 크기로, 높이 약 3미터의 긴 원통형 쇳덩어리에 나는 압도당하고 말았다. 옆구리 부분에 GE 로고가 큰 글씨로 인쇄되어 있었다. 그렇다. 미국의 GE(제너럴일렉트릭) 사 제조 터빈이다. 지금은 히타치 제작소와 합병하여 히타치GE뉴클리어에너지로 불리지만 원자로도 터빈도 전부 GE에서 제작했다. 그러고 보니 터빈 건물 근처에서 일하던 작업원들의 방호복에는 '히타치 GE'라는 표시가 붙어 있었다. 사고 후 원자로 작업도 각각의 제조사 계열이 시행하고 있다고 한다.

터빈 바로 앞에는 전기실이 있어서 터빈을 돌려 발생하는 전기를 모아 변압기에 보내는 구조였다. 그리고 구석에는 원자로에서 발생한 증기를 터빈에 보내기 위한 증기실이 2개 있었다. 뉴스에서 말로는 들어 알고 있었지만 실물을 가까이에서 보니 발전의 실제 과정이 손에 잡힐 듯 다가왔다. 3년 반 전까지는 여기에서 전기를 만들어 멀리 떨어진 도쿄까지 보냈구나 하고 생각하니 감회가 새로웠다. 아무리 그렇다고 해도, 터빈실은 넓고 컸다. 천장 높이는 20미터 이상은 되어 보였고 대형 천장을 가로지르는 크레인도 있었다.

다시 1층으로 내려와, 이번엔 서비스 건물로 향했다. 건물이라고는 해도 독립된 곳이 아닌 터빈 건물 안에 있는 곳이었다. 방금 전 지났던 입퇴역 게이트 옆을 지나 계단을 오르자 서비스 건물 안에 다다랐다. 안은 칠흑처럼 어두웠다. 지참한 대형 회중전등으로 비추어 보고는 깜짝 놀라고 말았다. 발 디딜 틈도 없이 안은 어지럽혀져 있었다. 내일부터 이곳 '쓰레기방'을 치울 생각을 하니 소름이 끼쳤다.

첫날은 1호기 전체를 견학하는 것으로 작업이 종료되었다. 이렇게 가까운 거리에서 사고 현장을 보게 된 것만으로도 귀중한 경험이었다.

비상구 저편은 푸른 바다

이번 현장은 어두운 곳이 많으므로 헬멧에 헤드 랜턴을 부착하고 들어가게 되었다. 대기실에서 미팅을 끝낸 후 승합차에 나누어 타고 지금까지 일하던 사무본관과는 방향이 다른 곳으로 향했다. '주오도리'라고 하는 주도로에 와서 지금까지는 '후레아이 교차로'에서 직진했었지만 이번에는 우회전을 한 후 언덕을 따라 내려간다. 이 언덕 도중에는 푸른 하늘에 갈매기가 그려진 그림과 함께 '시오미자카汐見坂'라고 쓰인 간판이 보였다. 이름 그대로 언덕 저편에는 푸른 바다가 펼쳐져 있다. 평화로운 간판과는 대조적으로 바다 바로 앞에는 배기탑과 원자로가 보여, 괜시리 섬뜩해지는 풍경이다.

언덕을 다 내려와 1호기 옆에 도착, 거대한 크레인차 앞에 있는 해안 근처에 주차했다. 지금은 하얀 커버로 덮인 1호기이지만 커버를 벗길 때에는 이 크레인을 쓰겠지.

해안 쪽 입구에서 안으로 들어가 구석의 집합 장소에서 현장에 가기 전에 미팅을 했다. 역시 이곳도 온열질환 예방을 위한 WBGT 게시판이 설치되어 있었고, 리더는 우선 당일의 습도와 온도를 기록했다. 전원 도착을 확인한 후, 서비스 건물 3층 현장으로 향했다. 내가 속한 팀은 전부 15명 정도로, 헤드 랜턴이 달린 전면 마스크를 하고 졸졸 따라 걷는 모습이 마치 탄광부와도 같았다.

초반에는 다들 같은 차림을 하고 있어서 누가 누군지 판단이 되지 않아, 방호복 등에 적힌 이름을 보고 말을 걸었지만 이제는 체격이나 걸음걸이로 대충 누군지 알 수 있는 경지에 이르렀다. 농담도 주고받을 정도가 되었지만 역시 첫 현장은 긴장되었다. 복도에는 굵은 배관이 있어, 자칫 방심하면 넘어질 위험이 있었다. 올라가는 도중 계단 옆에 관엽식물 파키라의 '시체'가 있었다. 3년 넘게 물을 주지 않으면 말라 죽는 건 당연하지만, 왠지 파키라도 사고의 희생자처럼 보였다.

전날 본, 3층 방 입구에서 구체적 작업 지시를 받았다. 널부러진 책 종류 및 물품을 닥치는 대로 주워, 가연물, 불연물, 그 외로 나누어 비닐봉투에 담도록 지시를 받았다. 안이 컴컴해서 리더가 안쪽 한구석에 있는 비상구라고 적힌 문을 여니, 햇빛이 비쳐 들어왔다. 그쪽을 바라보니 아침 해에 반짝이는 항구가 보였다. 쓰레기로 어지럽혀진 어두운 실내에서 바라보는 반짝거리는 바다는 눈부시도록 아름다웠다.

멍하니 바다를 보고 있자니, 나카네 씨가 "예전에 여기에서 뛰어내린 녀석이 있었지."라며 쓸쓸한 얼굴을 했다. 지진이 있기 꽤 오래전 일로, 무슨 일이 있었는지는 모르겠지만 사원이었는지 하청 직원이었는지 어떤 사람이 이 창문에서 뛰어내렸다고 한다. 지상 20미터는 되는 이곳 최상층의 창문에서 뛰어내리면 즉사 이외의 여지는 없어 보였다.

'주식회사 원자력 대행'

그런 감상에 잠긴 것도 잠깐. 곧 분류 작업이 시작되었다. 이 방은 1호기, 2호기의 운전 관리를 24시간 체제로 하던 장소답게 '숙직실'이라고 적힌 방도 있었다. 정리한 흔적은 전혀 없어,

122

지금까지 손 한번 대지 못한 상황이었던 듯했다. 지진 직후에 사용한 것으로 보이는 핸드 마이크와 헬멧 등도 어지럽게 놓여 있었다. 사무 책상을 정리하니, 작업 일지와 매뉴얼 이외에도 만화책 및 비디오, 소액의 현금 등 개인 물품들이 연달아 나왔다. 재해 당일 모두 입고 있던 옷을 그대로 입은 채 탈출했을 것이다. 봉투에 든 천 엔짜리 지폐도 나왔다. "몰래 가지고 나가고 싶겠지만 게이트에서 오염물 경보가 울리면 잡히고 말걸." 하고 입이 걸기로 유명한 선배가 웃는다. 어떻게 처리할지는 모르지만 일단 지폐들은 따로 정리해서 비닐봉투에 넣어 놓았다. 24시간 체제로 원자로 운전을 관리하는 이 방은 남자 직원만 있었던 것 같다. 만화 잡지에 섞여, 성인비디오와 그라비아*도 줄줄 나왔다. "가져가지 그래."라며 놀리는 동료의 말에 작업장에 웃음이 일었다.

보드의 예정표에는 3월 11일 오후 3시 A사의 B씨 방문 예정 등이 쓰여 있어 지금 일처럼 생생하다. 좀 전의 사무본관은 주로 도쿄전력 직원이 근무하던 곳이었는데 이곳 서비스 건물 3층은 제1차 하청 업체인 '아톡스'가 쓰고 있던 방 같다. 전국 각지 원전의 보수 관리를 하는 아톡스 사는, 후쿠시마에서도 운전 개시 때부터 업무를 수행한 이른바 전통의 원자력 관련 회사이다. 전신은 '주식회사 원자력 대행'이라고 말할 정도이다.

이곳에서는 사보와 명함 등과 함께 급여명세표도 나왔는데, 사고 전년 연말 보너스 지급액을 보고 놀라고 말았다. 이전에

---

* 일본 여성의 비키니 차림이나 세미 누드를 찍은 영상물 또는 화보집.

본 도쿄전력 사원의 보너스 금액의 10분의 1에도 못 미치는 27만 엔 남짓이었다. 직책이나 근속 여부 등의 요인이 있으니, 일률적으로 비교할 수는 없겠지만 달라도 너무 달랐다. 이것이 도쿄전력과 하청의 차이인가 하고 생각했다. 현장의 보수 관리 업무를 도맡아 하는 노동자와 그것을 지시하는 관리자 사이에는 확연한 벽이 존재하는 것이었다. 그런 것들을 생각하며 '보물찾기'라도 하는 기분으로 분류 작업을 했다.

밀실 상태의 방에서 작업을 하는 것은 역시 더워서, 리더의 지시를 기다리다가 도중에 휴식 시간을 받았다. 의자를 늘어놓고 앉아서 쉬자니 몸에서 단숨에 땀이 흘러나왔다. 누구랄 것도 없이 "아, 덥다." 하며 말을 뱉어 낸다. 머리나 코 주위가 가려웠지만, 전면 마스크를 벗지도 못하는 이곳에서는 참을 수밖에 없다. 사무본관 작업은 순식간에 끝난 것 같았는데, 이곳의 시간은 더디기만 했다. 아직 30분 정도밖에 안 되었는데도 다들 귀가 시간을 기다리고 있다.

작업 재개. 점점 요령을 익히자 속도가 빨라진다. 30분 정도 작업하자 오늘 일도 끝이 났다. 다시 내일부터는 당분간 이 서비스 건물에서의 작업이 계속되겠지.

여자 탈의실과 샤워실

당초 지진이 있었던 당시 그대로, 발 디딜 틈도 없이 어질러져 있던 서비스 건물의 방이었지만, 인해전술로 매일 치웠더니 1주일도 지나지 않아 점차 깨끗해져 갔다. 어쨌든 바닥에 어지럽게 놓여 있던 쓰레기와 책상, 로커에 들어 있던 물품들을 분별해서 닥치는 대로 비닐봉투에 쓸어 넣었다. '대외비'라고 도장이 찍혀 있는 설계도와 배관도, 운행 매뉴얼, 매일매일의 점검표 등 귀중한 자료로 보이는 서류들까지 가차 없이 처리한다. 무엇이 되었든 사고 후에는 모두 오염 물질일 뿐이다.

방호복이나 양말, 장갑 등도 치웠는데, "이게 뭐지."라는 목소리가 들려 달려가 보니 인분으로 보이는 것이 있었다. 이미 건조된 상태로, "이건 쥐똥은 절대 아냐."라고 결론지었다. 나의 상상에 따르면, 지진 후 몇 명이 점검을 위해 방에 들어와서 작업하던 중 변의를 느꼈지만 화장실에서 물도 전기도 사용할 수 없어, 부득이하게 사용하고 난 방호복 안에 볼일을 본 것으로 보인다. 동료들은 이 일이 있고 난 이후, 사용이 끝난 옷더미들을 정리할 때, "폭탄이 나올 것 같다"며 겁내고는 했다.

3층을 치우고 2층 방 작업에 착수하게 됐다. 그 한쪽에 '여자 탈의실'과 '샤워실'이 있었다. 1층에는 남성 작업원의 탈의실이 있었으나 이 2층에는 여성 작업원 전용 공간이 있었던 것이다. 그렇다. 사고 전에는 발전소 건물이라고는 해도 방사선량이 지금과 비교해 현저히 낮아, 여성 작업원들도 평범히 건물 내부에서 작업했던 것을 알 수 있었다.

현재 이치에프 구내에서는 여성의 모습을 전혀 볼 수가 없어, 이른바 여인 금지 장소가 되어 있다(몇 달 후, 입퇴역소 검사원으로 여자 직원 몇 명이 배치됐다). 이 공간에는 몸도 사이즈도 다른 여성 작업원들에게 맞춘 각종 장비가 쌓여 있었다. 도대체 사고 전에는 몇 명의 여성 직원이 어떤 작업을 했던 것일까 하는 의문이 들었지만, 아무에게서도 이치에프의 여자 작업원에 대한 이야기를 들을 수 없었다.

덧붙여서, 제염 현장에서는 여성 작업원의 모습을 적잖이 본 적이 있었다. 나이는 20대로 보이는 젊은 사람부터, 40대, 50대까지 다양했다. 이치에프와 달리 여성 전용 장비나 탈의실 등의 여러 설비도 불필요한 데다가, 건강진단과 WBC 비용(여자는 수검 기간이 짧다.)이 들지 않으므로, 제염 현장에 더 많은 여성 직원을 두고 있는지도 모른다. 그들 중 대부분은 숙소에서 지내지 않는, 현지 후쿠시마현에 사는 여성으로 보였다. 다른 업종에 비해 리스크는 있지만, 일당이 월등히 높아서 제염 현장으로 흘러들어 오는 것 같다.

이 2층에는 임시 휴게소가 설치되어 있었다. 구내에는 몇 개의 휴게소가 있는데, 화장실에 가거나 물을 마시려면 반드시 방호복과 전면 마스크를 벗어 방사선량을 계측해야 한다. 이를 위해서는 설비와 인력이 필요하기 때문에 1~4호기 건물 구역에서는 이곳 1호기의 2층에 임시 휴게소를 설치해 놓고 있다(곧 3호기 건물 내에도 설치했다). 낮에는 상시 들어오는 작업원들의 선량을 재는 담당자가 배치되어(서베이라고 부른다.) 새 장비를 배부하는 일도 하였다. 담당하던 사람들은 '그 유명한' 아톡스 사 사람들이었다.

비닐봉투 릴레이

　매일 진행한 분별 작업으로 어느새 방 이곳저곳에 비닐봉투가 산처럼 쌓여 갔다. 처리가 끝나고 3층과 2층에 쌓여 있는 봉투를 1층으로 내리는 작업을 했다. 이 모든 작업을 수작업으로, 3층 방에서 2층 층계참으로 일단 내려보낸다. 게다가 여기서부터 1층 집적장까지 다시 내리는 것이다. 순서대로 서서 하나씩 옆 사람에게 손으로 건넨다. 양동이 릴레이가 아니라 이건 비닐봉투 릴레이다. 무거운 봉투가 있는가 하면 가벼운 것도 있어 옆 사람과 타이밍을 잘 맞춰서 한 번에 해야 하므로 꽤 체력을 요하는 작업이었지만 단순 작업에다가 옆 사람과 말을 주고받는 재미에 힘든 줄도 몰랐다. 다들 재미있다는 듯 '조금 무거워.' '조금 가볍네.' 하면서 봉투 무게를 옆 사람에게 알려 주거나 하면서 즐겁게 일했다.

　땀을 흘리며 집중해서 일했더니 사사키 씨가 모두 2층 휴게소에서 쉬도록 지시했다. 들어올 때는 방호복을 벗고 선량을 재어야 해서 귀찮았지만, 안으로 들어오면 30조(약 15평) 정도의 공간이 있어 누울 수도 있고 냉수기와 흡연실도 있어서 한숨 돌릴 수 있었다. 물은 나오지 않지만 냉난방, 환기 설비도 있어 살풍경 속의 쾌적한 공간이었다. 언뜻 보니 골판지를 바닥에 깔고 눈을 붙이고 있는 타사 직원도 있다. 다만 화장실이 문제인데, 이 임시 휴게소에는 상하수도관이 없어서 방 하나에 간이 화장실을 설치하고 재해용 키트에 볼일을 봐야 한다. 방식은 우선 변기에 비닐봉투를 깔고, 그 안에는 흡수제가 들은 봉지를 또 넣는다. 거기에 용변을 보고 난 후, 비닐봉투를 잘 묶어서 회수 봉투에 넣는다. 마지막으로는 다음 사람을 위해서 다시 변기에 비닐봉투를 준비해 놓고 나가면 된다. 밖에는 물티슈가 있어서 손을 닦을 수 있게 되어 있다.

30분 정도 쉬고 난 후, 다시 출동. 새로운 방호복과 장갑, 군화를 장착하고 휴게소를 나선다. 땀도 다 식어서 기분이 상쾌하다. 나머지 작업을 얼른 해치우고 아침에 미팅이 있었던 장소에서 전원이 무사한 것을 확인한 후, 건물에서 나와 주차된 차에 올라타고 대기소로 돌아간다.

아무 일 없이 작업이 잘 끝나서인지, 돌아가는 차 안에서는 다들 얼굴 표정도 피고 입도 가벼워졌다. 대단한 일을 한 건 아니지만 가벼운 피로감과 함께 노동을 마친 충실감을 맛보고 있었다. 이곳 출신 나카네 씨는 쓸쓸하게 "지금쯤이면 우리 고향 산에서는 송이가 나오는데 말야."라고 말하고는 단풍이 들기 시작한 먼 산을 바라보았다.

컨테이너 채우기

서비스 건물 1층에 내려놓은 비닐봉투들을 트럭에 실어 이전에 작업했던 사무본관 앞까지 가서, 종류별로 하적한다. 그리고 나서 종이류, 플라스틱, 금속류로 나누어 철제 회색 컨테이너에 가득 밀어넣어 봉인한다. 컨테이너는 작업원 3명이 철판 6장을 정방형으로 조립해서 만든다. 그러고 나서 개수를 세어가며 쓰레기봉투를 던져 넣는데, 컨테이너가 가득 차면 유성펜으로 종류, 봉투 개수, 날짜를 기입한다. 마지막으로 BM관으로 컨테이너의 방사선량을 측정하여 적어 넣으면 작업이 종료된다. 훗날 다른 팀에서 지게차를 사용해서 트럭에 싣고 구내 고지대에 펼쳐진 폐기물 저장소에 운반, 보관한다.

이 폐기물 중 가연물은 건설 중에 있는 감용화減溶化 소각로에서 머지않아 처리될 것이라고 한다. 원래는 연초에 시설을 완성하고 쓰레기를 바로 소각할 예정이었다고 하는데, 왜인지 공사 기간이 대폭 늦어져 완료될 기미가 보이지 않는다고 한다. "아직 멀었나. 왜 늦어지는 거지?"라며 건설 중인 거대한 소각 시설을 올려다보며 아마노 씨가 짜증을 냈다. 사실 이 소각로에서 태우기 위한 저농도 가연물을 회수하는 것이 우리 팀의 주요 임무였던 것이다.

고농도 잔해들과 벌목된 나무 등은 밀폐된 창고에서 보관하는데, 우리가 처리 작업을 한 서류와 사용이 끝난 방호복 등 저농도 가연물은 컨테이너에 넣어, 광대한 저장장에 야적해 놓은 상태이다. 오염수가 직접 새어나올 걱정은 없을지도 모르지만, 비를 장기적으로 맞도록 놓아둔다면, 콘테이너에 빗물이 들어가, 보관장의 토양에까지 침투할 위험성이 있다. 오염수 대책도 큰일이지만, 점점 쌓여만 가는 가연성 폐기물 처리도 매우 시급한 과제임은 틀림없다.

핫 랩 작업

서비스 건물 3층, 2층에 있는 가연물의 분별, 회수 작업은 순조롭게 진행되었고, 엉망진창이었던 방도 큰 책상이나 기구류를 제외하고는 깜짝 놀랄 만큼 정리되어 갔다. 나머지 일은 1층의 집합 장소에 남겨진 미처리 폐기물을 분별하는 작업이었다.

그러던 11월 하순, TPT 담당자로부터 새로운 임무가 전달되었다. '핫 랩'이라는 장소에서 가연물을 처리하는 업무였다. 들어 본 적도 없는 '핫 랩'에 대해 알아보니, '강력한 방사선을 안전하게 다루는 실험실'이라고 한다. 뭔가 무서운 곳이다.

새로운 업무가 개시되는 날 아침 미팅에서 역시 '황산', '염산'이라는 극약 물질의 이름이 나왔고, 취급에 주의해 달라고 책임자가 신신당부를 했다. 언제나 입었던 방호복에 더해, 약품이 튀어도 괜찮도록, 방호 에이프런과 특수 장갑을 끼고 약품류를 다루도록 지시받았다. 또한 내용물을 알 수 없는 병과 시약 등은 나중에 전문가가 판단할 것이므로 별도로 분류해 두라고 말했다. 지진으로 비커, 플라스크 등의 유리 제품이 파손되어 있는 곳도 있으니 이 역시 주의하라는 말도 나왔다. 이번 작업장인 '핫 랩'은 1, 2호기에 하나, 3, 4호기에 하나, '집중 라도*시설'이라는 곳에 하나 더 있다고 한다. 공사 기간은 1월 23일까지로, 앞으로 2개월도 남지 않았다. 도중에 설 연휴도 있으므로 실질적으로는 1개월 안에 '강행 공사'를 해야 한다. 사사키 씨도

* 라도는 영어 radiation의 일본식 표현이다.

갑자기 지시를 받았다며, "한 달 가지고는 무리야."라고 토로했지만, 어쨌든 지시받은 작업은 '해야 한다', '이곳에서는 열심히 하는 수밖에 없다'며, 새로운 업무에 착수했다.

처음 가는 곳은 어디가 되었든 긴장하게 된다. "무슨 고스트 버스터즈 같군."이라며 대열을 이루고 가는 도중에 동료가 중얼거렸다. 1호기 1층의 터빈 건물의 한쪽에 있는 '핫 랩' 방은 어두컴컴해서, 발전기를 돌려 라이트를 설치한 후, 안으로 들어간다. 방은 두꺼운 콘크리트 벽으로 되어 있고, 입구에는 세척 장치라고 적힌 샤워기도 있어서, 엄중한 방호하에서 방사성 물질을 다루었던 것을 알 수 있었다.

바닥은 지진으로 인해 떨어져 깨진 비커 조각으로 어지럽혀져 있었고, 쓰나미로 흘러들어 왔다고 생각되는 모래도 방 안에 펼쳐져 있었다. 선반의 비커와 시험관 등을 보면 학교의 화학실 같지만 본 적도 없는 디지털 시험기가 나란히 놓여 있는 것을 보면 이곳은 역시 전문가의 실험실이었다는 걸 깨닫게 된다.

우선 유리, 플라스틱, 종이 등을 종류별로 봉지에 채우고, 시약이나 극약 물질이 들어 있을 것으로 보이는 병은 별도 장소에 놓아둔다. 자세히 보니 황산, 염산, 질산과 같은 이름이 적힌 병 외에도, 듣도 보도 못한 이름이 가타가나로 적힌 시약도 있었다. 우선은 조심조심 손으로 들어 별도의 장소에 옮겨 두었다.

서류 중에는 종업원들의 선량 기록표도 있었다. 들여다보니 매일 숫자 0이 나란히 적혀 있었다. 사고 전에는 이 '핫 랩'에서조차도 방사선이 계측되지 않을 만큼 미미했던 것이다.

또한 그 방에는 물과 유류 그리고 '담수'라고 별도로 써 놓은 용기도 있어서 구분을 해 둬야 했지만, 일단 다 같이 탱크에 넣어 두었다. 그런데 다음 날, "위에 사람이 없을 때 어서 버리라"는 지시가 있어, 머뭇거리면서 바닥의 배수구와 근처 화장실에 버렸다. 어디로 흘러가게 되는 것인지 의문을 품은 채로.

지진으로 플라스크가 흔들리다

'핫 랩' 작업을 개시하고 3일째 되었을까, 10시가 지났을 즈음 돌연 엄청난 진동이 있었다. 바닥이 크게 흔들리고, 선반의 플라스크와 비커도 덜그럭 덜그럭 소리를 냈다. 이건 큰 지진이다! 하는 생각이 들자 공포가 밀려왔다. 도망갈까 생각한 그 순간, 사사키 씨가 "움직이지 마!"라고 크게 소리쳤다. 다리에 힘을 주고 겨우 제자리에 서서 버텼다. 그 후, 진동이 점점 잦아들어 휴 하고 가슴을 쓸어내렸다. 일순간 3·11이 떠올랐다. 언젠가 다시 그때처럼 거대한 지진이 덮쳐 올지도 모른다. 게다가 이곳은 지금도 높은 선량이 나오는 관리구역이다. 약품도 그렇지만 원자로와 오염수 탱크가 피해를 입게 되면 그거야 말로 악몽의 재현이 따로 없다. 텔레비전으로 본 3·11 직후의 제1원전 구내 영상이 뇌리를 스쳤다.

일을 끝마치고 대기소에서 텔레비전을 보니 진도 4의 지진이었다. 오늘은 아무 일도 없었지만 혹시 대지진이 오면 어떻게 해야 하는 걸까. 3·11 후, '텐덴코*'라는 말은 들었지만, 이곳은 원자력 시설로, 마음대로 도망갈 수 없는 곳이다. 하지만 지시를 기다리며 움직이지 않다가는 피해를 입게 된다. 그러고 보니 피난 훈련에 대해 들은 적도 없고 긴급 시에는 어떻게 하면 좋은지 어떤 누구도 지진 대책에 대해 이야기해 준 적이 없다.

지금 편하게 쉬고 있는 대기소도 언제 재임계에 도달하는 위기가 올지도 모르는 원자로로부터 단지 400미터 정도만 떨어져 있을 뿐이다. 그렇게 생각하니 역시 이치에프에서 일하는 것의 위험을 다시 한 번 느끼게 되었다.

그날 저녁, 가족과 친구들로부터 안부를 묻는 문자가 왔다. 역시 다들 걱정을 하고 있구나 하고 생각했다.

1호기 커버를 벗긴 후의 변화

핫 랩에서 작업을 시작했을 때, 한 달 정도 전부터 시험적으로 벗겨져 있던 1호기 커버 뚜껑이 원래대로 돌아갔다. 이 1개월 동안 상부에 있던 커버 2장을 벗기면서 텅 빈 1호기를 매일 바라보고 있었는데, 원래 하얀 커버가 다시 씌워지자 안심이 되었다. 도쿄전력의 발표에 의하면 시험적으로 벗긴 것인데 "유의한 변화는 없었다"고 한다. 나는 '그런데 잠깐만, 그럴 리가 없

---

* 예전부터 전해지는 도호쿠 방언으로 '각자, 뿔뿔히 흩어지다.'라는 의미이다. 지진 혹은 쓰나미가 오면 누구도 신경 쓰지 말고 도망가라는 뜻이다.

다'고 생각했다.

　매일 지나는 1호기 입구 부근에 있는 수기식 공간선량표의 값은 분명히 변화가 있었다. 벗겨내기 이전인 10월 하순에는 '0.09밀리시버트'였던 수치가 커버를 벗기고 사흘 뒤에는 '0.1'로 상승했었다. 기계에 의한 모니터링 계측과 달리 이 게시판은 구내 여러 곳에 설치되어 있어, 며칠에 한 번 손으로 그 지점의 공간선량을 적고, 날짜와 계측한 사람의 이름도 적게 되어 있다. 출입구 가까이에 있어서, 자연히 매일 보게 된다. 보통은 같은 수치였지만 어느 날을 경계로 갑자기 상승한 것이다. 그렇다면 상부 커버를 벗긴 게 원인이라고 보는 것이 자연스럽지 않은가. 물론 도쿄전력에서 '0.01밀리시버트' 상승 정도는 '유의미한 변동'으로 판단하지 않는 건지 분명하지는 않지만, 납득이 가지는 않는 발표였다.

　사실 9월 시점의 발표에서 이 시험적인 커버 벗기기 작업은 덮개 전부, 즉 상부 패널 4장을 전부 벗기겠다는 것이었다. 하지만 웬일인지 절반에 해당하는 2개만 벗기기로 변경하고, 그로부터 1개월 후에는 원래대로 되돌려 버린 것이다. 아무리 '유의미한 변동은 없었다'고 해도 당초의 예정을 변경한 것은 '변동이 있었기 때문'이라고 보는 게 자연스럽지 않은가?

　그러고 보니, 확실히 작년에도 지금과 같이 3호기의 커버를 벗겼을 때 구내에서 일하던 작업원의 방호복이 오염됐다는 얘기를 들은 적이 있다. 평소 좀처럼 울리지 않는 입퇴역소의 계측기에서도 그날은 몇 십 명에게서 경보음이 울렸다는 것이다.

아마 방사능에 오염된 석면과 먼지가 방호복으로 내려앉은 것은 아닐까?

이렇게 모든 데이터를 도쿄전력이 쥐고 있고 그 숫자를 어떤 방법으로 발표할지, 어떻게 판단하고 어떻게 대처할지도 모두 도쿄전력이 결정하고 있다.

오염수 탱크 데이터는 자율 규제

데이터 중에는 도쿄전력에 전해지지 않는 것도 있었다. 같은 방의 B씨에게서 들은 얘기인데, 탱크 경비원 일에 종사했던 B씨는 낮 근무와 야근을 2주일마다 교대로 하고 있었다. 하루 총 4번, 즉 밤 근무와 낮 근무 동안 각각 2회씩 담당 지역의 오염수 저장 탱크 주변을 걸어서 둘러보며 선량을 계측하거나, 누수는 없는지 육안으로 점검한다. 한 번 둘러보는 시간은 약 1시간으로 "정말 편한 업무다."라고 말했지만 그곳에 묶여 있는 시간이 길었다. 예를 들면, 밤 근무 시작이 밤 10시로, 밤중에 한 번 둘러본 뒤 면진중요동으로 돌아와, 계측한 데이터를 컴퓨터에 입력한 후, 다음 날 아침 6시 순찰 때까지 잠시 휴식을 취한다. 면진 건물의 휴게소에서는 옷을 입은 채로 난연 시트 위에 아무렇게나 쓰러져 잠을 잔다. "잘 자는 녀석도 있지만 나는 좀처럼 잠을 못 자."라고 말하던 B씨. 야근수당, 잔업수당이 붙어서 급료는 좋았지만 숙소를 나와 다시 돌아오기까지 14시간 가까이 작업에 묶여 있는 셈이었다.

덧붙여서 B씨가 급여명세서를 보여 주었는데 11월 지급액이 무려 46만 엔이었다. 내가 대충 26만 엔 정도를 받으니까, 배 가까이 높은 급여를 받고 있었다.

다시 데이터 이야기로 돌아가 보자면, B씨가 "이래도 괜찮은 걸까?"라고 고개를 갸우뚱하고 나에게 무언가 말한 적이 있다. 매일 B씨는 정시 순찰을 돌며 지상 1미터, 탱크 벽에서 30센티미터 떨어진 지점에서 방사선량을 측정한다. 방사선량은 그날의 날씨와 풍향, 계측기 등에 따라 수치가 변화하는데, 0.02~3밀리시버트 오차는 일상적으로 있지만 가끔 배 이상 계측치가 나올 때가 있었다고 한다. 예를 들면 0.03의 장소에서 0.07의 수치가 나온 것이다. 돌아와서 이 수치를 컴퓨터에 입력하고 상사에게 보고했다. 그러자 상사가 "평소 수치대로 0.03으로 기록해."라고 했다는 것이다. 그리고 나서 "이 정도는 오차 범위 안이니까. 솔직히 적어 내면 도쿄전력에 피해를 끼치게 된다"고 말했다고 한다. 아무리 오차 범위 내라고 해도 2배 이상 선량이 계측되면 보고를 받은 도쿄전력도 재계측을 하든 보도자료를 발표하든 밤 늦게라도 일해야 한다. 하청 담당자 처지인지라 언제나 신세를 지고 있는 상사에게 잘 보이고 싶은 마음이라, 평상시보다 값이 10배 정도 나오면 모르겠지만 평소에는 '이상 없음'으로 보고하거나 '자율 규제'를 하고 마는 것이다. 처음부터 탱크를 육안으로 점검한다는 것 자체도 매우 형식적인 것 같았다. B씨의 이야기를 더 들어 보니 야근 시 회중전등으로 탱크를 비추어 누수가 없는지 육안으로 확인한다는데 그렇게 큰 탱크 전면을 전부 체크할 수 없는 노릇이므로 잠깐 비춰 보는 식으로 순찰을 한다고 한다. 탱크 중에는 구석에 있는 것도 있어서 그 뒷면까지 돌아가 보기 어려운 것도 있다. 게다가 비나 눈이 내리면 탱크 밑의 둑에서는 넘어질 위험도 있어서 바깥의 떨어진 곳에서 계측하기도 한다는 것이었다. "그래서 데이터가 매일 달라지는 거다."라고 말했다.

이런 이야기를 들으면서 '데이터를 믿지 말라'는 말이 정말이구나 하고 느꼈다.

적갈색으로 바래 버린 철골

인해전술로 정리한 1, 2호기의 핫 랩 다음으로 향한 곳은 3, 4호기의 핫 랩이었다. 하얀 커버에 덮인 1호기와 얼핏 보면 멀쩡해 보이는, 푸른 하늘과 구름이 그려진 2호기. 이 둘과는 달리, 3, 4호기는 끔찍한 모습을 그대로 드러내고 있었다.

대기소를 나와 '후레아이 교차로'에서 우회전을 한 후, 직진 대신에 바로 우회전, 그리고 삼거리에서 좌회전을 한다. 이후 2호기와 3호기 사이의 통로를 빠져나와, 해안선으로 나와서 주차를 한다. 이 통로에서 올려다보니 폭발로 파괴된 3호기의 철골이 적갈색으로 바래 있는 게 적나라하게 드러나 있었다. 거대한 철골이 맥도 못 추리고 부러진 채 휘어져 있는 것이다. 3호기 측면에서 선량을 보니 1.5밀리시버트라고 기입되어 있었다. 지금까지 작업하던 1, 2호기 측면의 선량보다 10배 이상 높은 수치다. 지난해 건물 잔해를 철거하기 위해 덮여 있던 커버를 걷어내고 알몸이 된 3호기로부터 직접 방사능이 나오고 있는 것이었다.

그런 3호기 안으로 우리 작업원들은 '돌격'했다. 입구는 해안에서 떨어진 후미진 곳에 있었다. 이미 바깥쪽에는 잔해 철거가 진행되고 있는지, 보통의 건설 현장처럼 크레인 등의 기재가 가득했고, 방호복을 입은 작업원들이 바쁘게 움직이고 있었다. 작업원들의 등 부분을 보니 '도시바東芝'라고 적혀 있었다. 그렇다. 이곳 3호기를 제조한 회사는 도시바였다.

대형 반입구를 20미터 정도 가면 왼쪽에 3호기 입구가 있었다. 대열을 지어 안에 들어가니 의외로 밝았다. 들어가 우회전 하자마자 왼쪽에 핫 랩 방이 있었다. 이 통로 바닥에는 청색과 적색으로 나뉜 라인이 있었는데, 조금 따라가 보니 오른쪽의 청색 라인은 3호기로, 왼쪽의 빨간 라인은 4호기로 향하는 선이라는 것을 알 수 있었다. 그러고 보니 분명 1, 2호기 입구 부근에도 각각 녹색과 황색으로 된 안내선이 있었다. 건물 내부는 복잡하기 때문에 길을 잃지 않도록 이렇게 색으로 분류한 라인을 바닥에 그려 놓은 것이었다.

여기에서도 똑같이 약품류나 기구, 서류, 보호구 등을 수거했다. 방이 좁았기 때문에 세세하게 분류하는 작업은 나중으로 미루고, 일단은 여기저기 흩어진 실내 쓰레기를 모아 대충 봉투에 넣었다. 입구 쪽 천장에는 역시 샤워 장치가 있고 철제로 된

두꺼운 문으로 나뉘어져 있어, 여기가 격리된 방이라는 것을 알아챌 수 있었다. 이렇게 묵직한 문도 그 쓰나미의 압력으로 순식간에 열려 버리고, 엄청난 기세로 바닷물이 방 안까지 밀고 들어왔겠지.

방 입구 부근에는 헬멧과 안전화가 어지럽게 널려 있어 발 디딜 틈조차 없었다. 아마 밖의 보관 선반에 있던 장비품들이 쓰나미에 여기까지 떠내려온 것일 게다. 우선은 큰 봉투에 모두 쑤셔 넣어 밖에 내놓았다. 입구 부근을 왔다 갔다 하는 사이에 옆에 '입장 금지'라고 쓰인 노란 로프로 둘러싸여 있는 계단을 발견했다.

듣기로는 이 아래는 트렌치의 물웅덩이라고 한다. 뉴스에서 자주 들은 고농도 오염수가 고여 있는 지하의 트렌치. 그것이 지금 이 아래에 펼쳐져 있는 것이다. GM관으로 그 위의 선량을 쟀더니 무려 8밀리시버트가 나왔다. 그러고 보니 사고 직후 복원 공사를 하던 작업원 3명이 3호기 지하에 있는 트렌치 물웅덩이에서 작업을 하다가 고농도 피폭을 당했다는 사건이 떠올랐다. 그 사고 현장이 이 난간 아래로 펼쳐져 있다고 생각하니 등골이 오싹해졌다. 그 근처에 가는 것조차도 두려워, 텅 빈 지하 웅덩이를 먼발치에서 바라보는 것이 고작이었다.

경보음이 울리다

잠시 후 갑자기 '삐' 하고 경보음이 울렸다. 누군가의 APD가 울린 것이다. APD는 입퇴역소에서 설정치가 0.8, 0.3, 그리고 0.1이라고 표시된 각각의 선반에서 각 현장에 맞는 것을 골라 받게 되어 있다. 우리는 최고치인 0.8로 설정된 것을 가지고 가도록 지시 받았다. 경보음은 적산 피폭값이 설정된 값의 5분의 1을 넘으면 울리도록 되어 있다. 즉, 0.8의 경우는 0.16밀리시버트에 달하면 첫 경보를 울리게 되어 있다. 두 번째 경보는 그 두 배 값인 0.32에서 울리며, 세 번째 경보음이 울리게 되면 전원이 즉각 그 자리에서 대피해야 한다.

사사키 씨가 "누구야? 경보기 울린 사람이!"라며 모두를 쳐다보며 말했다. 그러자 팀의 S씨가 미안해 어쩔 줄 몰라 하는 표정으로 손을 들었다. 그러나 작업은 그대로 계속 진행되었다. 그러자 또다시 누군가의 APD에서 경보음이 울렸다. 이러다 내 것도 울리게 되는 것은 아닌지 잠시 긴장했다. 하지만 이날에는 이 두 사람의 경보기가 울리는 것으로 끝이 났다. 경보음이 울린 사람은 왜인지 모르지만 방 바깥에서 작업을 했다고 한다. 그곳은 그 트렌치 근처였다. 나는 거의 방 안에서 작업하고 있었으므로, 그 정도로 방사선을 쬐지는 않았던 것 같다.

1, 2호기 핫 랩에서도 그랬지만 두꺼운 콘크리트 벽에 둘러싸인 핫 랩 내부는 의외로 선량이 낮고, 반대로 외부 공기 유입이 있는 입구 근처에서는 선량이 높았다. 예외도 있었는데, 실

내 작업을 해도 선량이 높은 물건을 장시간 만지면 피폭선량이 높아졌다. 하지만 작업 중에 일일이 물건의 선량을 잴 수는 없는 노릇이므로 결국 운에 맡길 수밖에 없었다.

그 다다음 날, 결국 나의 APD도 울리고 말았다. 짧았지만 높은 음을 내어, 주위의 사람들 모두가 알아챘다. 처음이었으므로 일순 다른 사람의 것인가 했지만, 다들 이쪽을 보고 있었으므로 역시 자신의 것이 울렸음을 알 수 있었다. 사사키 씨가 "이번은 누구야?"라고 묻자 내가 손을 들었다. "몇 번째지?"라고 물어서 손가락 하나를 내 보이자, '아직 첫 번째인가.'라고 말하는 듯한 눈을 하고는 아무 일도 없었던 것처럼 작업을 계속했다.

연일 경보음이 울리자 어느덧 익숙해져 버려서, 감각이 마비되어 갔다. 처음에는 심장이 튀어나올 듯 두근거렸지만, 두 번째가 되니, 아무렇지도 않아 하는 자신이 무서워졌다. 하지만 두 번째에는 조금 땀이 났다. 경보음이 세 번째 울리는 것은 어떻게 해서든 피하기 위해 선량이 적은 장소에 재배치를 하는 등 사사키 씨가 배려를 해 주었다.

덧붙여 말하자면 사무본관에서는 평균 0.02~0.03 정도였던 일일 피폭선량이, 1, 2호기의 서비스 건물과 핫 랩에서는 0.04~0.05로 상승했고, 3, 4호기의 핫 랩에서는 0.07~0.08로 상승했다. 점점 높아져 가는 선량 수치를 다들 신경 쓰자, 사고 후 돌격대로서 건물에 들어갔던 사사키 씨가 "우리들은 시버트 세계에서 일했다고."라며 이상한 자랑을 했다. 제염에서는 마이크로시버트, 여기 이치에프에서는 그 1000배인 밀리시버트로 단위가 변해 버린 것에 놀랐는데, 아직 그 위의 세계가 존재할 줄이야.

5, 6호기

어수선한 방에 15명 정도의 사람들이 한꺼번에 들어가 쓰레기 배출 작업을 한다. 다만 이 방은 화학실험실, 그것도 방사성 물질을 취급하는 특수한 방이다. 작업을 하는 동안 안전에 만전을 기하도록 몇 번이나 주의를 받았지만, 어지럽혀진 물건 중에 어떤 위험물이 섞여 있는지 알 수가 없었다. 어쨌든 이쪽은 신참 작업원일 뿐이다. 하지만 공사 기간 마감이 다가오고 있었으므로 신중하라고는 하지만 서둘러야만 했다.

우선 큰 봉투에 유리 종류와 가연물 등을 분별해서 가설 야적장에 쌓은 후, 사무본관으로 운반한다. 1, 2호기와는 달리, 이곳 3, 4호기의 반출 입구는 구석에 있어서, 트럭을 입구 부근에 옆으로 대는 것이 불가능하다. 그래서 우선은 밖으로 옮긴 후, 그 후부터 릴레이 방식으로 트럭 화물칸에 차곡차곡 쌓아야 했다. 이 근처의 공간선량은 매우 높아서, 특히 3호기의 바다를 면한 곳에서는 10분간 있으면 경보기가 울려 버릴 정도였다.

봉투 쌓기 작업을 서두르다 보면 놓치는 것도 나온다. 빈 병과 같은 유리는 다른 봉투에 넣어야 했는데, 용액이 들어 있는 병을 같이 넣어 버리기도 했다. 또 별도 취급을 해야 하는 위험

물질이라고 표기된 글자가 작아서 못 보고 놓친 적도 있었다. 그중에는 코발트, 스트론튬, 세슘, 이리듐과 같은 방사성 물질이 들어간 것도 있었다. 게다가 '선원線源'이라고 해서 리튬 전지 같은 시험용 버튼 모양의 방사성 물질도 함께 불연물 봉투에 넣어 버리기까지도 했다.

별도로 담은 극약 물질이나 방사성 물질로 보이는 것들은 후일 TPT의 방사능 분석 전문 담당자가 와서 판단한다. 단순히 물이거나 기름으로 판명되는 것도 있지만, 황산이나 염산, 방사성 물질 등은 뚜껑이 덮인 스테인리스 용기에 담겨진 채로 5, 6호기 내에 있는 방사능 물질 분석실에 운반, 전문가에게 맡겨지게 된다.

고지대에 있는 5, 6호기 건물의 경우, 사고는 없었으나 이미 폐로가 결정되어 현재는 연구 실험 시설로 사용되고 있다. TPT의 방사능 분석실도 이 안에 있으며 방사능 측정과 수질 검사 등을 하고 있다.

이 5, 6호기는 후타바정에 있다. 1~4호기가 오쿠마정에 있는 것에 대항해서, 후타바정에서 유치했다고 한다. 1~4호기와는 조금 떨어져 있는 장소에 있는 이 5, 6호기 주변은 공사 차량도 보이지 않고 가지런하다. 폭발 사고도 일어나지 않았으므로, 새 건물 같다는 인상조차 받았다. 사람들의 출입도 적은 이곳에서 전문가가 방사능 분석과 폐로와 관련된 실험과 연구를 하고 있다. 이곳은 입실 체크를 하고 각자 작업자증을 제시한 후에야 들어갈 수가 있었다.

분별 작업 후, 가설장과 실내 구석에서 위험물 등이 발견되는 경우도 있었다. 코발트라고 적힌 병이 발견되었던 때는 동료가 비닐봉투로 몇 겹이나 싸서 승합차로 분석실까지 옮겼지만, 불과 10분 정도의 그 짧은 시간 동안에 선량이 올라가 APD가 울려 버린 적도 있었다.

집중 라도

3, 4호기의 핫 랩 정리 작업 종료 일정이 가늠이 잡혀 가던 중, "내일부터는 집중 라도에 가게 되었다."라며 또 TPT 담당이 지시했다. "집중 라도? 라보(랩)를 잘못 말한 거 아냐?"라고 동료에게 묻자, "라도라고 하나 봐."라고 대답했다. 실제 어떤 곳인지 잘 모르겠어서 알아보니, '집중 폐로물 처리 건물'이 정식 명칭으로, 원자로에서 나오는 폐액이나 폐기물을 처리하는 시설이며, 4호기 옆 몇 개의 건물군을 총칭한다고 한다.

다음 날 아침, 언제나처럼 승합차에 올라타고 후레아이 교차로에서 우회전, 삼거리에 접어들어 맨 오른쪽 길로 들어섰다. 왼쪽 방향으로 가면 1호기, 가운데 길은 3호기, 그리고 오늘 처음 가는 오른쪽 길은 4호기와 집중 라도로 이어진다. 철판이 빈틈없이 깔린 4호기의 뒤편을 지나자, 정면에 둑이 펼쳐진다. 그 바로 앞에 있는 사각형의 건물군이 집중 라도 시설이다. 차를 해안 부근에 세우고 걷기 시작했다.

눈앞의 건물은 하얀 경질硬質 비닐로 덮여 있었다. 미리 담당자에게서 받아 둔 열쇠로 사사키 씨가 자물쇠를 연 후, 굵은 잠금장치가 설치된 문을 여니 안은 칠흑 같았다. 서둘러 헤드 랜턴을 켜고 다들 손으로 더듬어 가며 안으로 진입했다. 바닥에는 굵은 파이프가 뱀처럼 구불거렸다. "꽤 있네요."라며 GM관을 든 동료가 목소리를 높였다. 그렇다. 종횡무진으로 달린 이 파이프는 옆의 원자로 건물로부터 매일 배출되는 고농도 오염수를 나르는 관인 것이다. 전날 담당자가 이번에 갈 장소는 꽤 선량이 높다는 것을 알려 주었지만 오염수가 지나는 곳이었을 줄이야. 조금 걸어가자 우리들의 작업장인 핫 랩 입구에 도착했다. 이곳 역시 손도 대지 못한 상태로 쓰레기가 나뒹굴고 있었다.

우선 대형 조명을 설치한 후, 기동시킨다. 다음은 사사키 씨의 지시로 바닥에 어지럽혀진 납판을 입구 부근의 파이프 위에 씌워 놓았다. 조금이라도 선량을 줄이기 위해서였다. 폭 30센티미터, 길이 60센티미터, 두께 1센티미터 정도의 굽은 납판은 10킬로그램 정도 되는 무게였다. 꽤 무겁다. 이것을 2, 3장씩 관을 따라 늘어놓았다. 그리고 다시 한 번 계측해 보니 0.8밀리시버트가 0.6으로 내려간 게 아닌가. 일시적일지는 모르지만 효과는 있어 보였다.

방이 2개 있었는데 역시 쓰레기로 엉망이었다. 우선 방해가 되는 큰 금속류와 의자 등을 밖으로 내어놓고, 가설장에 던졌다. 다음으로는 플라스크와 병 등의 유리 종류를 분류한다. 병은 다시 화학처리반 용을 따로 분류해 두었다. "적당히 깨끗하게만 해 두면 된다."라고 지시받았지만, 어질러진 쓰레기 양이 워낙 방대해서 우선 손으로 분류한 후 정리할 수밖에 없었다. 선반에는 큰 비닐 케이스가 진열되어 있었지만, 그 안은 전부 더러운 갈색 물이 들어 있어 탁했다. 물속에는 비커와 시험관이 들어 있었다. 이 물은 쓰나미 때 밀려들어 온 해수임에 틀림이 없다. 높이 2미터 정도였을까, 건물에 유입된 해수는 그후 빠져나갔지만 케이스에 들어간 물은 그대로 3년 반 동안 남아 있었던 것이다. 뚜껑이 있어서 증발도 되지 않았던 것 같다. 복잡한 기분으로 케이스의 해수를 바닥의 배수구에 버리고 안에 든 유리 종류를 꺼내어 비닐봉투에 넣었다.

작업을 개시하고 30분 정도 지났을까, 경보음이 울렸다. 이렇게나 빨리! 여긴 큰일이군, 하고 생각했다. 특히 앞에서 말한 오염수관 근처에서 작업하는 사람들에게서 계속 경보음이 울렸다. 2시간 가까이 작업하고 철수했지만, 그날은 몇 명이나 경보음이 울렸다. 지금까지 들어왔던 현장 중에 가장 고선량 지대임을 알 수 있었다.

지금까지 일한 1~4호기에서는 콘크리트로 덮인 실내보다 외부 공기에 노출되는 실외가 선량이 높았다. 하지만 이곳 집중라도는 바깥보다 안쪽 선량이 높다. "왠지 점점 끔찍한 곳으로 배정 받는 듯한 느낌인데." 하며 동료가 무심코 뱉은 말에 수긍이 갔다.

사사키 씨조차도 가능한 한 빨리 일을 끝내려는지 정리를 마치도록 지시했다. 사람이 사용하는 입구와는 별도의 반출구

로 가득 찬 비닐봉투를 가지고 나가 트럭에 실어 담는다. 그러
자 울리는 경보음도 잊어버리게 되었지만 사사키 씨와 다른 1
명에게서 두 번째의 경보음이 울렸을 때에는 엄청난 긴장감이
들었다. 0.32밀리시버트를 넘었다는 뜻이었기 때문이다. 한 번
더 울리면 모두 철수해야 한다.

한번에 일을 끝내고 사무본관에 가서 작업을 일단락 지었다.
그렇게 강행 공사를 약 2주간 계속하여 일단 실내를 깨끗이 정
리하고 12월 하순, 집중 라도 작업을 종료했으며, 그동안 하루
평균 피폭량은 0.1밀리시버트를 가볍게 넘겨 버리고 말았다.

톱 상

"이케다 씨, 이번 달 톱 상이네."라며 12월 하순 즈음 사사키
씨가 웃으며 말했다. 매일 팀 내 작업원의 피폭선량을 집계하
여, 원청 회사인 TPT 사에 보고하는 것이 그의 일이다. 매일 각
자가 입퇴역소에서 받는 선량 영수증 수치와 매일 손으로 적어
내는 수치를 비교하는 것이다. 각자의 매월 적계선량을 파악하
고 있는 그이므로 이번 12월, 1밀리시버트를 넘은 나에게 농담
처럼 한마디 던진 것이다. 사사키 씨의 농담을 옆에서 들은 동
료가 "정말 뭔가 상품이라도 나오나요?" 하며 진지한 얼굴로 물
었지만 상품이 나올 리 없지 않은가.

매일 현장 작업을 끝내고 대기소에서 휴식을 취하고 있으면

꼭 나오는 이야기가 그날 각자의 선량이다. 같은 일을 하고 있어도 옥외 작업이 길어지거나, 고선량의 오염물을 취급하거나 하여 미묘하게 선량이 다른 것이다. APD를 보여 주고 선량이 적게 나올 경우에는 "일 편하게 하는구먼."이라며 농담을 주고받는다. 다들 입 밖으로는 내지 않지만, 내심 피폭에 대해 막연한 공포감을 안은 채로 매일 작업을 하고 있는 것이다.

하지만 이곳 이치에프에서는 '피폭'이나 '원전'을 화제로 하는 것은 터부시되고 있다. 농담으로 "나는 늙어서 살날이 얼마 안 남았으니 괜찮아."와 같은 말을 하는 선배가 있는가 하면, 다들 '될 대로 되라지.'라며 포기한 분위기다. 내 생각이지만, 피폭에 관해서는 나와 같은 중고령층보다는 젊은층 사람들이 '신경을 안 쓰는' 것 같았다. 중고령층은 인생 경험이 길고, 조금이라도 방사능 지식을 쌓아 왔기 때문일지도 모르지만, 젊은층은 의식적으로 도쿄전력 쪽으로부터 '안전'을 주입 받고 있기 때문일지도 모른다. 입소 시 받은 교육에서 교관이 가리키던 '방사선 피폭 조견도早見図'라는 컬러 도표(방사선의학종합연구소 제작)를 이치에프 구내에서 자주 보았는데, 그 조견도는 CT 검사나 X선 검진에서의 피폭선량, 자연 방사선의 선량 등을 색으로 나누어 표시해 놓고, 원전 작업자들의 선량도 나란히 표시해 놓고 있었다. 즉 일반 선량과 비교하게 해 '대단한 거 아니네.' 하고 생각하도록 만들기 위한 뻔한 수작이었다. 예를 들어 셔틀버스 대기실 벽에는 이 조견도를 확대 인쇄한 포스터가 붙어 있고, 버스에 타면 이번에는 좌석 앞 포켓에 A4 용지 크기의 조견도가 들어 있는 꼴이다. 정말 노골적인 '안전 선전'이지 않은가! 이렇게 알게 모르게 '안전'을 주입하려고 한다고밖에 나는 생각할 수가 없었다.

B의 산재

집중 라도 작업이 끝나고 우리 팀은 다시 1, 2호기로 돌아가서 어중간하게 마친 분별 작업을 재개했다. 상부가 생각하는 우선순위에 따라 작업 장소가 연달아 변했기 때문에 쌓아 두기만 한 봉투와 분별이 끝나지 않은 봉투들이 아직도 남아 있었던 것이다.

그럴 즈음 숙소의 룸메이트인 B가 산재 사고를 당했다. 12월 중순 어느 밤, 일을 마치고 숙소에서 텔레비전을 보고 있었는데, 야근을 마친 B가 돌아왔다. 들어오자마자 "다리를 좀 다쳤어."라고 하며 쑥스러워 하는 얼굴과 함께 왼쪽 다리를 끌며 방에 들어왔다. 어떻게 된 일인지 물어보니 면진동 계단에서 발이 미끄러졌다고 한다. "좀 아프긴 하지만 염좌인 것 같으니까 오늘 밤 쉬면 어떻게든 될 것 같아."라고 말하는 B.

그때는 나도 큰 부상은 아닐 거라고 생각했다. 하지만 다음 날 저녁, 밖에서 물건을 사고 있는데 휴대전화로 "다리가 아파서 걸을 수가 없어. 미안하지만 병원에 데려다 줄 수 있을까?"라며 SOS 전화가 걸려 왔다. 서둘러 숙소에 돌아가 어깨를 두르고 차까지 데려가려고 했지만 겨우 일어날 수 있을 정도의 상태였다. 걸으려고 하면 "아파!" 하고 시종일관 비명을 지를 뿐이었다. 어떻게 해야 할지 생각하고 있자니 B가 "구급차를 불러야 할 것 같아."라고 말했다. 휴대전화로 119에 전화를 걸어, 사정을 설명하자 구급차가 온다고 했다.

B는 역시 전직 경찰관이었다. 이런 상황에 익숙했다. 바로 사이렌 소리가 들리고 구급차가 도착했다. 구급대원 2명이 들어와, 어깨를 걸쳐 부축하려고 했지만 90킬로그램 가까이 나가는 체구의 B를 좀처럼 옮길 수 없었다. 결국 들것을 가져와, 구급차까지 운반했다. 나는 구급대원에게 룸메이트라고 말하고 이치에프에서 다리를 다쳤다고 알려 주었다. 회사 이름과 내 휴대전화 번호를 가르쳐 주자, 병원이 결정되면 나중에 알려 주겠다고 했다.

1시간 정도 지났을 까, 기숙사 문을 두드리는 소리에 벌떡 일어났다. 지금 이 시간에 누구지 하며 문을 열자, 빗속에 경찰관 2명이 서 있었다. 갑자기 "이와키 경찰입니다만, B씨 되십니까?"라고 묻길래, "아닙니다. 같은 방을 쓰는 B는 지금 구급차로 실려 갔습니다."라고 설명했다. 그러자 구급대로부터 "원전에서 부상당한 사람을 옮기고 있다"는 연락이 있어서 전후 사정을 들으러 왔다고 한다. 아무래도 경찰에서는 B가 지금쯤 치료를 마치고 귀가했다고 착각한 것 같았다. 경찰관들은 겨우 이해했다는 듯, "구급대에게 물어보겠습니다."라고 하며 내 전화번호를 받아서 돌아갔다. 잠시 후, 그 경찰관들로부터 "이와키 공립병원에 입원한다고 합니다."라며 연락이 왔다. 아무리 그래도 다친 장소가 이치에프라는 이유만으로 경찰이 그 사정을 조사하러 오다니, 깜짝 놀랐다.

그날 B는 K사에 연락해서 입원한 사실을 보고했다고 한다. 다음 날, K사 상사는 내게 전화해 어제 있었던 일의 전말을 물었다. 그러고 나서는 "왜 구급차를 부르기 전에 회사에 먼저 전화하지 않았나?"라며 나를 질책했다. 결국, 구급대에서 경찰로 보고가 들어갔고, 경찰에서 다시 이치에프의 도쿄전력에, 도쿄전력에서 원청을 통해 K사 사장에게 밤 늦게 문의 전화가 갔다는 것이었다. 어떠한 작은 부상이라도 다친 곳이 이치에프 구내가 되면 산재로 취급되므로 경찰도 매우 예민해진다고 한다.

뭐, 말을 듣고 보니 회사 측에 내가 연락을 넣어 주면 좋았을 테지만 어제와 같은 상황에서는 아프다며 걸을 수조차 없었던 B를 우선 병원에 옮기는 것 외에는 생각할 수 없었다. B 본인도 어떤 검사 결과가 나올지 몰랐을 거고, 웬만하면 큰 소동은 만들기 싫다는 뜻에서 회사에 연락하는 것을 나중으로 미루었을 것이다.

결국 B는 '대퇴골 균열 골절'로 전치 1개월 진단을 받았다고 며칠 뒤 전화로 알려 왔다. 며칠 후 나는, 휴대전화 충전기와 전기면도기 등 필요한 물건을 들고 이와키 공립병원에 문병을 갔다. B에게 안부를 묻자, "K사 쪽으로부터 실컷 소리를 들었어." 라고 했다. B의 소속은 처음에는 K사로 취급받았다가, 그 후 원청 E사 산하인 T사에서 탱크 순찰을 하다가 사고를 당한 것으로 되어 다음 날 E사 임원이 문병을 와서 "산재로 처리할 테니까 걱정하지 말고 치료하십시오. 다시 건강해지면 원래 일로 돌아가도 됩니다. 기다리겠습니다."라고 친절하게 말을 해 주었다고 한다. 한편 K사 임원의 병문안은 혼을 내러 온 것이라는 생각이 들 정도로 분위기가 나빴다고 한다. B는 다리를 수술하게 되었다고 하며, 적어도 1개월 정도는 입원, 그 이후 재활 치료가 필요하다고 했다.

숙소를 옮기다

B에게는 미안하지만 나는 숙소 방을 한동안 독점하게 되었다. 텔레비전도, 욕실도, 화장실도 마음껏 혼자 쓸 수 있다. 조금 아까운 기분도 들었지만, 역시 사적인 공간이 있다는 것은 좋은 것이라고, 당분간은 이 '독신 생활'을 만끽했다.

하지만 그 달콤한 시간은 오래 가지 않았다. 광열비를 포함한 월세는 회사가 지불하는데, 1개월에 5만 엔이 들었다. 이 비용을 전부 나 하나만을 위해 쓰는 것은 회사 입장에서 매우 비효율적이다. 게다가 B의 입원도 길어질 것 같아, 해가 바뀌고 1월 하순경이 되었을 때, 결국 나는 다른 숙소로 옮기도록 지시를 받았다.

회사의 숙소는 직책과 일체 경비도 회사 부담이므로 나처럼 사용 당하는 입장에서는 선택권이 없으며, 지시를 받으면 따를 수밖에 없다. 다만 작업원 중에는 1인실이 좋다고 해, 월세를 자기가 부담하고 혼자 방을 쓰는 사람도 있었다.

이사 날이 정해진 1월 하순, 마치 교대하는 것처럼 B가 퇴원해 숙소에 돌아왔다. 목발은 짚고 있었지만 걸을 수 있게 되어 이제부터는 재활 치료를 받고 작업에 복귀할 것이라며 의욕을 보였다. 그런데 B가 말하길, 원래의 방에 돌아갔는데 다음 주에 그곳에 새로 3명이 들어온다고 하는 것이었다. 듣자 하니 지금까지 내가 지낸 6조 크기 방에 이층침대를 2개 들고 와 4명이 쓰도록 한다고 한다. 듣기만 해도 더워서 숨이 막힐 것 같다. 지금까지 후스마*로 방 2개를 반으로 나누어, 텔레비전은 중앙에 놓고 공유해 왔다. 하지만 사람들이 2배로 살게 되면서 이제는 이런 반半사생활마저도 불가능해졌다는 것이다. 과연 B가 잘 지낼 수 있을지 걱정하면서 5개월간 머문 방에 작별인사를 했다. 서로 갈 길은 달라졌지만 B에게 손을 흔들며 "건강해."라고 인사를 건넸다. 하지만 그것이 B와의 영원한 이별이 될 줄이야.

그러고 약 두 달 후, B가 입원했다는 이야기를 들었다. 걱정은 했지만 역시 술을 너무 좋아하는 B였다. 재활 치료라고는 하지만 하루 종일 밖에서 걷기 연습만 할 수도 없는 노릇이었다. 결국 할 거라고는 술을 마시는 것이었다. 자세한 이야기는 못 들었지만 숙소 동료가 돌아와 보니 의식이 없이 쓰러져 있었다고 한다. 숙소 동료들은 서둘러 구급차를 불렀고, 다시 이와키 공립병원에 가게 되었다. 전의 일도 있고 해서, 동료들은 구급

---

* 나무틀을 짜서 두꺼운 헝겊이나 종이를 바른 미닫이문.

154

차를 부른 사실을 말하지 않기로 했다고 한다. 다들 B를 걱정하여 보호하려고 한 것이다. 하지만 이미 간이 나빠지고 있었던 듯, B는 다발성 장기 부전으로 중환자 집중 치료실에 들어갔다.

2주 후, 비보가 전해졌고, B의 시신은 후쿠시마에서 화장되어 이후 부인과 아들이 유골을 고향 아키타에 가져갔다고 한다. K사 임원은 "산재 기간 중에서 술을 마시다니 바보다."라고 말했다지만, 애초에 그 사고만 없었더라면 하는 생각을 하지 않을 수 없었다.

당사자도 그렇겠지만 가족들도, 이치에프에 온지 얼마 되지도 않아 이렇게 되고 말다니, 하고 생각하지 않았을까. 불과 3개월 정도였지만 이치에프 작업에 보람을 느끼면서 열심히 출근하던 B의 미소를 잊을 수가 없다.

정월 이후

긴 설 연휴가 끝나고 작업을 재개했다. 도쿄에 가족이 있는 나는 귀성해서 느긋하게 지냈지만, 동료들 중에는 설에도 가족을 만나러 가지 않는 이들도 많았다. 나이 든 모친이 이와테에서 산다고 하는 W씨. 12월 27일부터 1월 4일까지 9일간의 설 연휴였지만 돌아가려고 하지 않았다. 숙소에 남아 있어도 할 게 없을 텐데 하고 참견인 줄 알면서도 말했지만 "돌아가도 별 게 없어."라고 말했다. 더 이상 물어볼 수도 없어서 "새해 복 많이 받게."라고 하고 헤어졌다.

이처럼 연말연시를 회사의 숙소에서 보내는 사람이 몇 명이나 있었다. "가족도 없고, 돈도 없고……"라며 W씨는 자조적으로 말했다. 실제로 먼 시골 고향에 가려면 왕복 몇 만 엔의 교통비도 날아가 버리며, 기념품이나 세뱃돈 등을 생각하면 지출이 만만치 않다. 귀향 한 번으로 월급의 반을 써 버리게 될 수도 있다. 그럴 바에는 돈도 안 드는 숙소에서 푹 쉬며 조용히 지내는 것이 낫다. 좀 쓸쓸하다는 생각은 들지만 이것이 작업원들의 현실이었다.

그건 그렇고 우리 팀의 핫 랩 작업도 슬슬 종반으로 이르고 있었다. 당초 1월 23일 공사 마감은 절대 맞추지 못할 거라고 생각했지만, 사람을 3명 늘린 것도 있어서인지, 연초에 작업을 재개한 후에는 끝이 보이기 시작했다. 무엇보다도 '팀의 단결력과 의욕이 만든 결과'라고 하면 오버겠지만.

공사 기간 종반에는 뒷정리와 최후 점검을 한다. 역시 다 하지 못한 일들이 있어서 각 건물에 몇 번이고 들어가, 남은 가연물과 소화기류를 회수했다. 1호기 원자로 건물 바로 옆에 있는 2층짜리 작은 건물의 옥상에서 소화기와 건물 잔해들을 아래로 운반하는 작업을 했지만, 옥상에 있던 동료에게서 바로 경보음이 울리고 말았다. 바라보니 커버에 덮인 1호기 원자로 건물이 바로 코앞에 있었다. 여기 5미터 정도 되는 작은 건물 옥상의 공간선량은 지상보다 더 높아서 불과 1분만 있어도 경보음이 울려 버린다. 우리들은 유격대라서, 어디라도 날아갈 수 있는 심부름센터 같은 사람들이다. 납으로 된 방호복을 입고, 동토 벽과 하수구 작업도 같은 장소에서 전문적으로 해치우는 기술자들과는 다르다. 말하자면 우리들은 쓰고 버리는 잡역부인 것이다. 선량을 어느 정도 쐬게 되는지 가 보지 않으면 모르는 돌격대라고도 할 수 있다.

소나무 복도 아래에도 들어갔다. 터빈 건물의 1층 구석에도 들어갔지만 미로 같은 통로 때문에 길을 잃어버린 사람도 실제 있을 정도였다. 걸레 조각과 잘린 각목, 큰 산소 실린더와 소화기 등도 회수했다.

처음 들어가는 장소여서 선량이 어느 정도 있을지 처음에는 불안한 마음이었지만 작업을 시작하고 나서도 신경을 쓰면 일을 할 수가 없었다. 단지 모두 함께 할 수 있는 한 빨리 작업하는 것이다. 하지만 산소 실린더는 길고 무거워, 적어도 2명이 함께 들지 않으면 안 되었다. 걷기도 나쁜 데다 구불구불하게 뒤얽힌 통로를 겨우 걸어갔다. 짐이 무거워서 일단 휴식을 취하고 다시 움직인다. 포복 전진이다. 겨우 밝은 건물 출구로 나와 가슴을 쓸어내렸다. 철제 실린더는 방사능을 축척하고 있어서 오랜 시간 접촉하면 선량을 꽤 먹어 버리게 되지만 그래도 이렇게 할 수밖에 없었다.

5장 작업원 2명이 죽다

얼어붙은 조례 시간

1월 19일, 작업을 끝내고 대기소에 돌아와 쉬고 있는데, 낮 뉴스에서 '후쿠시마 제1원전에서 사고'라는 멘트가 나왔다. 휴식 중이던 작업원들 모두가 일제히 텔레비전을 쳐다보았다. 뉴스는 "탱크에서 작업원이 추락했습니다.", "병원으로 옮겨졌지만 의식은 있는 것으로……"라고 전하고 있었다. 그 높은 탱크에서 떨어지다니, 무사하긴 힘들겠다고 생각했는데 "의식이 있다"는 말에 '살아 있어서 다행이다.' 하고 안심하고 귀가했다.

하지만 다음 날 아침 8시부터 하는 TPT 조례 시간에 마이크를 잡은 부장이 침통한 표정으로 "안타까운 보고를 하게 되었습니다. 오늘 새벽 1시 25분, 어제 탱크에서 추락한 작업원이 병원에서 숨을 거두었습니다."라고 말했다. 일순간 100명 가까이 되는 사람들이 모인 실내의 공기는 얼어붙어 버렸다. 신음과 같은 한숨 소리가 모두에게서 흘러나왔다.

부장은 "상세한 것은 아직 알지 못한다"고 하면서 "만약 안전대를 착용하고 있었다면 이런 사고는 나지 않았을지도 모른다"고도 말했다.

상세 불명이라면서도 본인의 부주의가 원인인 것처럼 성급하게 말하는 부장의 무성의에 나는 화가 났다. 그와 함께 무슨 일이 있었는지 의문이 들었다. 동료가 죽었다는 사실 이전에 슬픔과 함께 말할 수 없는 불안의 추가 배 속에서 흔들렸다.

무거운 발걸음으로 아침 조례 장을 나와서 언제나처럼 대기소로 향해, 그날의 작업에 착수했다. 그날은 나카네 씨와 함께 3명이 대기소의 기업동 주변에 소화기와 잔해들이 남아 있지 않는지 걸어 다니며 점검하는 일을 했다. 천천히 1시간 반 정도 돌아본 후, 대기소로 돌아가니, 2F(제2원전)로부터 나카네 씨에게 몇 번이나 전화가 걸려 왔었다고 한다. 서둘러 나카네 씨가 전화를 걸었고 이내 목소리가 바뀌었다. 전화를 끊자, "지금 2F로 향한다. 동료가 큰 사고를 당했다는군." 하고 굳은 표정을 지었다. 그 말을 전해 들은 우리들은 무언가 믿을 수 없는 기분에 사로잡혔다. 그도 그럴 것이 아침에 사망 사고에 대한 소식을 들었는데 또 큰 사고가 일어났다는 말을 듣게 될 줄은 몰랐던 것이다.

그날 저녁에 동료들이 전화로 2F 사고로 병원에 실려 간 사람이 결국 사망했다는 소식을 전했다. 오늘 하루 동안 동료 2명이 1F와 2F 현장에서 목숨을 잃은 것이다. 상세한 것은 잘 모르지만 남의 일이라고는 여겨지지 않았다. 그리고 이 사고 배후에는 무언가 뿌리 깊은 것이 있음을 직감했다.

작업 정지

다음 날부터 현장 작업은 완전히 정지되었다. 1월 21일은 '안전 패트롤' 날이라, 도쿄전력 담당 사원과 함께 1, 2호기 서비스 건물 부근을 순찰하며 노면 상태와 머리 높이 근처에 위험한 곳은 없는지 점검을 했지만 아무래도 형식적으로 하는 느낌이었다. 내일은 우선 '대기'하라는 지시를 받았다.

뉴스에서는 도쿄전력의 히로세 사장이 1월 20일 오후, 경제산업성의 다카키 부대신을 찾아가 "작년부터 사고가 있어 대책을 마련해 왔음에도 불구하고 이렇게 사고가 연달아 일어나 가슴이 아프고 한스럽기 이를 데 없다"며 사죄했다고 한다. "원인 규명과 대책을 마련하기 위해서는 공사 일정이 먼저가 아니다. 작업원이 안심하고 일할 수 있는 현장이 되지 않으면 공사를 재개할 수 없다"며 현장의 안전을 확보하기 전까지 제1원전, 제2원전 대부분의 작업을 무기한 중지할 생각을 표명했다고 전했다. 당분간은 대기가 계속될 것 같은데, 과연 작업 재개가 언제쯤 가능해질지 조금 불안해졌다.

다음 주 현장 작업은 중지되었지만 대기소에 가서 팀 전체가 '사고 사례 검토회'라는 것을 했다. 19일에 일어난 1F 사망 사고와 20일에 일어난 2F 사망 사고, 그에 앞서 도쿄전력 가시와자키카리와 원전에서 1월 19일에 일어난 중상 사고 총 3건에 대해 도쿄전력이 작성한 자료를 바탕으로 사고 원인과 대책을 의논하는 회의였다. 이전에도 구내 산재 사고로 이런 비슷한 '사고 사례 검토회'를 한 적이 있었지만 시간도 짧았고 형식적이었다. 이번에는 이틀간 3건의 중대 사고가 있었으므로 시간을 들여 이틀에 걸쳐 회의를 했다.

전년 3월에 일어난 굴삭 작업 중에 작업원이 토사에 깔려 사망한 사건에서는 작업을 하루만 쉬었다고 하지만 이번에는 사태의 심각성을 느꼈는지, 사고 원인을 규명하고 대책을 마련하는 데 꽤 시간을 들이는 듯하다. 도쿄전력으로부터 내려온 사고 개요는 아래와 같다.

이치에프 탱크 낙하 사고

1월 19일, 구내 빗물을 받는 탱크 설치 공사로, 탱크의 내면 방수 검사를 실시하기 위해 도쿄전력 사원 1명과 탱크의 원청 회사(안도·하자마) 사원 2명, 합계 3명이 현장으로 향했다. 현장 도착 후 바로 원청 사원 1명과 도쿄전력 사원이 검사를 위해 탱크 측면 하부에 있는 맨홀에서 탱크 내부로 들어갔지만, 피해자는 탱크 천장부에서 자연광을 넣기 위해 탱크 상부로 올라갔다.

천장부에 있는 해치 뚜껑을 움직인 순간 해치 뚜껑(무게 약 43킬로그램)과 함께 탱크 내부(높이 약 10미터)로 추락했다(9시 6분경).

재해 발생 후, 구내의 ER(응급의료실)에 도착한 것이 9시 43분으로 37분이나 걸렸다. 의사의 진찰에 의하면 '좌기흉 좌 4, 5, 6 늑골 골절, 우측 치좌부 골절, 불안정형 골반 골절, 좌대퇴부전자부 골절'로 중상이었다. 의사는 닥터헬리*를 요청했지만 악천후로 이륙을 단념하고, 구급차로 운반하기로 변경한다(10시 31분). 구급차가 이와키 시립 종합 이와키 공립병원에 도착한 것이 11시 43분. 무려 사고 발생 후 2시간 37분이나 경과한 시점이었다. 당일 오후 뉴스에서 '의식이 있다'고 보도된 것이 ER로 옮겨진 시점의 이야기였는지, 아니면 구급차 운송 중의 이야기였는지 알 수 없다.

그러나 치료의 보람도 없이 이튿날 새벽 1시 22분 사망이 확인됐다. 55세인 피해자는 놀랍게도 '재해 방지 책임자'라는 직함을 갖고 있었다.

사고 원인

중대 사고는 여러 원인이 복합적으로 겹쳐서 일어난다. 사고 사례 검토회에서는 이번 탱크 낙하 사고에 관해서 몇 가지 원인을 지적했다. 도쿄전력도 청취 조사를 바탕으로 사고 원인을 몇

* 구급 헬리콥터.

가지 제시했다. 나중에 생각해 보면 '어째서 그런 일이'라고 생각할 정도의 초보적인 실수가 많은 것에 놀라울 뿐이었다.

이번 탱크 검사는 빗물을 받는 탱크의 미즈하리水張り* 시험 후, 그 상태가 어떤지 탱크 내부에서 육안으로만 확인하면 되는 단순한 검사였다. 그렇기 때문에 검사 준비 절차 등 명확히 정해진 것은 없었다. 같은 검사에서도 고소작업차**를 사용하는 경우에는 TBK-KY(위험 예지 사전 확인)를 실시하는데, 당일 검사 대상은 탱크 바닥이었기 때문에 TBK-KY는 물론, 당일 회의도 하지 않은 채, 세 사람은 검사를 시작했다.

검사 시작 당시는 해치 뚜껑이 닫혀 있어, 탱크 내부가 어두운 상태였기 때문에 피해자는 천장부의 해치 뚜껑을 열어 밝게 할 필요가 있다고 판단했다고 추측된다. 그리고 다른 2명에게는 "뚜껑을 열고 오겠다"고 말하고는 혼자 탱크 상부에 올라가 작업을 실시했다. '처음부터 탱크 안이 어두운 것은 알고 있었을 텐데' 하는 의문이 생기지만, 이전에 검사를 했을 때는 천장부의 뚜껑이 열려 있었다고 한다. 그와 달리 이번에는 현장에 가서 보니 어둡다는 걸 처음 알았을 것이라고 생각된다. 게다가 해치의 뚜껑은 무겁기 때문에 열 때는 작업원 2명 이상이 하지만, 당일은 피해자 1명만 작업을 했고, 본래대로라면 착용했을 고소작업 장비인 안전대도 사용하지 않았다.

설비에 관한 원인도 지적되었다. 탱크 천장부에 있는 해치의

---

* 천이나 종이에 풀 대신 물을 묻혀 판 등에 붙이고 말리는 것.
** 높은 곳의 정비 및 점검에 사용하는 차량

형태는 사람과 해치의 뚜껑이 낙하할 가능성이 있는 구조였다. 현재 설치되어 있는 용접형 탱크의 해치 뚜껑은 힌지 타입(경첩 모양)으로 설계를 변경, 뚜껑 낙하 방지 장치가 되어 있지만 사고 탱크는 구형이었다. 게다가 탱크 건설 작업 중에 설치한 안전대 사용에 대한 주의 표지판도, 건설 작업을 완료하면서 함께 철거한 상태였다.

도쿄전력은 '피해자가 검사가 늦어질 것이라고 생각해서 해치 뚜껑을 열기 위해 서둘렀다'고 추측했다. 그리고 '경험이 풍부한 당사 사원이나 원청 회사 사원은 평소 안전수칙 준수 상황을 포함, 피해자가 일하는 방식을 잘 알고 있었다. 그러므로 본래는 작업을 관리해야 하는 입장인 피해자가 천장에 단독으로 올라갈 때, 막아야 한다는 생각을 전혀 하지 못했다'고 했다.

우리들의 현장에서는 '준비가 8할'이라는 말을 항상 듣는데, 이는 사전에 준비만 잘하면 대부분의 작업은 무난하게 마무리된다는 뜻이다. 하지만 이번에는 준비는커녕, 놀랄 정도로 작업 실시 방법조차 명확하게 하지 않았다. 그런데도 회사 측에서 원래부터가 검사 내용이 육안 점검이었기 때문에 '작업'이라고 인식하지 않았다라고 하니, 기가 막힐 뿐이다.

게다가 원청 회사(안도·하자마)에서는 사고 방지 책임자가 전임專任이어야 한다는 인식이 애매해서, 작업에 투입되고 말았다고 변명한다. 하지만 적어도 우리들의 현장에서 '사고 방지 책임자'라고 하는 것은 팀 리더보다 위의 존재로, 작업을 감시하고 안전 매뉴얼을 잘 지키도록 지도하는 것이 주요 역할이며, 현장 작업에는 직접 관여하지 않는 것이 당연하다.

대책은 대증 요법對症療法

사고 재발 방지책으로 도쿄전력이 제시한 것은 다방면에 이르렀다. 우선, '사람·관리에 관한 대책'으로, '작업원은 탱크 천장 선반에서 고소작업에 종사하는 경우, 풀 하네스 타입의 안전대(신체 전체로 오는 충격을 막아 내어 분산시키는 신형)를 사용해야 한다', '작업은 두 사람 이상이 실시하며, 작업 시작 전에 서로의 안전대 착용 상황을 유비사시 구호로 확인해야 한다'

도쿄전력은 '원청 업체와 협동으로 검사 준비, 검사 체제를 포함한 순서를 서류로 작성하여 운용한다', '사고 방지 책임자 등 직원의 역할을 재확인한다', '검사를 실시하는 당사 및 원청 업체 직원은 검사 시작 전, 검사 준비 상황을 확인한다' 등과 같은 뻔한 대책을 내놓았다.

'설비에 관한 대책'으로는 '앞으로 설치하는 탱크는 해치 뚜껑이 낙하하지 않는 구조로 설계한다', '원청 회사는 해치 뚜껑이 천장에 고정되어 있지 않는 탱크 해치 개봉 작업 전, 낙하 방지 대책을 실시한다', '원청 회사는 해치 뚜껑을 2명이 여는 것으로 원칙을 명시함과 동시에, 안전대 사용 등 주의 표식을 설치한다'와 같은 것들이다.

사고 후, 얼마 지나지 않아, 도로에 면하고 있는 탱크 상부에

'두 번 다시 이 장소에서 낙하 사고를 만들지 않는다.'라고 적힌 주의를 환기하는 현수막이 걸렸다. 또한 높은 곳에서 하는 작업에 한정하지 않고 구내에서는 '원칙'적으로 작업 시 안전대를 착용하도록 지시가 내려졌다. 우리들이 일하는 현장에서도 중량물, 개구부, 언발란스(견인장치), 높은 곳, 난간, 어두운 곳(조명) 등 불안전 과소를 추출하고 제정하는 일이 일제히 시행되었다. 이 1개월간 추출된 개선 필요 과소는 323건에 달했다.

하지만 이는 당면 대책으로서 당연히 해야만 하는 대증 요법이며, 사고 배경에는 좀 더 뿌리 깊은 것이 있음을 도쿄전력 측도 느끼고 있었다.

소중한 사람의 사진을 휴대하다

도쿄전력도 그 점에서는 '안전을 위한 노력이 부족했고, 관리에도 해결 못한 과제가 있었다'며 솔직히 반성했다. '과거의 문제와 재해의 교훈으로부터 현장의 위험 과소를 추출하는 것이 불충분했고, 당소의 운전 경험 정보를 활용하고 공유하려는 노력의 힘도 부족했다', '교훈이 있어도 동종의 부적합과 사고의 재발 방지에 주력하고 그 교훈을 폭넓게 활용해서 현장에 피드백하지 못했다', '중대한 재해를 겪고 근본 원인을 해명해도 발전소 전체에 효과적으로 공유하기 위한 방안을 제대로 검토하지 못했으며, 이를 관리하고 감독하는 구조와 조직, 체계도

약했다'는 것을 인정했다.

결론적으로, '책상에서 검토하는 업무에만 시간을 써, 간부를 포함한 당사 감리원이 현장에 나가는 횟수가 적었으며, 지진 재해 전과 비교해 보았을 때 충분하게 공사 관리가 되어 있지 않았다. 경험이 풍부한 당사 사원도, 원청 회사 사원조차도, 피해자가 혼자 작업하는 것을 막지 못했던 것은 당사의 작업에 대한 관여가 충분하지 않았다고 말할 수 있다'며 자기 반성을 했다.

게다가 정신적인 면이라고 해야 할지 모르겠지만, 도쿄전력은 '그 밖의 대책'으로 '소중한 사람의 사진을 휴대해서 자기 자신의 안전에 대한 의식을 향상한다', '어떠한 상대라도 안전하지 않은 행위는 지적하고, 억제할 수 있는 능력과 습관을 익힌다'는 대책을 강조했다. 하지만 그 후에도 사망 사고는 계속되었다.

처참한 2F 사고

2F 사고로 사망한 48세의 N씨는 우리들 팀을 총괄하는 팀 리더 나카네 씨의 같은 회사 동료였다. 오래 전부터 알고 지냈던 만큼 충격도 꽤 커 보였다. 사망 3일 후, 향을 올리기 위해 자택을 방문했을 때, 관 안의 N의 얼굴을 본 나카네 씨는 "둥글어야 할 머리가 편평해져 있었다."라고 말했다. 쇳덩어리로 인해 변형된 동료의 모습에 그는 아무 말도 할 수 없었다고 한다. 당

초, 사고 현장 검증을 실시한 경찰은, 사고, 자살, 타살 등을 살피기 위해 그 자리에 함께 있었던 작업원 5명에게 각각 사정을 청취했다. 사정 청취는 도쿄전력은 물론 노동기준감독서도 참석했으며, 3일을 꼬박 아침부터 밤까지 계속되었다. 현장을 떠올리면 잠들지 못하는 날들이 계속되었던 작업원들은 "사흘 동안 밥이 목에 넘어가지 않았다"고 말했다.

도쿄전력이 발표한 사고 개요는 아래와 같다.

오전 9시 30분경 1, 2호기 폐기물 처리 건물 5층(관리구역)에서 농축기(방사성 폐기물을 농축 처리하는 기계) 점검 작업을 벌이고 있던 협력 기업 작업원이, 점검대(직방형)에 고정된 점검 기구(원통형, 볼트 고정)의 볼트를 풀던 중 이 점검 기구가 회전하는 바람에 머리 부분이 끼어 버렸다. 발생 시 해당 작업자는 의식이 없었다(두부 출혈 있음).

남성은 이 점검 작업을 하기 위해 다른 작업원 5명과 함께 준비를 하고 있었다. 점검 기구는 직경 95센티미터, 높이 4미터, 무게 700킬로그램의 강철제로, 본래대로라면 크레인을 조작하거나 후크를 거는 등의 조처로 최저 3명은 필요한 작업이었다. 하지만 사고 당시 남성 작업원은 혼자 작업을 진행하였다.

9시 37분에 구급차를 요청, 9시 52분에 후타바 소방 본부에서 닥터헬리를 요청하는 연락을 했다. 10시 48분, 닥터헬리가 이와키 시립 종합 이와키 공립병원으로 운반, 11시 20분경 병원에 도착했으나 11시 57분, 의사가 사망 선고를 내렸다.

사고 원인으로 '①점검대는 작업자가 아래로 들어가지 않으면 고정볼트의 설치 및 제거가 불가능한 구조였다. ②고정볼트를 제거하면 사이에 몸이 끼일 위험 과소가 있었음에도 불구하고 주의를 환기하는 표시가 없었다. ③사용 방법이 시공 요령서에 기재되어 있지 않았다. ④사용 방법을 전원에게 주지시키지 못했다. ⑤점검 기구가 플랜트 설비가 아니라는 이유로 설계 관리 대상에서 제외되어 있었다. ⑥현장 확인 없이 사전 검토회를 했기 때문에 점검대의 위험을 추출하지 못했다.'라고 지적했다.

도쿄전력은 원인에 대한 사후 대책 조치를 취함과 동시에 조직 요인 대책으로 '①당사 감리원 및 작업자 전원에게 현장의 리스크를 추출하기 위한 교육을 받도록 하고, 위험 예지 능력을 높인다. ②당사 감리원이 협력 기업과 함께 현장을 확인하도록 한 사전 검토회를 실시하고, TBK-KY에 입회하여, 실시 포인트를 정한다. ③TBK-KY가 형식화되어서, 중대 위험 요인을 스스로 생각하고 협력 기업의 작업원 전원이 확인하는 활동이 부족하다. 그러므로 TBK-KY 참가자에게 전부 다른 주의점과 위험 과소를 각각 1개 이상 반드시 발언하도록 하는 교육을 하도록' 하였다.

1주일 후의 묵도

2명이 사망한 사고로부터 1주일째 되던 때, 8시부터 시작하는 TPT 전체 조례에서 처음으로 묵도를 했다. 보통은 종료 때 '오늘도 안전히!'라는 유비사시 구호로 마감을 하는데, 그날 이후 다들 목소리가 무겁게 울리는 듯한 느낌을 받은 것은 나만이 아닐 것이다.

우리들 팀이 실시한 사례 검토회에서도 도쿄전력이 정리한 것과 거의 같은 사고 원인과 대책이 제시되었다. 사고가 일어나고 보니 '대체 왜?'라고 말할 정도의 믿기 어려운 원인들이 겹쳐져 일어난 사고였다. 조례 시간에 부장이 "사망에 이를 정도의 사고란, 나쁜 원인이 한 가지가 아닌 몇 가지가 겹쳐서 일어난다"고 말했는데 확실히 그럴지도 모른다. 운이 나빴다는 말로 정리할 수 없는, 사람의 목숨을 빼앗은 사고이다. '원전 사고가 없었더라면……'이라고 생각할 수밖에 없는 2명의 사망 사고.

당일 2F의 현장에는 몇 주 전에 우리와 같은 팀이면서도 별도의 작업을 하던 Y씨도 같이 있었다. 큰 소리가 나서 달려가 보니 "바닥이 피범벅이었다."라고 말한다. 6명이 한 팀으로 점검 작업을 하고 있었지만 사망한 N씨는 근속 20년 이상의 베테랑으로, 팀의 리더였다. 그날 아침, 현장에서의 TBK-KY가 있은 후, 그날의 주의사항을 보드에 기입하고 있는데, 도중에 N씨가 혼자 현장으로 갔던 것이다. 사고 후, 다른 젊은 작업원 5명은 "왜 막지 않았나?"라고 몇 번이나 추궁 당했다고 하는데, "선배에게 참견하는 것은 불가능하다."라고 대답했다고 한다.

기계의 작업 순서도조차 없었다는 점도 어처구니가 없지만, N씨가 그 점검 기구를 다룬 것이 그날이 처음이었다는 사실에 더 놀랐다. 추측해 보면 팀이 하는 일의 준비가 순조롭도록 미리 가서 볼트를 빼 놓으려고 혼자 갔던 듯하다. 하지만 그게 설마 쇳덩어리에 끼이는 비극이 될 줄은 몰랐던 것이다.

예정 외 작업과 1인 작업

한편 도쿄전력 가시와자키가리와 원전에서 1월 19일에 발생한 중상 사고 역시 '믿을 수 없는' 사고였다. 같은 날 오후 3시경, 2호기의 터빈 건물에서 기구 점검 작업을 하던 하청 회사 남자 직원(51세)이 철망형 발판(폭 약 80센티미터)에서 약 3.5미터 아래로 떨어져 다리가 골절되는 등 중상을 입었다. 전날 현장 사진 촬영을 했지만 잘 찍히지 않아서 우연히 근처에 온 김에 다시 한 번 사진을 찍으려고 발판 앞으로 나아가려던 찰나, 보통은 닫혀 있는 개구부가 열려 있어 결국 추락하고 말았다는 단순한 원인의 사고였다. 다행으로 별로 높지 않아 골절로 끝났지만 자칫하면 큰 사고로 이어질 뻔했다.

불과 이틀간 도쿄전력 관내의 세 원전에서 연달아 일어난 중대 사고에는 몇 가지 공통점이 있었다.

첫 번째는, 어떤 현장에서든 엄격히 금지된 '예정 외 작업'과 '1인 작업'을 했다는 점이다. 탱크 위에 가서 천장에 있는 뚜껑을 열고, 조례 중 현장에 가서 볼트를 빼고, 근처까지 온 김에 사진 촬영을 한, 이 세 건 모두는 공통적으로 '예정 외', '1인' 작업이었다. 우리는 아침 미팅 때 귀에 딱지가 앉을 정도로 이 '예정 외 작업'과 '1인 작업'은 절대 하지 않도록 주의를 받고 있다. 예정 외 작업은 어떤 일이 생길지 모를 뿐더러, 혼자 작업을 하게 되면 보조해 줄 사람도 없다. 당연한 것이지만 실제 현장에 가면 원칙대로 되지 않는 경우도 많다.

계획을 세워도 실제로 해 보면 예정대로 돌아가지 않는 것들도 있고, 인적 요인이나 날씨 변동에 따라 기대하지 못한 일들도 생긴다. 예를 들어, 돌풍이 불어 서류들이 날아가 급히 혼자서 주우러 간다거나 하는 것은 자주 있는 일이며, 전날 정한 작업이 그날 바뀌어, 당일 현장에 가서 직접 보며 지시하는 경우도 얼마든지 있는 게 현실이다.

하지만 역시 '예정 외', '1인'은 가능한 한 하지 않는 것이 원칙이다. 그 원칙을 지키지 않았을뿐더러 베테랑 사원이었다는 것에 문제의 깊은 뿌리가 존재한다. 세 건 모두 '혼자서 가지 말라고 말하지 못했다'는 것 그리고 '신뢰 받는 베테랑에게 말참견은 불가능했다'는 것이다.

군대와 같은 구태의연한 상하관계가 짙은 공사 현장이라는 점도 있지만 횡적 연대의식이 희박한 것도 원인 중 하나일 것이다. 탱크 사고의 경우, 밑에는 도쿄전력 사원이 있었지만, 사고 방지 책임자 직함을 단, 신뢰 받는 원청 회사 안도·하자마의 베테랑 사원이 혼자 올라가는 것에 도쿄전력 사원은 아무 말도 할 수 없었다. 2F의 끼임 사고에서 일하던 6명은 실은, 원청 회사 2개로 이뤄진 혼성팀으로 책임 체재가 불분명했을뿐더러 다른 회사 소속에 나이도 위인 피해자에게 젊은 작업원들이 '왜 혼자 갑니까?' 같은 말은 절대 할 수가 없었다고 말했다.

구조적 요인

한마디로 말하면 '바람이 잘 안 통하는 현장'이라고 할 수 있다. 이것은 단순히 도쿄전력 아래로 줄지어진 1차, 2차, 3차 하청 회사의 다중 하청 체제로 이루어진 피라미드 구조 만을 말하는 것이 아니다. 제네콘, 원자력 기업, 플랜트 메이커, 보수 검사 업체 등 횡적 기업들의 업종별 텃세도 폐쇄적인 현장 구조에 한몫하고 있다. 위에도 옆에도 의견을 말할 수 없는 분위기 같은, 그러한 원전이라는 작업 장소상 있는 특유의 요인이 배경에 있는 것이다.

도쿄전력은 대책으로, 철저한 안전대 사용, 추락 방지 조치 실시, 기본 동작 철저, 혹은 '소중한 사람의 사진을 휴대하기' 등과 같은 것들을 제시하고 있지만, 아무리 봐도 사후 대처적, 정신적 경향이 강해 보인다.

확실히 사고 후, '위장 도급은 건설업법에 위반되므로 금지'라고 미팅 때 알려 주었으며, 우리들 팀도 같은 현장에서 다른 회사 사원은 작업시키지 않고, 혼성 팀도 만들지 않게 되었다. 이것으로 몇 명이 이동하게 되었으며, RKY(KY 회고하기)라고 해서, 작업 개시 때뿐만 아니라 종업 시에도 KY(위험 예지) 미팅을 실시하도록 지시 받았다. 그리고 그날 있었던 위험 작업이나 개선 사항 등을 각자가 내놓고 대책을 마련해서 용지에 작성하게 해, 다음 날 작업에 활용하도록 했다. 처음에는 30분이 넘도록 각각 요점을 내고 대책을 정리해서 적었지만, 어차피 매일 같은 작업을 반복하고 있어서 쓸거리도 떨어져 갔다. 결국 형식적으로 되어 담당이 혼자 정리해서 쓰게 되었다.

안전 순찰의 경우도, 하청 회사를 포함해 정기적으로 시행하도록 하는 등, 안전추진협의회도 장시간 동안 대책을 마련하는 듯 보였지만 우리들의 현장에는 그 내용이 거의 전달되지 않았다. 조직 체제가 바뀌지 않는다면 공유화도 불가능한 것이다.

병원 도착은 사고가 나고 2시간 37분 후

이 사고로 든 생각은 왜 좀 더 빨리 병원에 가지 못했는가 하는 것이었다. 탱크 사고의 시계열을 보면 사고 발생이 9시 6분경이었고, ER에 도착한 것이 9시 43분으로, 그때는 의식이 있었다고 한다. 의사의 진찰을 받고 나서 닥터헬리를 요청한 것이 10시 8분인데, "악천후로 헬기가 뜰 수 없다"며 급히 구급차 이송으로 변경되었다. 결국, 이치에프에서 60킬로미터 남짓 떨어진 이와키시 공립병원에 도착한 것은 사고 발생 후 2시간 반 이상이 지난 11시 43분이었다. 닥터헬리 운행이 불가능했다는 변수가 있었다고는 하지만, 처음에는 의식이 있었다고 하니 좀 더

일찍 치료를 받을 수는 없었는지 안타까움이 남는다.

　이치에프 구내의 긴급 의료 체제는 일하는 사람 입장에서는 어쩐지 불안하다. 입퇴역 관리동에 ER을 개설하여 구급 시 응급 처치에 필요한 의료 기자재를 배치, 구급과 전문 의사, 구급 구명사, 응급 간호사 등으로 구성된 팀에 의한 24시간 의료 체제를 가지고 있다. 그렇다고는 하지만 이번 사고를 보더라도 실제로 ER에 옮겨진 것은 사고 발생으로부터 37분 후, 이후 병원으로 이송되기까지는 2시간이 걸렸던 것이다. 도쿄전력 회사 소유의 구급차를 배치하여, 공공 구급차로 인도하는 체제를 갖추고 있다고는 하지만, 이번 경우에는 구급차가 올 때까지 사고 발생으로부터 1시간 25분이나 경과했다. 닥터헬리는 이치에프로부터 북쪽으로 약 3킬로미터 거리에 있는 해안 주차장을 착륙장으로 쓰고 있지만, 안개나 강풍 등 기상 요인에 좌우되는 경우가 많다. 부지 내에 착륙장이 있는 2F와는 전혀 딴판이다. 확실히 고선량의 이치에프 부지 내에 착륙장을 만드는 것은 어려울지도 모르지만 그래도 좀 더 가까이에 설치할 수는 없을까.

　더 큰 문제는 구급차로 가도 병원까지 1시간가량이나 걸린다는 것이다. 원전 사고로 인해 가장 가까운 응급 대응 병원이 폐쇄되었지만, 그렇다고 하더라도 60킬로미터 이상 떨어진 병원까지 운송하지 않으면 안 된다니.

　사고 후, 긴급 시 대응 훈련을 했지만 대기소에 있던 50명 앞에서, 부상자와 제보자로 설정한 사람이 신고를 하는 훈련이었다. 처음에는 현장에서 하는 피난 훈련인가 하고 생각했지만 실내에서 신고 시뮬레이션을 모두가 견학하는 정도의 간단한 훈련에 그치고 말았다. 사고 장소, 시각, 사고 상황 등을 신고자가 ER에 전화해서 자력으로 보행이 가능한지, 차로 이송할지 등을 전달하는 것뿐이다.

그러나 우리들의 현장에는 사고가 일어나도 이것을 전하는 수단, 즉 휴대전화 자체가 없다. 가끔 순찰하러 오는 TPT 담당자는 휴대전화를 가지고 있지만, 하청인 우리들에게는 허용되지 않는다. 그러므로 만약 다친 사람이 나오면 달려가서 가까운 면진동이나 대기소에 직접 전령을 보내어 대신 연락하도록 하는 수밖에 없다. ER이 있는 입퇴역소는 떨어져 있기 때문이다. 부상 정도에 따라서 달라지지만, 신고 이후는 자동차로 운송할지, 회사 구급차를 부를지, ER의 판단을 기다리는 것밖에 없다. 대기소와 입퇴역소 벽에는 긴급 통보 체제 시뮬레이션도가 붙어 있지만 우선은 "각 현장에 휴대전화를 가지고 있도록 하는 것이 먼저가 아니냐"며 동료들은 고개를 갸웃거렸다.

계속되는 대기

사망 사고 두 건 이후, 대기가 계속되었다. 회사 쪽에서는 '대기'란 '휴일'이라는 의미가 아니라, 위에서 연락이 오면 즉시 출동이 가능하도록 '장거리 외출은 자제'하라는 뜻이라고 못 박았다. '대기' 지시는 대체적으로 전날 휴대전화로 알려 온다. 목요

일에 "이번 주는 출근이 없습니다." 하고 연락이 오면 나도 다른 직업원들도 고향에 돌아가거나 한다. 만약 다음 날 출근하라고 연락이 오면 밤이든 아침이든 달려오면 된다. 숙소에서 아무것도 하지 않고 멍 하니 지내는 것보다 집에서 푹 쉬는 것이 좋다. 일을 처음 시작했을 때에는 '사고 사례 검토회' 등을 대기소에서 했었지만, 더 이상 할 것이 없어지자 계속 대기 상태가 되었다. 그러나 대기가 길어지자 다들 "월급은 나오는 거냐"며 불안하다는 목소리가 나왔다. 회사 임원은 대기 중 급여에 대해서, "급료가 전혀 나오지 않는 건 아닙니다. 7할 정도는 나올지도 모릅니다. 모두가 위에서 판단하는 것이므로 아래의 우리 회사는 알지 못합니다."라고 말했다. "적어도 절반은 나와야 하는데.", "아니지, 8할 정도는 나와야지.", "우리들 잘못으로 대기하는 게 아니니까 전부 나와야지." 하며 제각기 급료 액수를 예상하느라 소란스러워지기도 했다.

그러던 중, 도쿄전력이 휴업 보상을 한다는 이야기가 나왔다. 원청 회사로부터도 이번 달은 넘기지만 전액을 준다는 말을 들었다. 그러나 "위에서 전액 나온다고 해도 하청의 우리들까지 오는 중에 이래저래 떼여 버리고 말걸 뭐."라며 다들 반신반의했다.

"아, 돈을 또 써 버리고 말았어."라고 말하는 동료들. 갑자기 이게 무슨 말인가 하면, 대기가 되어 할 것이 없는 동료들이 자신도 모르게 '저금'하러 가고 마는 자신을 두고 하는 한탄이다. 여기서 '저금'이란, 사실은 파친코에 가서 얼마 되지도 않는 돈을 써 버리는 것을 말한다. 어쩌다 가끔 돈을 벌어 오는 일도 있지만 결국은 그 반대가 많다는 것은 상식. 하지만 시간이 있으니까 죽이 되든 밥이 되든 해 보자며 가는 것이다. "거기에 가면 왠지 마음이 편해진다니까."라며 완전히 중독이 되어 버린 동료들도 많았다. "무엇을 위해서 일하는지 알고는 있나?"라며 물으면 "파친코 가려고 일하지."라고 대답하는 적반하장 격인 동료도 있었다. "어제는 어땠냐?"며 아침 버스 대기소는 결국 어제의 전과 보고회가 되어 버리기도 한다.

사고로부터 2주가 지나자 겨우 작업이 재개된다는 보도가 있었지만 우리 현장에서는 그때까지도 대기 상태가 계속되었다. 그러자 "2F의 사고 패널티인지도 몰라."라며 피해자가 소속했던 우리들의 S사가 사직을 강요 당하는 게 아닌가 하는 억측이 난무했다. 그리고 겨우 현장 작업이 재개된 것은 사고로부터 약 3주 남짓 지난 2월 12일이었다.

6장 하마도리

유모토 숙소

이 대기 기간 중에 나는 새로운 숙소로 옮기게 되었다. 짐은 옷가지와 이불밖에 없었으므로 "내일 이사합시다."라는 지시에도 금방 이동할 수 있었다. 그렇다고는 해도 "내일 이동하도록."이라는 회사의 말투에서는 인권이고 뭐고 느낄 수 없었다. '공짜로 살고 있으니 불평은 하지 말라.' 이건가?

옮기게 된 숙소는 이와키시 남쪽, 스파 리조트 하와이언즈로 유명한 유모토 거리에서 벗어난 고지대. 지은 지 20년 정도로 보이는 집 1채를 회사가 빌렸다. 단층집으로 방은 전부 4개였고 나를 포함해 7명이 살게 된다. 지금까지 살던 낡은 아파트와 비교하면, 거주 환경은 조금 나아진 것이다. 화장실은 화식에서 양식으로(온수 샤워는 없다.), 목욕탕은 플라스틱 욕조에서 샤워

급탕식 스테인리스 욕조로 한 단계 업그레이드 되었다. 다만 지금까지는 2명이 같이 썼지만, 이번에는 세탁기도 가스도 전자레인지도 모두 7명이 공유해야 하기 때문에 신경이 쓰였다. 냉장고도 2대 있으니 나누어 사용해야 하고, 오래 목욕하는 것은 안된다. 화장실과 세탁기 등도 순서를 기다려 써야 한다.

가장 곤란한 것은 금방 전기 차단기가 내려가는 것이었다. 20암페어 용량이라 전자레인지나 드라이어 등 여러 기구를 동시에 사용하면 바로 차단기가 내려가 암흑이 된다. 방 네 군데에서 각각 쓰기 때문에 매일처럼 차단기가 내려갔다. 그때마다 누군가가 사용 중인 기기를 끄고 차단기를 원상 복구하는 것이다. 동료에게 들은 말로는 회사에도 이 점을 말했지만, 워낙 낡은 가옥이라 용량을 올리는 것은 어렵다고 했다고 한다. 즉 복리후생 비용은 최대한 적게 사용한다는 뜻이다.

지금까지 살던 방은 문이 있고 문지방도 있었지만, 이 유모토 기숙사는 8조(약 4평) 공간에서 나와 이와테 출신의 신입인 W씨가 같은 공간을 쓰게 되었다. 동년배이기도 하고 같은 비흡연자여서 한 방으로 된 것인지 모르겠지만, 방을 배정하는 기준이 확실하지 않다.

1주일 정도 지나자, 회사가 방을 바꿨으면 한다고 말해 왔다. S라고 하는 옆방 사람이 우리가 시끄럽다며 불만을 제기했다고 한다. 본인이 직접 말하지 않고 상사를 통해 "코 고는 소리나 테이블에 컵을 놓는 소리가 시끄럽다"고 말했다고 한다. 우리에게 직접 말하지 않은 것도 이상하지만, 코 고는 소리 가지고 불평을 하다니 나도있을 수 없다고 생각했다. 하지만 상사의 지시를 거스를 수는 없는 법. 룸메이트인 W씨도 함께 구시렁거리면서 맞은편 방에 사는 2명과 방을 바꾸었다.

"같은 숙소에 사니까 모두들 참고 있다고. 협조성이 없는 놈들은 다른 데로 가 버리지."라며 W씨가 화를 냈고, 이는 당연했다. 어찌 되었건 같은 지붕 아래 성인 남자 7명이 사는 일이다. 여러 가지 불만이 있는 것은 당연한 일. 다들 배려하며 생활하는 수밖에 없는 것이라 생각하면서도 제염 작업 때 개인실 생활을 했던 때가 좋았다는 걸 절실하게 느꼈다.

소화기 해체

작업이 다시 시작된 후 맡은 일은 소화기를 해체하는 작업이었다. 3·11 이후 구내에 방치된 소화기와 봄베*를 회수하고 해체하는 일이다. 그중에는 쓰나미로 인해 소금이 생긴 것과 녹이 슨 것도 있었다. 언제 어떤 충격으로 폭발할지도 알지 못한 채, 신중히 작업했다. 큰 아세틸렌 봄베는 위의 손잡이를 돌려서 슈 하는 소리와 함께 안에 들은 기체를 밖으로 빼기만 한다. 안에 들은 기체는 무해하고 위험하지 않아 무섭지는 않았다. 다만 용기의 철이 3·11 이후 계속 방사능을 축적하고 있으므로 주의가 필요하다. 비싼 것은 미리 킴타월 등으로 닦아 내 제염하

* 고압 상태의 기체를 저장하는 데 쓰는 원통형의 강철 용기.

는 경우도 있었다.

귀찮은 것은 큰 소화기였다. 크기 1미터 정도에 둘레는 50센티미터나 되어 꽤 무겁기 때문에 수레가 붙어 있는 것이다. 안에 들은 것은 기체가 아닌 분말 소화제다. 이것을 비우고 처리해야 한다. 가루가 비산하기 때문에 입퇴역소 근처에 있는 소방차고를 작업 장소로 사용했다. 이곳은 3·11 전에는 소방 시설과 기재를 놓아두었던 곳이라고 한다.

작업 순서는 우선 뚜껑을 열고, 2명이 소화기를 옆으로 눕힌다. 이때 나온 분홍색 분말 소화제를 다른 한 사람이 비닐봉지에 넣는다. 분말 소화제가 굳어 있어서 꺼내기 어려운 소화기도 있어서 나무 봉으로 안쪽을 휘저어 긁어낸다. 아마 20리터짜리 비닐봉투 2개 정도는 썼을 것이다. 속을 긁어낸 후에는 옆에 붙어 있는 분사형 봄베에서 가스를 빼고 고무관을 절단한다. 즉철, 가루, 고무를 해체하여 분별하는 것이다. 안에 들은 분홍색 소화제는 알루미늄 분말로 무해하다고 했지만 대형 선풍기를 설치하여 작업장에 차지 않도록 밖으로 날려 보냈다.

서너 명이 팀으로 대화하면서 작업하면 30분 정도에 1대 작업을 완료할 수 있지만, 처음에는 뚜껑을 여는 것이 잘 되지 않아 애를 먹었다. 해수를 뒤집어쓴 뚜껑의 나사 부분이 부식해 있으면 아예 열리지 않았다. 몇 명이서 여러 공구를 동원해도 안 되다가 전동 절단기를 빌려와 몇 시간 걸려 겨우 열게 되었을 때에는 무심코 모두 박수를 쳤다.

그와 비교해 소형 소화기는 식은 죽 먹기다. 본래 순서를 따르면 대형 소화기 작업과 비슷하며, 뚜껑을 열어 안에 있는 소화제를 긁어내는 데까지는 같다. 하지만 윗사람이 없을 때에는 노즐을 직접 비닐봉지에 가져다 대고 분사해 버렸다. 소화 훈련 요령과 비슷한데, 이것이 꽤 재미있었다. 안전핀을 빼고 한 번에 봉투를 향해 소화제를 빼내는 그 쾌감이란 이루 말할 수 없었다. 매뉴얼대로 하나하나 뚜껑을 제거하고 안을 긁어내고 마지막에 가스를 빼면 시간이 2배, 3배 걸리므로 위험하지 않은 분사 방식으로 한 번에 정리를 끝냈다.

3·11 4주기

3·11로부터 4년째 되던 아침, 이치에프에는 가랑눈이 흩날렸다. 그날도 오늘처럼 추운 날이었다고 한다. 8시 전체 조례에 묵도 시간을 가졌는데, 사회자는 목숨을 잃은 분들의 영혼을 위로한 후, 후쿠시마의 부흥과 복구를 기원했다. 작년(2014년) 3·11에는 제염 작업의 거점으로 사용했던 결혼식장이 나미에정의 위령식장이 되는 바람에, 제염 작업이 임시 휴업에 들어가서 숙소에서 쉴 수밖에 없었던 생각이 났다.

올해는 휴업 없이 작업이다. 작업 전에 휴게실에서 대기하고 있는데, 역시 4년 전의 일을 몇 명이 말하기 시작했다. "터빈 건물에 있었는데, 엄청난 진동이 와서 물건들이 막 떨어졌지 뭐야. 그리고 나서 갑자기 암흑천지가 되었지. 우선은 피하자고 다들 같이 정문으로 가느라 그 뒤에 온 쓰나미는 눈으로 직접 보지는 못했어.", "그때 난 파친코에 있었지.", "나는 한잔 하고 있었지 아마."라며 다들 그날의 일을 지금도 선명히 기억 하고 있었다. 앞으로 몇 번이나 더 이 이치에프에서 3·11을 맞게 될까? 폐로까지의 먼 길을 상상했다.

현장에 나가니 눈은 그치고, 언제나처럼 작업을 시작했다. 작년 3·11 당일에는 지진 발생 시간인 오후 2시 46분에 현장의 각 과소에서 1분간의 묵도를 했다고 하는데, 올해는 그 전에 일 을 끝내고 말았다.

작업을 끝내고 J 빌리지에 돌아오니 정면 입구 한쪽에 방송 국 카메라가 많이 와 있었다. 조명이 비추는 곳을 보니 텔레비 전에서 자주 보는 캐스터 안도 유코와 배우 니시다 토시유키가 있는 게 아닌가. 3·11 특집 생중계라고 한다. 안도 캐스터는 건 물 내에 게시된 작업원을 격려하는 현수막과 종이학 등을 가리 키며, 이 J 빌리지를 거점으로 작업원들이 폐로 작업에 힘쓰고 있다고 설명했다. 그 주변을 도쿄전력 사원이 피켓을 들고 둘러 싸고 있었다. 뭔가 도쿄전력이 미리 짜 놓은 각본에 보도 팀이 조정되는 장면을 목격한 듯한 느낌이다. 확실히 오늘 저녁 6시 부터 이 J 빌리지에서 도쿄전력 히로세 사장의 말씀이 있을 거 라는 게시를 본 기억이 있었다. 가끔 회의가 있을 때나 화장실 을 갈 때 사용하는 이 2층, 3층도 오늘은 사용이 금지되었다. 아 마 텔레비전 중계로 사용할 모양이다. 다시 한 번 특별한 날이 라는 걸 인식하게 되었다. 그리고 보니 미야기현에서 온 동료도

차로 성묘하러 갈 거라는 이야기를 했었다.

숙소에 돌아와서 텔레비전을 켜니, 방금 J 빌리지에서 생중계하던 방송을 아직도 하고 있었다. 3층에 특별 세트를 마련해서 이 지역 식재료로 만든 프랑스 음식을 게스트가 먹는 등 무언가 후쿠시마의 부흥이 착실히 진행되고 있다는 걸 전달하는 듯한 내용이었다. 매일 이치에프에서 끝이 보이지 않는 폐로 작업을 하는 내 입장에서 보면 뭐랄까, 뻔뻔해 보였다.

도쿄전력 사원

이치에프에서는 매일 약 7천 명이 일하고 있다는데, 그중 도쿄전력 사원의 모습은 현장에서 거의 볼 수 없었다. 그들을 제일 많이 보는 곳은 J 빌리지의 버스 대기소이다. 아침, 주차장에서 센터홀로 향할 때, 입구 바로 앞에 도쿄전력 사원 전용 버스 정류장이 있고, 그곳에 파란 제복을 입은 모습의 사원들이 줄을 서 있다.

우리 작업원들과 마주치면 다들 "안녕하세요."라고 스스럼없이 인사한다. J 빌리지에는 도쿄전력 사원 숙소가 있어, 아침에 식당으로 향하는 여성 사원들과도 복도에서 마주치곤 하는데 다들 꼭 인사를 한다. 위에서 하라고 한 것인지, 생면부지의 작업원에게 머리를 숙여 인사를 한다. 뭐랄까, 비굴해 보이기까지 해서 불쌍한 마음도 들었다.

여기에서 대부분의 사원들이 가는 곳은 이치에프 입구 근처에 있는 건물인 '후쿠시마 제1 폐로 추진 컴퍼니'로 도쿄전력이 2014년 4월에 설치한 사내 분사 조직이다. 제1원전 사고 이후 폐로, 오염수 대책을 담당하는 조직으로 최고 책임자는 도쿄전력 출신이지만 집행 임원 6명은 도쿄전력 관계자 3명과 도시바, 히타치GE, 미쓰비시 중공업으로 편성되어 있다. 한번은 인플루엔자 예방접종(무료) 때문에 이 건물 안에 들어간 적이 있었다. 입구에는 '후쿠시마 제1 폐로 추진 컴퍼니'라고 손으로 쓴 간판이 걸려 있고, 안에는 식당도 있어 시설은 잘 되어 있음을 알 수 있었다. 여기에서 매일 1200명이 일하고 있다고 하는데, 실제로 그 정도로 많아 보이지는 않았다. 대부분의 사원은 입퇴역소 밖에 있는 이 사무소에서 사무 작업을 하고 있는 것으로 보인다.

가끔 입퇴역소 입구와 계단 부근에서 '교통 안전'과 '노동 안전'을 외치는 사원 한 무리가 의원이나 보도 관계자 등 손님들과 동행하는 모습을 보는 정도였다.

딱 한 번, 현장에 온 적이 있는데 바로 앞에서 말한 사망 사고 이후의 안전 점검 때다. 실제 우리들이 일하고 있던 사무본관동과 서비스 건물의 현장에 와서 위험 과소를 점검하러 함께 갔었다. 그중에 전면 마스크를 한 여성 사원이 있어서 깜짝 놀랐다. 처음에는 눈치채지 못했지만, 몸집이 작고 머리가 긴 사람이 있어 혹시나 했더니 TPT 담당자가 "도쿄전력 GM에서 온 분입니다."라며 소개를 했다. "수고들 하십니다. 잘 부탁드립니다."라고 인사하는 목소리는 틀림없이 여성이었다. GM이라고 하니 과장이나 부장쯤 되는 꽤 위의 사람이겠지 생각했는데 그 이유가 언제나 잘난 체하는 TPT 담당도 굽실거렸기 때문이다. 현장에서는 원청 회사가 세력을 떨치지만 그 위의 도쿄전력 사원은 우리 현장 작업원 입장에서 보면 구름 위의 사람으로, 신과 같은 존재다. 사고 전부터 있던 이 계급제도와 같은 피라미드는 변하지 않았다. 하지만 어차피 '벌거벗은 왕'일 뿐, 현장 경험도 길고 각종 면허를 가진 베테랑 앞에서는 꼼짝 못하는 경우도 있다고 한다.

에너지에 농락당한 땅

유모토와 이치에프를 오가는 매일의 통근길은 갈아타는 일을 포함해 차로 편도 2시간 정도 걸린다. 이전 제염 작업 때는 교대로 운전했지만 이번 운전자는 고정이었다. 회사에서 '운전 수당'으로 하루 800엔 정도를 운전자에게 지급하기 때문이다. 만약 오가는 중에 사고라도 생기면 큰일이므로, 운전에 익숙한 사람을 골라 통근을 고정적으로 책임지게 하는 시스템이다. 수당도 받지 못하고, 사고 날까 봐 불안을 안은 채 교대로 운전했던 제염 작업 때보다 개인적으로는 지금이 마음이 편하다.

통근 중에 가끔 조는 경우도 있지만 차창 밖 풍경을 지긋이 바라보는 일도 많다. 숙소가 있는 유모토 마을에는 온천 료칸이 줄지어 서 있다. 역사가 깊어 '오래된 일본 3대 온천' 중 하나로 꼽히는 유모토 온천이지만 현재는 그 면면을 느낄 수가 없게 되었다. 예전에는 번영했던 역 앞 상점가도 내려진 셔터문만 눈에 들어왔다.

일을 끝내고 숙소로 돌아와서 샤워로 땀을 씻어 내는 경우도 있지만 돈을 내더라도 몸을 푹 쉬게 하고 싶은 마음에 가끔은 마을로 나가 온천물에 몸을 담그는 경우도 있다. 어찌 되었든 230엔으로 공영 온천을 쓸 수 있고, 저렴한 요금 탓인지 손님도 많다. 손님 중에는 이 지역 사람들이 많은데, 관광객과 우리 작업원들도 꽤 이용하므로 욕탕은 사람으로 한가득에, 세면대를 쓰려면 순서를 기다리는 때도 있었다. 그래서 조금 여유를 부려 료칸 당일치기 계획으로 온천에 들어가기도 했다. 요금은 3배쯤 되지만, 한가롭고 시설도 좋다. 노천 온천이 있는 료칸도 있어서 전망을 바라보며 행복한 시간을 맛볼 때도 있었다.

그런 료칸의 입구에는 유모토 온천의 연혁이 적혀 있다. 개장 시기는 오래전인 나라 시대이고, 에도 시대에는 산킨코타이 参勤交代*의 주요 역참 마을로 사용되어 번영의 시기를 누렸다. 하지만 메이지 시대에 들어와 석탄 채굴이 시작된 이후, 갱내에서 온천수가 다량으로 유출되어 지하의 온천 수맥이 망가져 버렸다. 1919년에는 온천의 지표 용출이 멈춰 버렸고, 다이쇼 시대에 들어서는 석탄 채굴이 더욱 진행되어서, 온천수가 유모토 지역에서 사라져 버렸다. 그 이후 탄광 측과 협의에 의해 온천

* 에도 막부의 법령으로, 각 영의 영주들을 1년씩 교대로 에도에 머무르게 한 제도.

이 부활하게 된 것이 1942년이다. 이후 석탄 산업이 사양길에 접어들자, 유모토 마을은 또다시 위기를 맞게 되었다. 그러자 석탄 산업에서 관광 산업으로 탈피를 노린 탄광 회사는 1966년, 탄전이 있던 곳에 '스파 리조트 하와이언즈'를 건설했고, 실업 상태였던 탄광 종업원과 그 가족들을 댄서 종업원과 밴드 멤버로 채용하는 등 고용을 만들어 내기도 했다. 오일쇼크 당시에는 관내에서 난방용 석유 가격이 급등함에 따라 충분한 실내온도를 유지하지 못해 '조반常磐 알래스카 센터'로 불린 적도 있다. 하지만 그 이후 멋지게 부활, 탄광에서 관광으로 거듭난 스토리가 영화 〈훌라걸스〉(2006년)로 만들어지기도 했다. 현재 이와키시의 캐치프레이즈는 '훌라걸스가 태어난 거리'이다.

통근길에 차창 밖으로는 일본 제일의 채석량을 자랑했던 때의 조반 탄전의 잔영을 볼 수 있었다. 숙소 바로 근처의 벼랑 아래에는 호퍼라고 불리던 석탄을 실어 나른 시설의 흔적이 남아 있는데, 도로 근처에는 예전부터 탄광부 수천 명과 가족이 공동으로 생활한 탄광 주택지가 몇 군데 남아 있다. 베니어판으로 봉쇄된 집들 중에는 지금도 몇 명이 살고 있다고 한다.

'석탄에서 석유로'라고 불린 에너지 혁명에 의해 1960년대 후반부터 조반 탄전에도 폐광의 바람이 불어왔다. 이후 오일쇼크를 지나왔지만 이후에 나온 대안은 '석유에서 원자력으로' 였다. 즉 바로 이곳, 후쿠시마현 이와키시를 포함한 하마도리 지방은 '새로운 에너지'인 원자력을 추진하도록 방향타를 돌린 것이다. 그리고 3·11이 덮쳐 버렸다. 그야말로 에너지에 농락당한 땅이라고 말할 수밖에 없겠지…….

피난자와 작업원

우리들이 지내는 이와키 시내에는 몇 군데 가설 주택이 있다. 쉬는 날 그곳을 방문한 적이 있다. 피난 지역별로 원래 주민들이 입주해 있다고 한다. 각각의 가설 주택 표식 아래에 '오쿠마정', '나라하정' 등 마을 이름이 붙어 있다.

저녁 즈음에 방문했는데 인기척이 없는 것에 놀랐다. 밖에서 보면 불빛이 켜져 있어 사람이 있는 것이 확실한데도 다들 밖으로 나오지 않는다. 무언가 조용히 숨죽여 살고 있는 느낌이 들었다. 피난하고 몇 년이 지난 최근, 주간지나 텔레비전에서 '피난자들은 돈과 시간을 주체하지 못하고 파친코와 술에 빠져 있다.'와 같은 보도를 하는 걸 들은 적이 많아 신경이 쓰였다. 고급 외제 차를 타고 다닌다든가, 고급 귀금속을 싹쓸이하고 있다든가 하는 이야기들이 왠지 '일부러' 하는 말들로 들려, 이 두 눈으로 보고 싶었다.

실제로 가 보니 넓은 주차장에 고급 외제 차의 모습은 없고, 거주자도 외출한 것처럼 보이지 않았다. 단 두어 군데의 가설 주택을 돌아본 것만으로 판단할 수는 없겠지만, 내가 본 인상으로는 주변을 의식해서 '숨죽이며 살고 있다'는 느낌이었다. 그것은 마치 우리 작업원들과도 같지 않나? 작업원으로서 후쿠시마에서 살지만 외부인이라는 취급을 받는 우리들. 숙소를 오고 갈 때 슈퍼마켓이나 편의점에서 받는 시선들이 좋지만은 않다는 것을(말로 직접 들은 것은 아니지만) 매일 느낀다.

확실히 지방 신문에서는 '작업원'의 악행이 종종 보도된다. 제염을 포함하면 2만 명이 넘는 작업원이 후쿠시마의 한정된 지역에 거주하고 있으니, 확률적으로 범죄를 일으키는 사람도 조금 있을 것이라고 생각하지만, '작업원'이라는 신분이 제일 앞에 나오면 작업원 전부가 나쁜 사람들로 비춰지게 된다. 작업원에 대한 시선 중에는 이런 '범죄자'라는 이미지뿐만 아니라 '야쿠자와 관계된 사람'에다 '방사능으로 오염된 사람들'이라는 편견도 섞여 있다.

그래서 우리들도 최대한 외출을 자제하고 조용히 지내게 되었다. 살고는 있지만 이곳 주민표(주민등록증)가 없다. 하지만 돌아갈 고향이 없는 작업원들도 많은 것이 현실이라, 왠지 작업원들은 고향을 빼앗긴 피난민들과 닮아 있다.

원전과 야쿠자

친구들은 내가 이치에프에 있다고 말하면 "거기 야쿠자 많지?"라는 질문을 많이 하고는 했다. 어떻게 해도 그런 고정관념이 일반 세상 사람들 사이에 퍼지고 있는 듯해 조금 슬프다. 실제 그렇게 많지는 않다는 것이 나의 솔직한 감상이다.

이전에 일하던 제염 현장과 비교해 보면, 이곳 이치에프에는 야쿠자 '관계자'로 보이는 사람이 그 절반가량 있는 것으로 보인다. 겉모습으로 판단해서는 안 되지만 문신과 가늘게 다듬은 눈썹, 금발에 피어싱을 한, 아무래도 야쿠자로 보이는 사람들이 이치에프에도 드문드문 있다. 하지만 전체적으로는 적은 편이라는 인상을 받았다.

제염 때는 프레하브 숙소에 대형 목욕탕이 있어서 전신에 문신을 새긴 중년 작업원을 자주 보았다. 이치에프에서는 옷을 갈아입는 로커에서만 다른 사람의 알몸을 볼 수 있었는데, 관찰해 보니, 전신에 문신을 새긴 사람은 보이지 않았지만 부분적으로 하고 있는 사람은 적지 않게 있었다. 내 독단적인 인상이지만, 젊은이는 이곳 후쿠시마 출신의 전직 폭주족이고, 중년인 사람은 야쿠자 조직에서 탈퇴한 듯한 느낌으로 다른 현에서 온 듯 했다. 야쿠자라고 해도 지금 한창 현역이라기보다는 과거에 조직에 들어갔었거나 지금도 조금은 관계가 있는 정도이다. 신원 조사는 거의 하지 않는 제염 현장에서는 준구성원으로 보이는 사람도 있었다. 본업은 조장의 경호원이거나 노점 사업을 하면서 용돈벌이로 제염 작업에 들어왔다는 사람도 실제 있었다고만 말할 수 있는 정도다.

하지만 이곳 이치에프에서는 1차, 2차, 3차 하청 회사에서 확인을 하기 때문에 그렇게 간단히 들어오기는 쉽지 않다. 그렇다고는 해도 문신 조사까지는 하지 않으며, 예전에 야쿠자 조직과 관련이 있었다는 것만으로 거절할 수 있는 것도 아니어서,

연줄을 통해 이 지역 사람이 들어오는 경우도 있는 모양이다. 회사가 시행하는 신분 조사는 본인 확인을 위한 증명서로 운전면허증 등을 제시하는데 면허증에는 얼굴 사진이 붙어 있으므로 이것을 복사하기만 하면 된다. 면허증이 없는 경우에는 대신에 건강보험증을 내게 되는데, 얼굴 사진이 붙어 있지 않으므로 만약 다른 사람의 보험증을 제시한다고 해도 연령에서 차이가 크게 나지 않는 한, 알아차리기는 힘들다. 한 번 얼굴 사진이 붙은 작업원증 ID 카드를 받기만 하면, 이후에는 타인 행세를 해도 프리패스가 가능하며 현장에 들어오는 것도 가능한 것이다.

경찰은 이런 '느슨함'을 가장 경계하고 있는 듯했다. 만약 지명수배범이 들어온다 해도 알 수 없기 때문이다. 이를 걱정하는지, 이치에프에는 지역의 후타바 경찰서와 후쿠시마현경 합동팀이 정기적으로 대질을 위해 오고는 했다. J 빌리지와 이치에프의 셔틀버스에도 이들이 올라탄 적이 있다. '후타바 경찰', '후쿠시마현경'이라고 등에 적힌 점퍼를 입고 시치미를 떼며 작업원들과 함께 버스를 기다리거나 한다. 우연히 내 옆에 앉은 적도 있어서 "오늘은 무슨 시찰이라도 하러 왔나요?"라고 물어보니 "아, 뭐."라며 대답을 얼버무렸다. 사람들에게는 말할 수 없는 목적으로 온 것 같군 하고 생각하며 숙소에 돌아갔다. 그런데 텔레비전을 켜니 지역방송 뉴스에 "오늘, 현경과 후타바 경찰서는 합동으로 제1원전을 찾아가 반사회 세력 제거를 요청했습니다."라는 보도가 나왔다. 요청만 할 거면 뭐 하러 십 수 명이나 데려왔나, 그냥 담당자가 소장을 만나 이야기하면 되는 건데

하고 생각했지만, 진짜 목적은 역시 다른 것에 있구나 하는 느낌이었다. 입소자의 명부를 보고, 작업장에 시찰을 들어가 '대질'하는 것이 본래 목적이었구나 하는 생각에 다다랐다.

후쿠시마 원전과 야쿠자 조직과의 관련은 길고도 깊다. 시간을 거슬러 올라가, 조반 탄광 시대에서부터 이어지는 역사를 떠올렸다. 메이지 시대 후반부터 일본 제일의 채광량을 자랑하는 조반 탄전에서는 많은 광부가 필요했고, 전국에서 인부를 그러모으는 것을 생업으로 하는 조직으로 야쿠자가 성장하기 시작했다. 하지만 석유의 시대인 1960년대 후반에 접어들자 이곳도 폐광이 진행되었고, 이들은 1970년대에 들어서는 탄광 대신 원전에 인부를 보내는 것으로 활로를 찾았다. 이렇게 야쿠자 조직은 예전부터 쌓아 올린 전국 네트워크를 활용해서, 후쿠시마 원전의 건설 현장을 새로운 수입 수단으로 삼은 것이다.

하마도리에는 주로 동일본에 세력을 가지고 항만 하역 관계 실적이 있는 광역 폭력단 스미요시 회가 오나하小名浜 항을 발판 삼아 진출해서, 지역 폭력단을 솔하에 두더니 이제는 원전 건설에까지 손을 뻗치게 되었다.

참고로 후쿠시마현에서 고리야마 등 나카도리 지역은 이나가와 회 계열이, 아이즈 지방은 야마구치 조직이 사이좋게 지역을 나누었다고 한다(후쿠시마시는 야마구치 조직이 관할하며, 3개 조직을 균형 있게 조정하고 있다).

그러고 나서 3·11이 일어났고 야쿠자 조직도 엄청난 타격을 입었다. 원전일도 당연히 그랬지만 음식업 등 사람을 상대하는 판매업도 사람이 없으니 매상을 올릴 도리가 없었다. 당연히 도쿄전력에 영업 손해배상 청구 같은 것도 할 수 없었다. 하지만 조직원과 구성원을 길거리에서 방황하도록 방치할 수는 없는 일이므로 결국은 새로운 방편으로 제염과 폐로 작업에 힘쓰게 되었다. 이 작업들은 앞으로 적어도 반세기 이상은 계속될, 안정적인 돈벌이가 되기 때문에 조직은 번영을 보장 받은 것이나 다름없다.

위험하고, 더럽고, 힘든 3K* 직업의 전형이라고 불리는 원전 현장. 게다가 그곳에는 방사능 피폭이라고 하는 리스크가 더해져 좀처럼 노동자들이 모이지를 않는다. 전력 회사나 제네콘은 정규 루트가 아닌 노동력 공급을 야쿠자 조직에게 기대고, 조직은 갈취로 돈을 버는 상부상조의 관계가 된다. 하지만 종종 문제를 일으키는 폭력단에 대한 시민의 차가운 시선에 경찰도 반사회 세력 근절을 이유로 들어 움직이기도 한다. 결국 중앙 경찰청으로부터 지시도 있고 지역 경찰도 가세하여 야쿠자 대책 마련에 나서게 되었다.

이 지역 사람에게 들은 이야기로는 어느 날, 경찰서 간부로부터 요청이 있어 도쿄전력의 이치에프 소장 등 간부들이 지역의 스미요시 회 우두머리들을 모아, "앞으로 이치에프에서 나가 주었으면 한다"고 말했다고 한다. 이 말을 들은 우두머리들은 "도쿄전력을 위해서 지금까지 실컷 무리한 작업에도 따라 주었

---

* 한국에서는 흔히 3D라고 한다. きつい-힘들고(Difficult), 汚(きたな)い-더럽고 (Dirty), 危険(きけん)-위험한(Dangerou.s).

는데 나가라고 하는 건 은혜를 원수로 갚는 격이다!"라며 격분하여 "싸움을 각오하겠는가?"라고 일갈했다고 한다. 결국 움찔한 도쿄전력 측은 꼬리를 내리고 이 이야기는 흐지부지되어 버렸다. 그리고 나서 우두머리들에게 이야기를 잘 하고 강연회도 실시했다는 식으로 중앙에 보고했다고 한다.

이러한 도쿄전력의 저자세에 주민들이 경찰과 직접 담판을 했으나, 경찰 간부는 "이치에프에서 내쫓아서 그들을 들판에 풀어놓으면 동네가 어떻게 되겠습니까?"라고 변명했다. 즉 이치에프 울타리 속에 가두어 키우는 편이 동네의 치안을 위해서도 나은 일이라는 것이다. 폭력대책법과 폭력단 제거 조례(후쿠시마현의 폭력단 제거 조례는 공교롭게도 재해가 일어난 해 7월 1일에 시행되었다.) 등으로 폭력단 구성원은 전국적으로 감소하고 있다고 하지만, 야쿠자를 그만둔 사람이나 그 주변에 머무는 이들이 '반半회색'으로 불리는 회색 지대에 존재하는 것은 사실이다. 이치에프가 그러한 회색 지대를 잠재적으로 흡수하는 수용소가 되어 가는 것을 부정할 수 없다. 이렇게 지진 후에도, 앞으로도 이치에프와 야쿠자의 결탁은 계속되겠지.

7장 신년

신규 업무는 리사이즈 작업

3월이 되어 공사 마감일이 바짝 다가왔다. 사망 사고에 의해 약 3주간 업무가 중단되었지만 재개된 후에는 속도를 높여 목표를 달성하기 위해 다들 힘을 모았다. 1~4호기의 터빈 건물과 '소나무 복도' 주변을 둘러보며 회수하지 못하고 남아 있는 잔해와 소화기, 봄베, 드럼통 등을 발견하면 밖으로 옮겨 사무본관 앞으로 운반한다. 드럼통과 봄베는 아직 안에 내용물이 남아 있는 것들도 있어 신중히 비워 내지 않으면 안 되었다. 산소 봄베 따위는 마개를 비틀면 내용물이 나와서 금방 비워 낼 수 있지만, 기름이 들어 있는 드럼통은 아주 성가셨다.

마지막에는 집적장인 사무본관 앞에서 철수 작업을 했다. 임시로 만든 작업장 해체 작업을 단숨에 해야 하는데, 허리에 안전대를 착용하고 조립한 발판 위에 올라 쇠파이프를 빼내면 되는 일이었다. 지상에서 높이 2미터 정도이지만 일단 고소작업이므로 안전대는 반드시 착용해야 한다. 게다가 '60세 이상은 고소작업 금지'로 되어 있어, 나를 포함한 동료 3명은 아래에서 보조 작업을 하도록 지시받았다. 1월에 사고가 난 이래, 안전대 착용에 대해서 지독하게 잔소리를 듣고 있었던 터라, 조금이라도 높은 곳에서 작업하게 되면 다들 당연하게 안전대를 하고 작업하게 되었다. 안전대에도 여러 종류가 있는 데다, 다른 사람이 착용한 것을 사용하는 경우도 많으므로 허리 둘레의 벨트 사이즈 조정에 매번 손이 갔지만, 적당히 할 수는 없는 일이다.

모두가 일제히 작업장 해체를 끝내고, 정리와 청소 작업도 마치자 내가 속한 팀의 임무는 이걸로 모두 끝났다. 한여름이었던 7월(나는 8월 하순)부터 착수한 '가연물, 위험물 등의 회수 처분 작업' 미션이 무사히 종료된 것이다. 되돌아보면 눈 깜짝할 사이처럼 느껴지지만 한편으로는 여러 가지 경험을 해서 굉장히 길고 긴 길을 걸어온 기분이 드는 8개월이었다. 공사 기간이 끝나고 해냈다는 달성감과 함께 일말의 적막감도 든다. 다음 일이 있을지 불안감과 걱정도 들었다.

연말이 되니 휴게실과 버스 대기실에서 사람들이 소곤소곤 이야기하는 광경을 자주 보게 되었다. "다음 일은 어디야?"라며 옛 동료들이 이야기하는 소리가 들렸다. 이치에프뿐만 아니라 공사 현장이라는 곳은 연말이 되면 공사가 끝나는 곳이 많기 때문이다. 그 때문에 베테랑들은 지금 시기에 정보 교환에 여념이 없다. 들은 말로는 회사 간 영입 작전도 꽤 있다고 한다.

　공사 기한 종료가 다가오는 3월 중순경, 다음 일의 내용에 대해 여러 가지 소문이 돌기 시작했다. 공사 기간은 3월 20일까지라고 명시되어 있었지만 '연장도 있다'든지, 또는 '다음 작업은 없다'든지 동료들 안에서는 이러저러한 추측성 이야기가 나왔다. 그리고 실제 공사 기한이 다가오자 다들 불안해 했는데, 그때 정식으로 다음 업무에 대해 말이 있었다.

　작업 장소는 사무본관 근처에 있는 창고들 중에서 제2창고이다. 작업 내용은 '리사이즈 작업'이라고 했다. 다들 '리사이즈'라는 말을 듣고 고개를 갸웃했다. 물어보니 '새 봉투에 담는 작업'이라고 했다. 창고 안에 수납되어 있는 사용이 끝난 보호복을 20리터짜리 비닐봉투에 다시 담는 작업이라고 한다. '무엇을 위한 작업인지' 다들 궁금해 하며 질문했더니 씁쓸한 미소를 지으며 담당자가 이렇게 말했다. "지금 구내에 건설 중인 대형 소각로에서 태울 예정이었던 보호복이 창고에 있습니다만, 소각로가 완성되어 시험을 해 보니, 압축되어 단단하게 굳어진 보호복 덩어리가 소각로 입구에 들어가지 않는 것으로 판명되었습니다." 그렇기 때문에 그 덩어리들을 손으로 해체해서 작은 봉투에 다시 담아야 한다는 것이다. 정말이지 어처구니가 없어서 할 말이 없었다. "처음부터 작은 봉투에 넣었으면 좋았잖아.", "왜 좀 더 크게 소각로를 만들지 않은거야."라고 다들 말했지만 이미 늦은 일. 두 번씩이나 사람 손으로 작업할 수밖에 없었다. 위에서 그렇게 판단했으므로 우리 작업원들은 묵묵히 하는 수밖에.

보호복 산

신년 첫날인 4월 1일, 신규 업무 사전 검토회가 열렸다. TPT 담당자로부터 '업무 내용'이라고 적힌 A4 종이가 우리 팀 각자에게도 배포되었다. 종래의 팀을 그대로 유지하게 되었지만, 연도 전환 때 그만둔 사람들도 몇 명 있어서, 참가자는 15~16명 정도였다. 들리는 말로는 나중에 몇 명 더 보충될 거라고 했다.

하지만 그 작업 지시 문서의 날짜 표기가 작년 10월로 되어 있어서, 작업이 늦은 건지 또는 다른 회사의 일이 여기로 돌아온 건지 사정을 알 수는 없었다. 업무 내용은 '대형 크기(대각선 60센티미터 이상)에 담긴 사용한 보호복 등을 소각로에서의 소각을 고려한 크기(대각선 60센티미터 이하)에 옮겨 담은 후, 내용물별로 금속제 컨테이너에 수납 및 보관하는 것'이다. 그리고 '연간 작업 목표는 수납 컨테이너 3600개 정도로 한다'고 적혀 있었다.

실제 이 신소각로는 금년 3월 말부터는 가동하는 것으로 예정되어 있었다. 이 '오류' 때문에 연장되었는지 알 수 없지만 이 문서에 따르면, 상부에서는 이미 작년 10월에 소각로 입구를 넓히는 것보다 1년 이상 걸리는 이 작업에 드는 우리들의 인건비가 더 싸다고 판단한 것으로 보인다.

끔찍한 이야기이기는 하지만 이치에프에서 이런 말들을 계속 듣다 보니 별로 놀랍지도 않았다. '알프스', '샐리', '큐리온'이라는 방사성 물질 제거 장치도 마찬가지로 높은 금액으로 발주

했지만 성능 면에서 '말이 다르다'고 할 정도였다는 일화도 있다. 동토 벽에도 물 쓰듯이 돈을 쏟아부었지만 그 결과는 '지금만 넘기면 나중 일은 어떻게 되든 상관없다'는 인상을 받을 정도였다.

도쿄전력이 나쁜 건지 제조 업체가 나쁜 건지 모르겠지만, 어찌 되었든 책임 체제가 확실히 되어 있지 않는 것이다. 돈은 얼마든지 써도 된다고 생각하고 있는 것인지, 결국 그 부담은 세금의 형태로 우리들에게 돌아오는 것이다. 우리 팀에서야 '일이 생기니까.' 하고 넘어갈 수밖에 없지만 왠지 '제 살 깎아먹기'처럼 느껴져 기쁘지가 않았다.

드디어 새 업무에 착수. 현장의 제2창고는 주도로로 나와 '후레아이 교차로'에서 직진(1, 2호기는 이곳에서 우회전)해, 다음 '중앙 교차로'에서 우회전하면 오른쪽에 있다. 높이 10미터, 폭은 7~8미터 정도이며 안으로 30미터까지 들어가는 길고 좁은 건물로, 입구는 전동 셔터로 닫혀 있었다.

창고는 전부 다섯 동이 있었고 모두 같은 모양의 창고가 늘어서 있었다. 옆의 제1창고는 쓰나미로 셔터가 망가졌고, 건물도 벽과 지붕이 지진에 의해 파손되어 사용 불능이 되어 있었다. 제2창고는 이전에 무엇을 보관하고 있었는지 모르겠지만, 지진 이후 사용이 끝난 보호복 등의 저농도 방사성 가연물의 가설 저장고로 사용되고 있었다. 듣자 하니 옆의 제3, 4 창고에도 사용한 속옷 종류와 군화, 장갑 등이 보관되어 있다고 한다.

작업 첫날, 창고의 셔터를 열고 안을 들여다보고는 다들 깜짝 놀라고 말았다. 포장된 보호복의 산이 천장까지 꽉 들어차 있는 것이 아닌가! 지금부터 어둑한 창고 안에 우뚝 솟은 하얗고 거대한 이 산과 1년 이상이나 싸움을 벌여야 되는 건가 하고 생각하니 일순간 망연자실해 버렸다. 하지만 주저할 틈은 용납되지 않았고 바로 산을 부수는 작업에 착수하였다. 우선 산 정상에 올라가, 작업 방법을 확인하는 것부터 시작했다. 전원이 안전대를 매고 옆에 있는 계단을 올라가 최상부로 향했다. 정상은 빈틈없이 줄 세워진 보호복의 하얀 평원과 같았다.

천장까지의 공간은 2미터도 채 안 되어서, 머리를 부딪치지 않도록 조심해야 했다. 불안정한 발밑도 주의하면서 한 줄로 선 채, 보호복 뭉치를 옆 사람에게 전달한다. 뭉치 하나에 수십 개의 보호복이 압축되어 있었는데, 크기는 가로 70센티미터, 세로 40센티미터, 높이는 30센티미터 정도이며 무게는 10킬로그램 정도 되기 때문에 꽤 중노동이었다. 위에서부터 조금씩 산을 무너뜨려 아래로 내려보냈다. 내려보낸 뭉치는 우선 다른 자재 하치장으로 가져간다. 창고가 꽉 차 있으므로 작업장을 확보하기 위해서다. 그 후 뭉치를 옮기고 생긴 공간에서 즉시 리사이즈 작업에 들어갔다.

바퀴가 달린 동그랗고 작은 의자에 앉아, 우선 큰 뭉치를 손으로 풀어헤친다. 그러고 나서 몇 벌을 집어 20리터 비닐봉투에 다시 넣는다. 대체적으로 6벌에서 7벌을 넣으면 봉투를 압축해서 공기를 뺀다. 이렇게 2, 3회 압축하고 난 후, 인슈록이라고 하는 결속 밴드로 입구를 봉하면 새 뭉치 하나가 완성된다.

이렇게 완성된 봉투 뭉치를 세어서 컨테이너에 집어넣는데, 대략 컨테이너 하나당 60개에서 70개의 봉투가 들어간다. 가득 차면 뚜껑을 닫아 날짜와 개수를 적어 나중에 지게차로 트럭에 옮겨 실어 자재 하치장에 운반하면 작업이 완료된다.

사용한 후의 보호복이므로 더러워진 것도 있었다. 대부분 타이백이라고 하는 하얀 보호복이었지만, 그중에는 이동용 파란 보호복도 있었다. 그리고 각각에는 매직으로 쓴 기업명과 개인의 이름이 손글씨로 적혀 있어서 어제 입고 벗은 것처럼 생생했다. 보호복 안에서 나온 퇴역소 영수증의 날짜를 보니 2011년 11월이었다. 3·11이 일어난 해에 들어온 동료들이 입었던 보호복이다. 그렇게 생각하니 왠지 감동적이었다. 생각해 보면 이 창고에는 4년 전 사용된 보호복부터 최근 것까지 계속 보관되어 있다. 지금도 쌓여만 가고 있는 보호복은 단순히 계산해 보아도 하얀 보호복 1벌, 우리들이 이동용으로 쓰는 파란 보호복 2벌, 이렇게 하루 최소 3벌이 사용된다. 하루 7천 명이 일한다고 했을 때, 이치에프 1곳에서 하루 2만 벌 가까이 사용된 보호복이 나오는 것이다. 이걸 지금까지 이 창고에 임시로 보관해 두었던 것이지만 슬슬 한계에 다다라서 소각해서 감용화해야 하는 단계에 온 것이다. 막상 뚜껑을 열어 보니 소각로 입구가 좁아 아무것도 할 수 없자, 고육지책으로 리사이즈 작업에 착수하게 되었다는 엉성한 결말에 이르고 말았다. 이는 무계획적인 폐로 작업의 현실을 상징하는 것으로 사공이 많아 배가 나아가지 못하는 상황, 즉 지휘 명령 계통이 제각각인 것에서 기인한다. 또한 서로 간에 텃새 의식도 있어 정보 연락 체계가 제대로 기능하지 않았다. 결국 실패해도 '전례가 없던 사업이라 어쩔 수가 없었다.'라고 하며 누구도 책임을 지지 않는다. 나는 '이거 완전 헛수고잖아.'라고 산더미처럼 쌓인 보호복의 산을 향해 혼 잣말을 했다.

에코위원회

이치에프의 버스 대기소와 J 빌리지 통로 벽에 '에코위원회' 라고 적힌 큰 포스터가 붙어 있다. 처음에는 '에코' 위원회인가 하여 대수롭지 않게 생각했지만, J 빌리지와 입퇴역소에는 그 포스터 바로 옆에 '의견함'이라는 나무상자가 놓여 있고, 측면 에 '회답서'라고 적힌 인쇄물이 있었다. '자유롭게 가져가세요.' 라고 적혀 있어서 읽어 보니, '에코위원회'에 대한 수수께끼가 풀렸다.

'에코위원회'란 도쿄전력 사내에 설치된 위원회로, 작업원의 일상적인 고민, 개선하고 싶은 점 등의 의견을 접수해서 작업 하기 좋은 직장 환경을 만드는 것이 목적이라고 한다. 누구라도 비치된 종이에 개인 의견을 적어 투서가 가능하지만, 가능한 한 이름과 소속을 같이 적도록 하고 있었다. 하지만 실제로 개인의 의견을 말할 수 없는 게 당연한 일. 우리 팀 리더인 나카네 씨가 정직하게 이름과 소속을 적고 '탈의실 로커가 부족하다'고 써서

냈다가, 나중에 위에서 '왜 직접 투서했냐'고 혼이 났다며 투덜 댔다. 하지만 매월 몇 명이 각각 의견을 투서하고 있다고 한다.

들고 읽어 본 답변서의 내용은 다양했다. 장비품, 오염 빗물, 로커, 위험수당에 대한 불만 혹은 이름을 콕 찍어(회사 이름을 굵은 글자로) 어느 회사 차가 속도를 너무 낸다든지 등등이 적혀 있었다. 그중에는 재해 피해를 입은 도쿄전력 사원의 가족이 일반인과 비교해 배상에 부당한 차별이 있다는 의견을 낸 것도 있었다. '윗분들은 도쿄전력 사원과 그 가족은 피해자가 아니라고 생각하십니다. 감사하지도 않을 생각이라면 확실히 말해 주십시오. 쉬쉬하지 말고 공표해 달라는 말입니다.'라는 답변으로 이 가족이 낸 의견은 흐지부지되었다. 혹은 계단 난간 수리가 늦어지는 것에 대해 '이런 작은 수리도 못하는 회사가 원전 수습이 가능할 리가 없다.'라고 쓴소리를 적은 것도 있었다. 덧붙이자면 여기에는 '죄송합니다. 잊고 있었습니다.'라는 정직한 답변이 돌아왔다고 한다.

이런 내용들이 있어서 답변서는 꽤 재미있었다. 하지만 실제로 작업원들은 별로 보지 않는 듯했다. 불만이 있어도 참든지 의견을 말하는 것 자체가 머릿속에 없든지 아니면 동료들에 푸념을 하는 것으로 해소하고 있는 것이었다. '에코위원회'라고 하는 이런 내부 기관이 아니라 우리 작업원 7천 명이 가진 의견과 불만을 정리해서 도쿄전력과 교섭하는 노동조합이 있다면 더욱 보람이 있는 현장이 되지 않을까?

이런 이치에프에도 노동조합은 존재한다. 본체인 도쿄전력 사원은 전력총련에 가맹한 도쿄전력 노동조합에 가입하고 있으며, 협력 기업인 도쿄파워테크놀로지, 아톡스, 도쿄에네시스 사원도 발전소 보수 부문 노조로서 전력총련에 가입하고 있다. 다들 유니온숍이라고 하는, 입사와 동시에 조합에 가입하는 제도를 두고 있다.

조합 본체에 내는 조합비와는 별도로 전력총련에 가맹하고 있는 도쿄전력 노조에는 조합원 개인이 가맹할 수 있는 정치연맹이라는 것이 있어 임의로 가입비가 징수되고 있다. 연간 수억 엔의 돈을 모아 조직 내 후보인 민주당 참의원 의원 2명을 비롯, 지방 의원에게 정치자금을 제공하고 있다.

한편, 이치에프에는 전기연합에 가맹한 도시바 노조, 히타치 노조의 조합원과 기간基幹노련에 가맹한 미쓰비시 중공업 노조 그리고 IHI 노조 조합원도 있다. 도쿄전력 노조를 포함 이들 노조의 상부 단체는 렌고連合*이다.

또 이치에프에는 그 밖에도 카지마 건설과 시미즈 건설 등 이른바 제네콘의 사원 조합도 있다. 이것은 '직원 조합', '사원 조합'이라고 해서 상부 단체를 가지지 않는 기업 내 조합으로 노동조합과는 선을 긋는다. 제염 현장을 통솔하는 것은 제네콘만 가능하다. 즉 작업원을 사용하는 사원 중에는 노동조합원이 존재하지 않으며, 있다고 해도 '사원 조합원'이나 '직원 조합원'뿐이다.

올 봄(2015년 봄) 세간에는 아베노믹스 효과에 의한 임금 인상에 대해서 말이 돌고 있지만, 이곳 이치에프에서 그런 이야

---

* 일본노동조합총연합회의 약칭.

기는 전혀 들리지 않았다. 도쿄전력 노조는 춘투에서 임금 인상 요구를 보류했다고 하는데, 다른 도시바, 히타치, 미쓰비시 중공업, IHI 혹은 대형 제네콘들은 평균 6~8천 엔의 임금 인상을 해 준다고 들었다. 하지만 우리들 일용 하청 노동자에게는 낙수 효과는커녕 물 한 방울도 떨어지지 않는다.

여러 조합이 있어도 지금의 이치에프에는 노동조합의 모습이 전혀 보이질 않는다. 게다가 조합에 들어갈 수 있는 건 정사원뿐이다. 그 아래인 우리들 2차, 3차 작업원은 들어갈 자격도 없으며, 조합이 있다는 것조차 잘 알지 못한다. 이곳에는 '노동자'는 존재하지 않으며, 일부 엘리트 사원과 다수의 '작업원'이 있을 뿐이다.

국가, 도쿄전력으로부터 내려오는 상의하달 방식의 명령에 사원, 작업원은 절대 복종하며, 이곳에 노사관계란 존재하지 않는다. 가스 빼기* 같은 의견 상자만이 있고, 에코위원회로부터 답변이 있어도, 임금 차별과 휴가(연휴, 경조) 등 기본적인 노동 조건 문제를 언급하는 일은 없다.

노동자는 지금부터 반세기는 더 계속될 폐로 작업을 묵묵히 노예처럼 해내는 수밖에 없는 것인가? 불만이 있어도 참고 넘길 수밖에 없는 이런 험악한 분위기에서 폐로 작업이 잘될 리가 없다. 직종도 기업도 2차, 3차라는 신분도 넘어서 이치에프에서 일하는 동료들이 언젠가는 하나가 되어 도쿄전력과 건설사, 국가에 목소리를 내는 것이 가능해지면 좋겠다.

---

* 집단 내부의 불만이 고조되는 것을 막기 위한 형식적 조치, 김 빼기.

이치에프의 벚꽃

리사이즈 작업을 시작했을 즈음, 이치에프 구내에서 벚꽃이
일제히 개화했다. 입퇴역소를 나오면 바로 왼쪽에 있는 주도로
에는 분홍색 벚꽃 가로수가 늘어서 있어, 그 너머에 늘어선 암
회색 탱크와의 대비가 인상적이다. 지진 재해 전에 구내는 온통
벚꽃이었다고 하는데, 현재는 탱크와 주차장 증설로 인해 점점
나무를 베어 내서 주오도리라고 불리는 주도로 길가에 30~40
그루 정도의 고목이 남아 있을 뿐이다. 줄기가 굵은 걸로 보아,
아마도 개소 당시 심은 것으로 생각되는데 수령은 45년 정도겠
다. 내가 처음 들어왔을 때 있었던 가로수도 몇 그루 벌채되어
주차장이 되어 버렸다. 예정된 폐로까지는 40년이라고 하는데
그때까지 이 벚꽃이 남아 있을까?

한편으로는 공간선량이 높은 구내에서 방사선을 계속 쬘 수
밖에 없는 벚꽃이 불쌍해 보인다. 나무 아래로 눈을 돌리니, 민
들레와 제비꽃 등 형형색색의 들꽃이 잠자코 피어 있다. 머위와
고비, 쑥도 얼굴을 내밀었다. "먹으면 맛은 있겠지만." 하고 동
료가 중얼거린다. "꽃구경이라도 가고 싶다"며 한마디 더 덧붙
인다. 살벌한 무색의 이곳 이치에프에도 봄은 확실히 온다.

이곳에는 인간 이외에도 다양한 동물들이 구내에서 꿈틀거
린다. 작업원 도시락의 잔반을 찾아 쥐와 바퀴벌레가 휴게소 안
을 배회하고, 파리와 모기도 날아든다. 사무본관 앞에서 봉투
채우기 작업을 하고 있으니 모기가 붕 하고 하얀 보호복에 달라

붙었다. 인간의 땀냄새에 끌린 건지, 전면 마스크와 보호복 위를 뚫을 수 없는데도 이를 알지 못하고 날아드는 이치에프의 모기조차 안쓰러웠다.

동물이라고 하면 마른 어린 고양이도 있었다. 피골이 상접한 채로 타박타박 해안을 향해 걸어갔다. 사람에게서는 먹이를 얻기 어려우므로 해변에 가서 생선이나 조개류 등을 먹으려고 하는 것인지 다들 불쌍하기만 하다. 덧붙이자면 이치에프 구내 주변은 엄중히 철망으로 둘러싸여 있다. 높이는 2미터가 넘는 정도이지만 그물의 틈새는 4센티미터 정도이다. 개나 멧돼지 등 큰 동물은 들어올 수 없지만 새끼고양이나 두더지, 쥐와 같은 작은 동물은 그물을 빠져나와 들어올 수 있다. 게다가 하늘을 나는 들새에게는 천적이 적은 구내가 낙원과도 같을 것이다. 그중에서 눈을 끄는 것이 꿩이다. 현장에 향하다 보면 도로를 천연덕스럽게 횡단하는 꿩을 보게 되는데, 특히 파랗게 빛나는 날개가 눈부신 수꿩을 자주 보았다. 먹이는 흙 속의 지렁이와 벌레겠지.

하지만 해변의 물고기도 곤충과 지렁이도 초목도 다들 방사능에 오염되어 있다. 지금부터 몇 십 년, 식물 연쇄가 구내에 사는 동식물에게 나쁜 영향을 미치는 것은 아닐지 걱정이 된다. 인간 때문에 아무것도 모르는 생물들의 미래가 바뀌어 버린다면 그것은 죄다.

사실 전쟁 중에 이 땅은 구 육군항공대 비행장이었다고 한다. 지난날, 제2차 세계대전 말기에 미 기동부대의 함재기가 촬영한 건카메라* 영상을 텔레비전으로 봤었다. 후쿠시마현 후타바군 바닷가 구릉을 향해 격렬히 기관총을 발포하고 있었다. 전쟁 말기 8월에 벌어진 특공 교육대 비행장을 향한 공격, 거기에 지금 우리들이 일하고 있는 이치에프가 있었다. 영상을 보고 있자니 지금의 원전 시설에 로켓탄이 발사되고 있는 듯한 착각마저 들었다. 뭔가 운명 같은 것을 느꼈다. 역사에 농락된 땅임은 분명하다. 지금도 이 땅은 '전쟁터'이니 말이다.

퇴직 의사를 전하다

다음 날도 그다음에 오는 날도 우뚝 솟은 보호복의 산과 씨름하고 있자니, 대체 언제까지 계속해야 하는 건지 궁금해졌다. 일이 있는 것만으로도 감사해야 할 처지에 배부른 소리는 할 수 없었지만 좀 허무했다. 보호복 리사이즈 작업이 끝나면 다음은 맨살 위에 입었던 속옷과 장갑을 처리할 차례라고 한다. 더운 날씨에 속옷의 불쾌한 냄새는 상상만 해도 두렵다. 지금까지는 매주 작업 장소가 바뀌는 탓에 헤맨 적도 있지만 나름 신선한 면도 있어 재미있었다. "매일 탐험하는 것 같다"는 동료의 말에 나도 고개를 끄덕였다. 방송국에서도 좀처럼 들어올 수 없는 곳에 들어와, 바로 앞에서 보는 원자로 시설의 박력은 소름 끼치는 구석이 있다. 거창하게 말하면, 일본 역사를 바꾼 현장, 실물

* 총에 달린 카메라.

을 이 두 눈으로 확인하고 있는 것이다.

다음에 할 리사이즈 작업은 동일 장소에, 선량도 하루 0.02 밀리시버트로 지금까지의 작업 장소들과 비교해 보면 확실히 낮아 좋은 점도 있다. 하지만 단순 작업이라 재미가 없다. 게다가 하루에 몇 개를 달성해야 한다는 둥 꽤 쫓기며 일해야 한다. 당초 들은 처리 목표는 컨테이너로 연간 3600개, 감도 오지 않는 숫자이지만 대충 계산해 보니 설 추석 연휴를 포함해 연간 300일을 근무한다고 치면 하루 약 12개의 컨테이너를 채워야 하는 것이 된다. 컨테이너 하나에 대략 60~70개의 봉투가 들어가므로 하루에 800 봉투 전후를 처리해야만 한다. 하루 2시간 리사이즈 작업을 계속한다고 해도 최대 봉투 70개가 한계다. 인부가 많으면 좋지만 작업 공간도 좁아서 한번에 많은 사람이 작업하는 것 자체가 불가능하다. 지금부터 한여름이 되면 서머타임제가 도입되고, 작업 시간은 1시간으로 제한되므로 더욱 빠듯해진다. 그래서 나온 것이 '교대제'였다. 빠른 순번, 늦은 순번 2개 팀을 편성하면 좁은 작업장이라고 해도 가능하다. 하지만 어떻게 해도 일정에 쫓기는 작업이라는 사실은 변하지 않는다.

결정적인 것은 토요일, 공휴일도 출근해야 한다는 것이다. 지금까지는 기본적으로 토요일과 공휴일은 쉴 수 있는 주 5일 근무였다. 노동계약서(제염 때는 고용계약서였다.)에도 '토요일, 일요일'은 휴일로 되어 있어 별도 란에 '휴일 근무가 있을 수 있음.'이라고 기재되어 있었다. 그래서 나는 거의 매주 도쿄에 돌아갈 수 있었다. 하지만 제염 때는 미나미소마시에 지냈기 때문에 토요일, 일요일에 쉬게 되어도 돌아가는 것 자체가 힘들었다. 당시에는 국도 6호선도 전체 선이 개통되지 않았기 때문에 귀경 경로는 하라노마치에서 버스로 후쿠시마역으로 가서 신칸센을 타는 편도 5시간 이상 걸리는 대장정이었다. 하지만 제1원전에 온 이후로는 이와키시에서 지내게 되어, 이와키역에서 고속버스로 도쿄역까지 3시간이면 갈 수 있게 되었다. 게다가 일도 빨리 끝나서 금요일 저녁에는 도쿄에 돌아갈 수 있었다.

그게 이제는 토요일도 출근하게 되어 불가능하게 되었다. 교대로 토요일에 쉬어도 된다고 들었지만 쉬고 싶다고 하는 동료가 별로 없었다. 역시 일을 해서 돈을 더 벌고 싶은 것이다. 노동계약서의 내용과 다르지 않냐고 말하고 싶었지만 나 혼자 불만을 말해도 어떻게 할 수가 없으므로 주 1일 휴일을 어쩔 수 없이 받아들일 수밖에 없었다.

한 가지 더, 유모토 숙소 문제도 있었다. 어찌 되었든 중년 남자 7명이 한 지붕 아래 생활하는 것이다. 그러다 보니 화장실, 목욕, 세탁, 취사 등에 신경을 쓰다 못해 소진해 버리게 되었다. 나는 협조성이 있는 편이라고 생각하지만 '코골이가 시끄럽다'는 등, 비상식적인 불평을 말하면서도 잘난 얼굴을 하고 있는 동료에게는 입을 다물고 말았다. "일하는 것보다 방에 있는 게 더 피곤해."라고 말하는 동료도 있었는데, 본래 휴식을 취해야 하는 곳에서 다들 숨죽여 촉각을 곤두세우고 있는 것은 죽을 맛이었다.

労 働 契 約 書 （本採用）

株式会社 ▨▨（以下「甲」という）と　池田　実　（以下「乙」という）は、
以下の条件にて労働契約を締結する。

期　　　間	平成 26 年 7 月 18 日から　　（期間の定めなし）
就業の場所	福島県内
仕事の内容	福島原発内作業（ただし勤務開始まで待機期間がある事がある。また契約期間が空く時は、勤務内容が変更になる事があり、その指示に従わない場合は休日扱いとなる。）
始業終業時刻及び休憩	午前　8時00分　から　午後１７時００分まで 休憩時間　60 分
休　　　日	土曜日・日曜日
所定時間外労　働　等	1．所定外労働をすることがある。 2．休日労働をすることがある。
休　　　暇	年次有給休暇　　労働基準法どおりとする。
賃　　　金	1．基本給　　日額　：　　10,000 円 2．諸手当　　日額　：　　4,000 円 3．割増賃金　：　時間外労働の場合、基本給の 1.25 倍 　　　　　　　　　　　　深夜労働の場合、　基本給の 1.25 倍 　　　　　　　　　　　　法定休日労働の場合、基本給の 1.35 倍 　　　　　　　通勤手当　：　無し 4．賃金締切日：　末日　　　　　賃金支払日：　翌月末日 5．賃金支払時に控除する費用：　所得税、社会保険料等 6．賞　与：　なし 7．退職金：　なし
退　　　職	定年は６０歳　　　（但し、定年後６５歳までの再雇用制度あり）
そ　の　他	① この通知書に定めることのほか、就業に関する事項は労働基準法その他関係諸法令の定めるところによる。 ② 節度ある行動を心掛け、仕事内容等を直接元請会社に尋ねないこと。 ③ 自己都合により退職する場合は、少なくとも１ヶ月前までに申し出て退職願いを提出すること。

平成 26 年　7 月 17 日

（甲）

노동계약서

게다가 지병인 요통도 있어서 허리를 숙여 일해야 하는 작업이 많아 두드려 맞은 듯 꽤 큰 통증도 생겼다. 도쿄에 있는 가족들도 "걱정되니 빨리 돌아오라."고 했다. 그래서 4월 중순 무렵부터 일을 그만두려면 지금이 '적기'라고 생각하기 시작했다. 마침 팀 리더를 하던 위 회사의 사사키 씨도 4월 말일 자로 그만둔다는 이야기가 있어서 나도 같이 퇴직하기로 결심했다.

문제는 언제 말하는가였다. 노동계약서에는 '개인 사정에 의해 퇴직할 경우에는 적어도 1개월 전까지는 퇴직원을 제출할 것.'이라고 적혀 있었다. 벌써 한 달 전이라는 기한이 넘어가고 있었다. 계약 위반이므로 퇴직을 인정받지 못할지도 모른다는 불안을 가슴에 품고, 상사에게 전화를 했다. 하지만 걱정은 기우로 끝났다. 단번에 "아 그래요, 그러면 나중에 퇴직원을 내 주세요."라며 선뜻 받아들여 준 것이다. 어느 정도 만류하거나, 이유를 캐물을 거라고 각오하고 있었지만 이렇게 순순히 받아 주니 거꾸로 '뭐야.' 하는 기분이 되었다. 참 제멋대로이지만, 자신이 팀에 별로 필요한 사람이 아니었던가 하는 의구심마저 들기 시작하는 것이다.

자주 상사가 "이곳 이치에프에서 일하고 싶다는 사람이 줄을 서 있다."라고 말하던 것이 생각났다. "이케다 씨는 원래 공무원이었으니까 특별히 넣어 준 거야. 그걸 잊지 말도록."이라며 아니꼽게 잔소리를 했었다. '일도 편한 데다 임금은 높은 인기 있는 이치에프.' 허풍이라고 생각했지만 얼마든 대신할 사람이 있다고 말하는 건 사실일지도 모르겠다고 생각했다. 제염 때,

함께 일했던 아오모리 출신의 T씨가 "후쿠시마에 일하러 왔으니 역시 이치에프에서 일하는 게 꿈이야."라고 말했던 것이 떠올랐다. 편한 일이라기보다는 제염보다 이치에프가 일하는 보람이 있다는 의미였다.

퇴직에 대해 동료들의 반응은 대체적으로 호의적이었다. 최연장자라는 것도 있고 하니 언제 은퇴해도 이상할 것이 없어 보였던가 보다. 같은 방 W씨와는 가끔 가까운 술집에 가는 술친구여서 퇴직 이야기를 하는 것이 마음이 아팠다. 내 후임으로 들어올 사람과 마음이 맞을지 어떨지 모르는 것도 있었다. 텔레비전 선호 채널과 취침 시간 등이 맞지 않으면 불편한 점들이 있지만 무엇보다도 기관지병이 있어서 흡연자가 오는 건 아닌가 하는 불안이 가장 큰 것이다. 다른 숙소에서 사는 사람들끼리 싸웠다는 이야기가 한두 건이 아니며, 다들 가만히 참고 사생활에는 되도록이면 간섭하지 않고 지내고 있다지만 그중에는 개성이 강한 사람도 있다. W는 "돈만 있으면 가까운 아파트라도 빌려 나가고 싶지만……." 하고 꿈 같은 이야기를 중얼거리기도 했다.

뒤에 남겨진 동료를 생각하면 뒷머리가 잡아당겨지는 것 같은 기분이 들고, 이치에프 현장이 앞으로 어떻게 변할지 궁금증도 있었지만 일단은 후쿠시마에서 철수하기로 했다.

8장 퇴직

WBC

　퇴직이 '허가'되면, 즉시 WBC와 퇴소 절차를 진행할 날을
결정해야 한다. WBC는 홀보디카운터Whole Body Counter*의 약
어로, 여기 이치에프에서 작업원들은 입퇴소 때 그리고 세 달
에 한 번, 내부 피폭을 조사하기 위해 이 검사를 받아야 한다(여
자는 한 달에 한 번). 검사 장소는 지난해 말부터 J 빌리지 안으로
이전해서 이치에프에서 일하는 사람들에게는 편리하게 됐다.
사실은 전국에 검사장이 있지만, 이곳 후쿠시마는 그날 이후 현
내 각지에 검사장이 설치되었다. 가끔, 일터에서 도망가 버리는
사람이 생겨 곤란해지는 경우도 있는데, 전신계측기 검사가 법
으로 의무화되어 있기 때문에 퇴소 때 꼭 계측을 받아야 하기

---

* 이하 전신계측기로 표기함.

때문이다.

이런 이야기를 들은 적도 있다. 작업원이 야반도주해서 모두가 찾아다녔던 적이 있었다고 한다. 며칠이 지나서 도호쿠에 있는 고향집에 간 것을 알게 된 담당관이 '신병을 확보'한 후, 차에 태워 후쿠시마로 데리고 와서 검사를 받게 했다고 한다. 다른 1명은 오사카에 돌아가 버린 후 후쿠시마에는 올 수 없다고 해, 그 지역 전문 병원에서 검사를 받도록 했다고 한다. 어쨌든 귀찮지만 사전에 희망하는 검사일을 말해야 한다.

내부 피폭이란 입이나 코를 통해서 신체 내부에 들어온 방사성 물질에 피폭되는 것을 말한다. 방사성원이 몸 밖에 있는 외부 피폭과 비교해서, 같은 수치라고 해도 인체에 미치는 손상은 외부 피폭보다 10배 이상 크다고 한다. 매일 개인 선량 측정기로 그날의 피폭선량을 알 수 있는 외부 피폭과 달리, 내부 피폭은 알기 어렵다. 게다가 검사 방법도 제각각이다.

내가 제염 때 받은 전신계측기 기계는 선 채로 문을 닫고 조사하는 것이었으나 J 빌리지에 있는 기계는 문 없이 의자에 앉아서 측정하도록 되어 있었다. 계측 시간도 제염 때는 좀 더 길었던 것 같은데, 여기는 정확히 1분이다. 하기는 하루에 수백 명이나 되는 작업원의 검사를 하려면 이런 간이형이 좋을지도 모르겠지만, 과연 제대로 된 결과가 나올지는 의문이 든다. 들은 이야기로는 기관에 따라서는 폐가식閉架式에서 5분 동안 검사를 하는 곳도 있다고 한다.

그건 그렇고, 내부 피폭의 결과 수치(제염 때는 수치를 알려 준

적이 없다.)가 전전번에는 '2155cpm'이었는데, 지난번에는 무려 '921'로 줄었고, 게다가 이번에 잰 수치는 '805'까지 내려가 있었다. 이 'cpm'이란, 1분 동안 체내에서 나온 방사선 수치를 의미한다. 아마추어인 나는 틀림없이 이 수치가 점점 축적되는 것이라고 생각했는데, 알고 보니 체내에 들어간 방사성 물질은 신진대사에 의해 배출된다고 한다. 세슘 137의 경우에는 석 달 후 절반 정도로 줄어든다고 한다. 전전번에 2155cpm이라는 내 내부 피폭 수치를 본 선배들은 "높네."라는 말을 했었고, 내가 좀 전까지 제염일을 했었다고 대답하자 "그때 내부 피폭 당한 거군." 하고 말했다. 매일 재는 외부 피폭과는 달라서 내부 피폭은 알기 힘들다는 걸 실감했다.

1분간의 측정이 끝나고 화면에 '이상 없습니다.'라는 표시가 떠서 그대로 검사는 종료되었지만 과연 '이상'이라면 어느 정도의 수치를 말하는 것인지 의문이 남았다. 받아 든 결과 통지 종이 한구석에 작은 글자로 환산정수, 개산槪算 평가, 계산례와 수식이 적혀 있었지만, 어려워서 잘 이해할 수 없었다. 들어 보니, '1만 cpm'을 넘지 않는다면 아무 문제가 없다고 한다. 선배는 "뚱뚱한 녀석은 살이 두꺼워서 수치가 적게 나온다."라고도 말했다. 살이 방어막이 되어 체내 방사선 측정이 잘 되지 않는다는 것이다.

그러고 보니 APD와 함께 장착했던 유리 배지의 수치를 개인에게는 알려 주지 않았다. 유리 배지는 방사선을 쐬면 발광하는 성질을 가지는 특수한 유리 소재를 사용한 선량계로 크기는 일회용 라이터 정도다. 후쿠시마현의 시정촌에 사는 주민, 특히 소, 중학교 학생은 항상 이를 휴대해 선량을 측정하고 있다.

경보가 달린 선량계 APD는 구내에서 외부 피폭선량을 재는 물건이지만 유리 배지는 구역 외에서의 일상적인 외부 피폭선량을 재는 것이다. 엄밀히 말하면, 이 계측기 2개의 수치를 합산한 것이 하루 24시간 총 피폭선량이 된다. 하지만 실제 구역 밖으로 나가면 선량은 뚝 떨어진다. 말하자면 밀리시버트 세계에서 마이크로시버트 세계로 나오는 것이다. 예를 들면 1호기 부근에서 1시간을 작업하면 0.1밀리시버트 피폭을 당하지만 이와키 시내로 돌아오면 공간선량은 그 1천 분의 일인 1시간당 0.1 마이크로시버트로 떨어진다. 그래도 도쿄도 안과 비교하면 10배 이상이나 높은 수치이긴 하다. 그렇기 때문에 '티끌 모아 태산'이라고까지는 말하기 어렵지만, 낮은 수치라도 일상생활에서의 외부 피폭도 고려해야 하는 것은 당연하다. 하지만 이 유리 배지의 수치는 1개월에 한 번 집계될 뿐이다. 매월 전원의 유리 배지를 모아 위의 2차 하청 회사에 가지고 가서 새로운 배지와 교환한다. 매달 배지의 색은 노랑, 초록, 분홍으로 바꿔 가며 이전 달 것과 혼동하지 않도록 하고 있다. 개개인에게 알려 주고 있지는 않지만, 이 유리 배지 분도 더해서 1개월 총 선량치를 방사선관리수첩에 기록하도록 되어 있다. 문제는 실제로 그렇게 하고 있는지 확실하지 않다는 것이다.

어쨌든 이 일상의 외부 피폭과 함께 내부 피폭도 시한폭탄처럼 자신의 몸을 좀먹는 건 아닌지, 막연한 불안감이 남았다.

숙소를 떠나는 날 아침

4월 말, 회사 상사와 함께 J 빌리지에 있는 전신계측기에 갔다. 검사를 받고, '이상 없음.' 판정을 받고는 '작업자증'을 반납했다. 이걸로 모든 퇴소 절차가 끝났다. 들어올 때는 절차가 복잡했는데 그때와는 다르게 나갈 때는 간단했다.

대합실에서 마침 이번 달에 그만두는 상부 회사의 사사키 씨와 마주쳤다. "다음 달부터 뭐 하실 겁니까?"라고 물으니 "영업."이라고 대답했다. 나는 그가 한동안은 고향에서 여유를 즐기며 지낼 것이라고 생각하고 있었다. 하지만 회사는 그대로에, 현장 작업 대신 새로운 일을 구해 오는 영업 쪽으로 이동한다고 한다. "영업 쪽은 꽤 바쁜가요?"라고 물어 보니, "응, 엄청 힘들지. 고쿠분쵸国分町까지 가서 핑크 영업*을 해야 하니까 말야."라고 웃으며 대답했다. 고쿠분쵸는 옆 미야기현 센다이시에 있는 번화가의 지명이다. 1차, 2차 회사가 되면 도쿄전력의 원청 회사에게서 다음 일을 따내는 것이 중요해진다. 다른 회사들을 제치고 신규 업무를 따내기 위해서는 영업력이 필요하다. 인맥을 쓰고 때로는 접대도 하면서 상대를 잘 구슬려야 하는 것이다. 제염 작업과는 달리 민간 회사 간의 계약이므로 입찰 절차 등은 불필요하다. 공사 기간을 지키며 싼 가격으로 안전하게 업무를 마치는 것으로 구두계약을 한 후, 정식 절차를 밟는다. 그 전제가 되는 것은 역시 신용이다. 정해진 순서로 사고 없이 일을 처

---

* 풍속점에서 접대하는 영업 방식.

리한 실적이 계약을 결정한다. 다만 이 구두계약이라는 것이 무서운 것이라고 한다. 때로는 전혀 다른 업무를 싼값으로 맡기거나, 공사 기간을 돌연 단축하는 경우가 있는 것이다. 하지만 일을 받은 이상, 거절할 수가 없어서 적자를 각오하고서라도 일을 따내는 것이다. 아무리 그래도 일부러 센다이까지 영역을 넓혀 영업한다는 것은 역시 '좋아서' 하지 않으면 할 수 없는 일이다. 물론 우리들 하청 작업원의 밥그릇을 지키기 위해서 한다는 사명감도 가지고 있다고는 생각한다.

작별의 시간에 사사키 씨가 "다른 사람에겐 비밀로 하고 하나 알려 주었으면 하는데, 일당은 얼마 받고 있나?"라며 작은 목소리로 물었다. 내가 "1만 4천 엔입니다."라고 답하자 "에?" 하며 깜짝 놀란 얼굴을 했다. 같은 작업을 하고 있는 동료에게 물었을 때는, "회사가 아무에게도 말하지 말라고 했다"며 가르쳐 주지 않았다고 한다. 나는 사사키 씨의 "에?"를 '그거밖에 안 받아?'라는 의미로 이해했다. 사사키 씨 회사에서는 우리들이 소속된 K사에 1인당 상당한 금액을 입금하고 있는 듯했다. 물론 그 내역에 집세, 광열비, 통근 차량 기름값 등이 포함되어 있겠지만 그렇다 해도 사사키 씨의 그 놀란 표정은 잊을 수 없었다. 이미 이야기는 듣고 있었지만 꽤 많은 금액의 돈을 뜯어 가는구나 하고 다시 한 번 생각했다.

퇴소 절차를 끝내고 나서는 상사가 차를 태워 주어 회사까지 갔다. '퇴직원'을 부장에게 건네자, "급료는 다음 달 입금될 겁니다. 방사선관리수첩은 정식으로 선량 수치가 나오면 적어서 자택으로 우송하겠습니다."라고 사무적인 설명으로 마무리 지었다. 깔끔한 끝이었다. 돌아갈 때 사장에게 "그동안 신세 많이 졌습니다."라며 머리를 숙여 인사하니 "응, 수고 많았습니다."라며 미소로 대답해 주었다. 다시 내 후임으로는 누가 들어오는 것일까. 그러고 보니 사장은 정월 훈시에서 금년도 목표로 '사원 100명 달성'과 '회사 숙소 건설'을 들었다. 사장의 미소를 보며 앞으로 계속될 폐로, 제염 작업으로 회사가 지금보다 점점 커 가게 될까? 하고 생각했다.

그날 밤, 같은 방 W씨와 둘만의 송별회를 가졌다. 조금 분위기가 가라앉아 버렸지만 "앞으로도 서로 건강하자"며 잔을 돌렸다. 다음 날 퇴소의 아침이 밝았다. 나는 방의 물건을 정리하고 추억이 가득한 숙소를 뒤로 하고 나왔다.

방사선관리수첩

퇴직하고 한 달이 지났지만 우송해 주겠다던 방사선관리수첩이 오지 않았다. 개인 피폭선량 수치가 기록되어 있는 이 수첩은 취로 중에는 근무처의 회사에서 보관하지만 퇴직하게 되면 필요사항을 기입해 본인에게 돌려주도록 되어 있는 중요한 물건이다. 확실히 제염 때에는 퇴직 후 1주일 정도 지나 집으로 우송되었는데, 이번에는 조금 늦어지는 느낌이었다. 전화를 걸어 보니 "지금 기입하고 있으니 조금 기다려 주십시오."라고 대답했다. 그 이후로도 시간이 꽤 걸려 5월 하순이 되어서야 겨우 도착했다. 제염이나 이치에프 관련 작업을 하려면 꼭 필요한 수첩인데, 만약 일을 할 예정이었다면 곤란할 뻔했다.

언뜻 보기에는 저금통장처럼 보이는 수첩 안을 들춰 보았다. 정부가 관련되어 있다고 생각하기 쉽지만 수첩에는 여러 기업의 이름이 기재되어 있다. 표지 안쪽에는 '중앙등록번호'와 내 이름, 생년월일, 그리고 그 밑에는 '방사선관리수첩 발효 기관'으로 '주식회사 치요다테크놀로지 후쿠시마영업소'라는 이름이 적혀 있었다. 유리 배지를 만드는 유명한 대기업이다.

수첩의 뒤표지에는 공익 재단법인 '방사선영향협회', '방사선 종사자 중앙등록센터'라는 명칭이 기재되어 있다. 알아보니 1977년에 방사선영향협회가 설치한 것이 '중앙등록센터'로, 수첩 제도는 이때 발족된 것이었다. 이 제도는 '국가의 지도를 바탕으로 원자력 사업자, 원청 사업자 등의 협력에 의해 중앙등록센터가 주체가 되어 자주적으로 운영'하고 있는 것으로, '전국 통일 양식의 방사선관리수첩을 사용해 원자력발전소 등 원자력 시설에 입장하는 사람의 피폭 전력을 신속, 적확하게 파악하는 것 및 원자력 시설의 관리구역 내 작업에 종사할 때 필요한 방사선량 관리 정보를 원자력 사업자 등에게 전달하는 것이 목적'이라고 되어 있다. 또한 피폭 전력, 방사선 방호 교육과 건강 진단 실시 상황 등 방사선 업무 종사자로서의 요건을 만족하고 있음을 증명 가능하도록 되어 있어, 작업 실시 후에 종사한 원자력 시설명과 피폭선량 등이 수첩에 기입된다. 또한 2013년부터는 제염 작업 종사자들에게도 수첩 제도가 적용되게 되었다. 이 수첩의 판매원은 '주식회사 통상산업연구사'라는 방사선 관계의 도서 판매 및 세미나 등을 주로 하고 있는 회사다. 수첩 하나 보는 것만으로도 '원자력 무라*'의 광대한 영역을 알 수 있었다. 원래 이 수첩 제도를 '자주적 운영'이 아닌, 나라가 일원화해서 관리해야 하는 것이라고 생각하지만 말이다.

그건 그렇고 내 외부 피폭선량은, 2014년 4월부터 2015년 3월까지 다 합해서 6.13밀리시버트로 기재되어 있었다. 전년도 2월과 3월의 제염 작업 때의 피폭선량 0.62밀리시버트를 더하면 1년여 정도에 6.75밀리시버트를 피폭 당한 것이 된다. 나중에 회사에서 2015년 4월기 분이 우편으로 도착해 열어 보았더니 '확정치 0.5'라고 나와 있어 이를 더해 보니, 최종 누적선량은 7.25밀리시버트였다. 도쿄전력이 발표한 작년도 이치에프 작업원의 연간 평균 피폭선량이 4.9밀리시버트였던 것을 감안하면 나는 그걸 약간 상회하는 것이 되지만 도쿄전력이 상한으로 정해 놓은 연간 20밀리시버트(법으로는 1년 50밀리시버트, 5년간 100밀리시버트)와 비교해 보면 굉장히 적은 수치라고도 볼 수 있겠다.

---

* 원자력 마을이라는 뜻으로 원자력 발전에 이해관계를 가진 기업과 단체, 정치인 등을 칭한다. 한국에서는 원전 마피아라는 단어를 사용한다.

선량을 몸에 품고

내 피폭선량이 높은 건지 낮은 건지. '바로 건강에 영향을 미치는 수치는 아니'라고는 하지만, 5년 후, 10년 후, 과연 이 7.25밀리시버트가 내 몸에 어떤 변화를 가져올지는 아무도 모른다.

그런데도 원자력규제위원회는 원전 사고 대응의 하나로 작

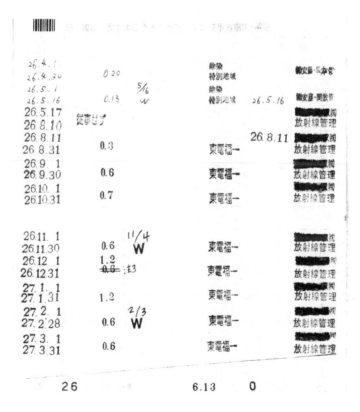

방사선관리수첩(헤이세이 26년도(2014년) 피폭선량)

업원의 피폭선량 상한을 현행 100밀리시버트에서 250밀리시버트로 올리는 원자로 등 규제법(노규법) 개정안을 승인했다. 2016년 4월부터 실행된다고 한다.

후쿠시마 제1원전 사고 때, 종래의 상한 100밀리시버트로는 수습 작업이 어려우므로 일시적으로 250밀리시버트로 끌어올린 것이다. 긴급 시 피폭선량은 노규법과 노동안전위생법의 관계 규제로 정해진다. 이번 후쿠시마의 사고 경험을 바탕으로, 긴급 사태가 발생하면 신속히 작업을 개시할 수 있도록 자동적으로 250밀리시버트로 피폭 한도를 상향 조정하도록 한 것이다. 그와 함께 생애 피폭선량 한도를 1000밀리시버트(1시버트)로 하는 것을 장관 지침으로 성립시켰다.

이 조치들은 차례로 재가동이 예정되어 있는 원전에 후쿠시마와 같은 처참한 사고가 다시 일어날 것을 상정해서 우리 작업원들을 투입시키기 위한 준비라고 말할 수 있다. 하지만 250밀리시버트라고 해도 실제 후쿠시마 사고에서는 최대 678밀리시버트까지 피폭 당한 사람도 있고, 이 이상 상향 조정을 하지 않을 것이라는 보증도 없다. 긴급 시에는 새로 조정된 '생애 한도 1시버트'에 아슬아슬하게 피폭 당할 때까지 작업을 강요하는 일이 가능하게 될 위험도 있다.

또한 '긴급 작업 종사자'를 지원제로 선임한다고 하지만 위탁 사업자도 포함되어 있어, 많은 하청 노동자가 반강제적으로 긴급 작업에 투입될 가능성도 충분히 있다. 이건 마치 병사 같다는 생각을 떨칠 수 없다.

실제로 방사선심의회(헤이세이 27년(2015년) 7월 23일)에서 '250밀리시버트를 넘을 듯한 사태가 되면 수습을 단념할 것인가.'라는 심의위원의 질문에 원자력규제위원회는 '만에 하나 그렇게 상정한 것을 넘어서는 사태에 대해서도 준비해야 하는 저희 입장에서, 정당화 원칙이 인정되는 경우라면, 국제적 참고 레벨(500밀리시버트)을 고려한 운용이 가능'(사토 사토루, 원자력 규제 기획과장)하다고 답변했다. 이 '정당화 원칙'이라는 것은 '종사에 따르는 건강 리스크에 비교해 다른 유익성이 확연히 큰 상태로, 작업 실시에 정당성이 있는 것'이다. 요약하자면 '가혹한 사고가 일어나면 얼마나 피폭 당하는가와 같은 것은 생각하지 말고, 무조건 수습하기 위해서 긴급 작업에 전력을 다하라'는 의미이다.

　　또한 '생애 선량 1시버트'를 장관 지침으로 한 이유에 대해 후생노동성은 '최소한의 명확한 벌칙과 의무를 부과하는 것이 늦었으므로, 장관 지침에 의해 사업자에게 행정지도 형태로 촉구해 나가기 위해서입니다.'라고 설명했다. 만약 상정한 것을 넘는 사고가 일어난다면, '긴급 작업 종사자'는 '정당화 원칙' 하에서 피폭선량이 250밀리시버트를 넘어도, 1000밀리시버트를 넘어도, 수습이 될 때까지는 작업을 계속해야 하는 운명이다. 체르노빌의 소방대원처럼 말이다.

긴급 작업 종사자

그런데 왜 '250밀리시버트'로 설정했을까, 그 근거는 매우 애매하다. 원자력규제위원회에서 참고한 것은 미국 환경보호청의 가이드라인이며 거기에 '250밀리시버트'라고 되어 있다. 여러 다른 문헌들과 데이터가 있지만, '시키이값'(이 값 이하라면 안전하다고 하는 방사선 피폭선량)을 얼마로 해야 하는지에 대한 명확한 근거가 없어 '보수적 입장'에서 '250밀리시버트'로 정했다고 한다. 이때 중요시한 것은 전신 건강에 미치는 영향이 큰, '림프구 감소에 의한 면역 기능 저하'라고 한다.

지금까지 원자력 시설에서 일한 노동자가 방사선 피폭에 의해 발병한 암, 백혈병 등을 산재로 인정받은 사례는 전국에서 13건이다. 병명은 백혈병, 다발골수종, 악성림프종, 도카이무라 JCO 임계 사고로 인한 급성 방사선증 3건(그중 2건은 사망)의 사례를 더해도 16건에 지나지 않는다.

방사선이 건강에 미치는 영향에서 중요한 것은, 저선량 피폭이라고 해도 선량에 따라 암, 백혈병 등의 만성 장애를 일으킬 가능성이 있지만, 이런 확률적 영향에 대해서는 기준이 될 시키이값이 없다는 것이다.

후생노동성은 2011년 10월, 긴급 작업에 종사했던 노동자를 대상으로 생애에 걸친 방사선 피폭에 의한 장기적 건강 관리 제도를 만들어 운용을 시작했다. 긴급 작업 종사자의 개인 식별정보(이름, 소속 사업장, 주소 등), 피폭선량, 작업 내용 및 건강진단, 보건 지도 등의 정보를 사업자가 보고하도록 해, 국가가 설치한 데이터베이스로 관리하도록 한 것이다.

그리고 긴급 작업 종사자에게는 등록증이 교부되어, 피폭선량과 건강진단 등의 정보를 기록한 복사본을 언제든 받을 수 있게 했다. 또한 피폭선량이 50밀리시버트를 넘는 사람에게는 '특정 긴급 작업 종사자 등 피폭선량 등 기록 수첩'을 교부한다. 이에 더해 피폭선량이 50밀리시버트를 넘는 사람에게는 백내장 검사, 100밀리시버트를 넘는 사람에게는 암 검진을 1년에 한 번 실시하도록 사업주에게 의무화했다. 방사선 업무를 그만둔 후에도 국가의 비용으로 일반 건강검진과 암 검사를 받을 수 있게 했다.

하지만 이 긴급 작업 종사자 등의 장기적 건강 관리제에 의한 등록증이 실제로 송부된 것은 2011년 3·11로부터 같은 해 12월 15일까지 작업한 후쿠시마 제1원전 긴급 작업 종사자 약 1만 8천 5백 명에 한해서다. 왜냐하면 12월 16일에 '사고 수습 선언'이 있었고, 이것으로 긴급 작업은 종료된 것으로 처리되어 그 이후에 새로 입소한 노동자들은 긴급 작업 종사자 대상에서 제외되었기 때문이다. 게다가 그중에 피폭선량이 50시버트를 넘어 실제로 수첩을 받은 사람은 800명 남짓으로, 우리들 협력 기업 소속 하청 노동자들 중 수첩을 받은 사람은 300명에 지나지 않는다.

사고로부터 3년 후인 2014년에 입소한 나는 당연히 이 '수첩'을 받지 못했다. '방사선관리수첩'은 받았지만 이것은 다음 현장에 갈 때 제출하기 위한 것일 뿐 '긴급 작업자 피폭 수첩'과 같이 퇴직 후에도 무료로 건강진단 및 암 검사를 받는 것은 불가능하다. 만약 내가 5년 후 건강이 나빠져 자비로 병원에 갔을 때, 암을 진단 받고 이미 손쓸 수 없는 단계라는 선고를 받게 될지도 모른다. '정기검진을 받았었다면.' 하고 생각해도 이미 늦은 일. 피폭에 의한 산재 신청을 해도 '바늘구멍을 통과'하는 일이기 때문에 산재로 인정받을 가능성은 지극히 낮다.

눈이 따끔따끔

여기서 신경 쓰이는 것이 하나 있다. 나미에정에서 제염 작업을 하던 때의 일이다. 2년 정도 제염일에 종사하던 동료가 "선량이 높은 곳에 가면 눈이 따끔거려."라고 말했다. 나미에정에서는 북부 산림 근처에 가면 갈수록, 공간선량이 점점 상승했다. 내가 작업하던 하천 부지에서도 강 상류 쪽에 가면 1시간에 25마이크로시버트에 달하는 곳도 있었다. 그는 강 하류의 선량이 낮은 곳에서 상류 쪽으로 가면 갑자기 눈이 따끔거린다고 했다. 그러고 나서는 이어서 "이거는 절대적으로 방사선 때문이야."라고 말했다. 처음에 나는 '기분 탓일걸.'이라고 생각했지만, 확실히 고선량 지역에 가면 눈이 아파 오는 듯했다. 풀 베는 기계를 사용할 때는 눈을 보호하기 위해 고글을 쓰지만 보통은 쓰지 않은 채, 눈을 외부 공기에 노출시킨 채 제염 작업을 했다.

전면 마스크를 쓰던 이치에프와는 전혀 다르다. 아니, 이치에프에서도 대기소에서 입퇴역소로 걸어서 갈 때에는 전면 마스크를 벗은 채였으니 눈은 무방비였다. 게다가 최근에는 선량이 내려갔으니 구내에서도 반半면 마스크 착용 구역을 늘려, 작업원은 공기 중에 눈을 그대로 노출하게 되었다. 2014년도 말 시점에는 이치에프 구내의 90퍼센트가 반면 마스크 착용이 가능한 지역이 되었다.

걱정이 되어 알아보니, 2011년 4월에 ICRP(국제방사선방호위원회)가 백내장 선량한도를 현행 1년에 150밀리시버트에서 '5년 평균 20밀리시버트 내, 1년 50밀리시버트'로 대폭 끌어내리도록 하는 권고를 했다고 한다. 또한 수정체 내의 단백질의 구조 변화를 일으킬 수 있는 급성 피폭의 '시키이 선량'에 대해서는 원폭 피폭 생존자의 성인 건강 조사 및 선량 평가가 가능한, 원폭 피폭 생존자의 백내장 수술력에서 나온 시키이 선량이 근거가 된다고 한다.

눈이 따끔거린다고 말했던 전 동료는 지금 수정체 혼탁과 같은 백내장 증상은 없다고 하지만 "장래 어떻게 될지가 걱정"이라고 말한다. 방사선 백내장은 수정체 일부에 혼탁이 발생하는 것으로, 수정체 뒷측 표면을 덮는 세포 중 상해를 입은 세포에 발생한다. 방사선 피폭 후 고선량일 경우, 빠르면 1년에서 2년, 그보다 저선량일 경우 몇 년이 지나면 증상이 나타난다고 한다. 후발성인 암, 백혈병 등과는 다르다. NASA의 우주비행사나 체르노빌에서도 후낭하백내장의 크기와 피폭선량 간의 상관관계가 인정되었다.

그렇다면 검사는 제대로 되고 있는가? 작업자는 반년에 한 번 '전리방사선 건강진단'을 의무적으로 받게 되어 있으며, '백내장과 관련한 눈 진단'이 진단 항목에도 들어가 있다. 그러나 이 항목은 '전리방사선 장해 방지 규제'에 의해 의사가 필요하지 않다고 판단하면 생략이 가능하게 되어 있는 것이 실태라고 한다.

최초 산재 인정

이치에프를 그만두고 약 반년 남짓 지난 2015년 10월 20일, 엄청난 소식이 날아들었다.

이치에프 사고 후 수습 작업에 종사하고, 백혈병 진단을 받은 전 작업원이 처음으로 산재를 인정받은 것이다. 그는 기타큐슈시에 사는 남성(41세)으로, 2011년 11월부터 2013년 12월 사이에 1년 반 동안 여러 원전에서 방사선 업무에 종사했고, 그중 2012년 10월부터 2013년 12월 사이에는 이치에프에서 원자로 건물 커버, 폐기물 소각 설비 설치 공사 작업을 했다고 한다. 이 남성이 업무 기간 동안 피폭한 전체 누적 피폭량은 19.8밀리시버트로, 이치에프에서만 피폭당한 것이 15.7밀리시버트였다. 그 후 백혈병이 발병, 2014년 3월에 산재 신청을 했고, 현재 통원 치료를 계속하고 있다고 한다.

후생노동성은 10월 13일에 전문가에 의한 검사회를 열어, 국가의 인정 기준에 비추어, 산재에 해당한다며 일치된 의견을 보였다. 20일에는 도미오카 노동기준감독서(후쿠시마현 이와키시)가 산재를 인정했다. 이 남성에게는 의료비 전액과 휴업 보상금이 지급되었다.

방사선 피폭에 의한 백혈병의 산재 인정 기준은 1976년에 만들어진 것으로, '피폭량이 연 5밀리시버트 이상'인 동시에 '피폭 개시로부터 1년을 넘긴 후 발병하고, 바이러스 감염 등 다른 원인이 없을 것'이라고 되어 있다. 하지만 인정받는 것은 좁은 문을 통과하는 것으로, 지금까지 원자력발전소에서 피폭으로 산재를 인정받은 것은 불과 13명밖에 되지 않는다. 인정 기준이 정해져 있는 것은 백혈병 하나로, 다른 암이나 백내장 등의 질환에 관한 인정 기준은 없다.

이번 인정에 대해, 후생노동성은 '피폭과 백혈병의 인과관계가 확실하지는 않지만, 노동자의 보상 관점에서 인정했다.'라고 한다.

후생노동성과 도쿄전력에 의하면 사고 후 이치에프에서 일한 작업자는 2015년 8월 말 시점에서 4만 4851명으로, 누적 피폭선량은 평균적으로 12밀리시버트라고 한다. 이 중에 약 47퍼센트인 2만 1199명이 백혈병의 산재 인정 기준인 연 5밀리시버트를 넘었다. 나도 그중 1명이다.

사고 후에 이치에프에 일한 작업원 중에 암이 발병해, 산재 신청을 한 것은 이번 인정받은 남성 이외에 7명이 있다. 그중 3

명은 산재 인정을 받지 못했고, 1명은 스스로 신청을 취하해, 남은 3명이 심사 중이라고 한다. 그중에는 산재 인정을 받지 못해 재판까지 결심한 전 작업원도 있다.

2015년 9월, 이치에프에서 수습 작업 중 피폭을 당해 암에 걸렸다며, 삿포로시에 사는 전 작업원 남성(57세)이 도쿄전력 등에 손해배상을 청구하기 위해, 삿포로 지방법원에 제소했다. 이 남성의 변호인단에 따르면 같은 원전 사고 수습 작업과 암 사이의 발병 인과관계를 다투는 소송은 전국에서 처음이라고 한다. 이 남성은 사고 후 2011년 7월 상순부터 10월 말까지, 잔해 따위를 중장비로 철거하는 작업 등을 했다. 사전 설명에 따르면 납으로 덮인 실내에서 중장비를 무선 원격 조종하기로 했다고 하는데 중장비를 사용할 수 없는 경우에는 옥외로 나가 수작업으로 철거 작업을 했다고 한다. 그의 공식 누적 피폭선량은 4개월간 56.41밀리시버트까지 올라가, 통상 시 원전 작업원의 연간 법정 한도인 50밀리시버트를 넘었다. 선량계를 몸에 부착하지 않았던 것도 있고 해서 실제 피폭선량은 그보다 높을 것으로 보인다. 이 남성은 2012년 6월에 방광암, 2013년 3월에는 위암, 같은 해 5월에 결장암이 발병했는데 전이된 것이 아니고 각 장기에서 발병한 것이었다. 안전 배려 의무 위반에 해당하므로 도쿄전력 이외에도 원청 회사인 다이세이 건설(도쿄도)과 하청 회사인 야마자키 건설(도쿄도)에게도 손해배상을 청구했다.

산재 인정까지 허들 넘기

백혈병으로 산재 인정을 받아 낸 이 기타큐슈시의 남성은
"나는 운이 좋았지요. 암에 걸린 다른 원전 작업원들에게 산재
를 인정받을 계기가 되면 좋겠어요. 암에 걸린 후쿠시마 사람이
만약 있다면 제대로 보상받을 수 있기를 바라겠습니다."라고 말
했다고 한다. 발병했을 때는 피폭이 원인이라고 생각하지 못했
다고 하는데 선배의 조언으로 산재 신청을 한 결과, 길이 열리
더라고 한다. 하지만 거기까지 도달하기 위해서는 몇 개나 되는
허들을 넘어야 했다.

우선 검진을 받기 전까지의 허들 넘기. 재직 중이라면 반년
에 한 번 정기검진이 의무화되어 있지만 일을 그만두게 되면 병
원으로부터도 멀어지게 된다. 조금 몸 상태가 좋지 않아도 웬만
하면 자비로는 검사를 받지 않는다.

정부는 이치에프 사고 직후의 긴급 작업 종사자(2011년 12월
16일 '수습 선언'까지의 기간 동안 작업에 들어간 약 2만 명)에 대해
서는 '정부가 책임을 지고 생애, 장기적 건강 관리에 힘쓰겠다'
고 결정했고, 정부의 예산으로 건강진단 및 보건 지도를 실시하
도록 하고 있다. 그 이후에 이치에프에 들어간 우리들에 대해서
는 재직 중에는 법령에 의해 반년에 한 번 검진을 받고, 3개월
에 한 번씩 전신방사선측정기 검사를 실시하게 되어 있다. 하지
만 일단 일을 그만두게 되면 아무 보장도 없는 것이다

다음으로는 산재 신청할 때 겪는 허들이 있다. 진찰 받고 백

혈병이나 암을 진단 받게 되어도, 그것이 피폭에 의한 것인지 자기 혼자서는 좀처럼 판단할 수 없다. 의심이 되어도 어떻게 산재를 신청하면 되는지 모르고, 한다고 해도 돈도 시간도 노력도 걸린다. 게다가 신청해도 인정받을 확률은 극히 낮다는 말을 들으면 누구라도 망설이게 된다.

마지막 난관은 인정이라는 좁은 문이다. 이번 백혈병 인정에 대해 후생노동성은 '피폭과 백혈병의 인과관계가 확실하지는 않지만, 노동자 보상의 관점에서 인정했다'고 언급했다. 무언가 '미심쩍은 피고인의 이익을 위해'라고 말하는 듯한 느낌으로 마지못해 '인정해 준다'고 말한다는 인상을 준다. 하지만 후생노동성에서 나온 '전리방사선 피해에 관한 최근의 의학 식견 검토(2001년)'라는 보고서에서는 백혈병에 관해 '5밀리시버트는 현재 일반 공중에게 특수한 경우의 1년간 선량한도로 되어 있는 것과 같은 수치이며, 방사선 업무 종사자 평균 선량 등을 생각해 보면 타당한 수치'라고 결론내렸으므로, '인과관계가 확실하지 않다'고 말할 수 없다. 그럼에도 불구하고 후생노동성의 언급은 '이번에는 온정을 생각해 인정해 주었다'는 식이다.

또한 일단 일을 그만두면 나 몰라라 하는 건 너무 차갑기 그지없는 태도다. 한 번 쓰고 버리는 물건처럼 못 본 척하는 것이 아니라, 방사선이라고 하는 시한폭탄을 죽을 때까지 껴안아야 하는 우리의 입장이 되어 산재 인정 작업을 해 주었으면 한다.

체르노빌에서는 사고로부터 5년 뒤, 방사선 피해를 받은 시민을 국가가 사회적으로 보호해야 한다고 정한 법률 '체르노빌

법'이 시행되었다. 그중에는 사고 수습 작업에 종사한 작업원도 포함되어 있어, 정기검사와 보양을 포함한 보건 대책이 포함되었다.

일본에서도 모든 작업원을 대상으로 건강 관리를 보장하는 법률이 있다면, 좀 더 안심하고 열심히 일할 수 있을 거라는 생각이 든다. 앞서 말한, 긴급 작업 시 선량 한도 인상 건을 포함해서 생각해 보면 뭐랄까, 사후 보장은 해 줄 테니 선량은 신경 쓰지 말고 수습 작업에 들어가라는 말을 하는 듯해 섬뜩하다.

9장 제염, 폐로 작업을 되돌아보며

사공이 너무 많다

1년여 남짓 후쿠시마에서 제염, 폐로 작업으로 보낸 시간을 끝내고 뒤돌아보니, 여러 모순점들이 어지럽게 굴러다녔다. 3·11로부터 4년 정도 지나고 있는 지금, 후쿠시마에서 피난을 떠났던 사람들의 귀경이 이뤄지고, '부흥'이 착착 진행되고 있는 듯 말들 하지만, 내 눈에는 후쿠시마의 '부흥'은 허풍 혹은 너무나 먼 이야기일 뿐이다.

내가 작업했던 이치에프의 폐로 작업만 해도, 공정표에 의하면 40년 후를 목표로 하고 있지만 아무도 그것을 믿지 않았다. 이미 올해 들어 1~3호기의 사용이 끝난 연료 풀에서 핵연료를 꺼내는 작업 개시 시기가 최대 3년이나 연장되었다. 그런 데다가 내가 입소했을 때부터도 오염수 누수라던가 사망 사고 등으로 공사가 쉬는 날이 이어지고 있었다. 큰 비라도 내리면 탱크 둑에서 빗물이 새어 나와 오염수가 바다로 유실되는 것은 일상 다반사여서, '사고'라고 부르지도 않을 정도였다. 아직 실험 중이지만, 지하수 유입 억제책인 동토 벽이 잘 기능해 퍼올린 지하수를 처리해서 바다로 방출하는 계획이 제대로 실현될 수 있을런지도 불투명하다. 엄청나게 수가 불어난 탱크에 담겨 있는 오염수를 도쿄전력에서는 5월까지 처리 '완료'하겠다고 선언했지만, 지금의 처리 장치로는 다 제거할 수 없는 트리튬(삼중수소라고 부른다.)에 오염된 채로, 앞으로도 탱크에 보관할 수밖에 없는 것이 현실이다. 매일 올려다보던 1호기의 하얀 커버도 벗겼다가 다시 씌우기를 반복하고 있어, 잔해 철거 작업에 전혀 착수조차 하지 못하고 있다. 연료 데브리(노심용융물)에 대해서는 격내 용기가 어디에 있는지조차 아직도 파악하지 못하고 있는 것이다. 폐로 작업의 기술 개발은 국가 인가 법인 '원자력 손해배상·폐로 등 지원기구'에서 사령탑을 맡았지만 이 기술계 스태프가 35명 정도밖에 되지 않는다고 하니, 매우 걱정스러운 체제가 아닐 수 없다.

애초에 전체 사령탑, 선두의 얼굴이 보이질 않는다. 책임자가 '손배·폐로 기구'인지, 도쿄전력의 '폐로 컴퍼니'인지, 혹은 현장의 '제1원전 소장'인지, 도쿄에 있는 도쿄전력의 본사인지, 그 위의 경제성·자원에너지청인지 확실하지 않다. 원자력규제위원회도 큰 권한을 가지고 있다. 정부 기관이라고 해도 경제산업성을 비롯해, '원자력연구개발기구'를 감독하는 문부과학성, 환경성의 외부 국인 '원자력규제위원회'와 '원자력규제청', 내각부에 설치된 심의회 '원자력위원회' 게다가 '부흥청'과 방사선 관계의 '후생노동성', 제네콘을 감독하는 '국토교통성' 등, 제염 및 폐로 작업에 관계하는 기관이 다양하게 존재한다.

당연히 '성'과 '청' 간의 텃세도 있을 것이고, 종적 관계인 행정에 의한 폐해도 있을 것이다. 이와 같은 구조는 현장에서도 잘 보인다. 예를 들면 우리들이 일하기로 되었던 보호복 리사이즈 작업에서는 신형 소각로를 수주한 업자와 보호복을 회수하여 봉투에 넣는 작업자의 연대가 이뤄지지 않아 결국 '새로 담기' 작업을 하게 되는, 두 번 수고해야만 하는 사태에 이르렀다.

확실히, 이번 작업이 인류 역사상 전례가 없는 처음 경험하는 일이라 모르는 것 투성이에 시행착오의 연속이라는 것은 이해한다. 하지만 아무리 그렇다고는 해도, 작업에 헛수고와 무리가 너무도 많은 것이다. 이치에프에서는 제네콘, 원자로 메이커, 플랜트 메이커, 관리 및 검사 청부 등 다업종의 기업들이 혼재하고 있는 데다, 거기에서 다시 2차, 3차 하청 회사가 관여해서(약 800개) 수습 및 폐로 작업을 전개하고 있다. 업종 간 경쟁도 심해서 텃세 의식도 강하다. 그중에서 근본은 필시 도쿄전력임에 틀림없는데, 지휘 감독하는 책임자가 너무 많아서 '사공이 너무 많아 배가 산으로 가는' 사태가 되어 버리는 것이다. 결국 도쿄전력은 대기업 원청 건설사에 현장을 전부 맡겨 버리고 있다. 위의 감독관청과 정치가에게는 혼나고, 한편으로는 건설사들이 압력을 행사해, 도쿄전력은 그야말로 '벌거벗은 임금님'이나 다름없다.

더 설명하자면 도쿄전력은 불충분하기는 하지만 사고에 대해 사죄를 표명했다. 하지만 실제로 원자로를 만들고, 운전, 관리한 원자로 메이커, 플랜트 메이커, 제네콘 각 사들은 사고 책임에 대해 일절 언급하는 것조차 피하고 있다. 지시한 것이 도쿄전력이라면, 이른바 실행범이라고 부를 만큼의 책임은 각 원청 회사에게도 있는 것은 아닌가. 하지만 이치에프의 현장에 들어가면 사고 전과 전혀 달라진 것이 없이 각 사의 텃세는 견고하고, 위계가 공고하며, 그들의 저변은 더욱 깊고 넓게 확장되고 있다. 그뿐만이 아니라 그들은 근교에 대형 소각 시설과 폐로 연구 시설들을 건설하는 것을 '폐로 비즈니스'라고 칭하며, 새로운 사업으로 전개하려고 한다.

이치에프 현장에서는 도쿄전력 사원의 모습이 보이지 않는다고 앞에서 적었지만, 그보다 더 심한 것은 정부 당사자들의 의식이야말로 전혀 느껴지지 않는다는 것이다. 환경성 직할 제염 사업에서는 현장에도 직원이 순시를 오고는 했지만, 이곳 이치에프는 완전히 민간에게 맡겨졌다는 느낌이었다.

애초부터 폐로 사업뿐만 아니라 주민 배상 문제를 포함해, 국가의 관여는 전부 간접적인 것에 지나지 않았다. 엄청난 세금이 투입되는 '원자력 손해배상·폐로 등 지원기구'처럼, 정부는 어디까지나 '지원'만 할 뿐이다. 당사자는 어디까지나 도쿄전력이고, 정부는 최종적 책임은 지지 않는 형태로 관여할 뿐이다. 그런 연유로, 현장에서 우리들의 고용, 노동조건, 복리후생 등

절실한 문제에도 정부는 적극적으로 개입하려 하지 않았다.

폐로 작업이 전인미답의 프로젝트라면, 여기 이치에프라는 막 움직이기 시작한 배를 우선 정지시키고, 책임 있는 선장 1명이 지휘하도록 한 후에 대항해를 해 나가야 하는 것 아닐까? 가능하다면 폐로, 제염 업무에 특화된, 국가가 책임을 지는 공적인 조직. 성(省), 혹은 공사와 같은 전문 기관을 신속히 설치해야 한다고 생각한다.

우리 작업원들의 고용과 노동조건에 대해서도 이 조직이 일률적으로 관리해야 한다. 그렇게 되면 환경성 관할이 되어 제염 위험수당으로 1만 엔을 똑같이 지급할 수 있다. 그리고 이치에프와 관계된 각 회사들이 따로 노는 것에 의한 폐해도 해소할 수 있을 것이다. 중간에서 떼먹은 것을 가지고 돈을 벌 궁리를 하고 원청 회사에 모여든 2차, 3차 하청 회사의 착취도 근절할 수 있게 되어 결국 노동조건의 개선이 가능할 것이다. 즉 다중 하청을 구조적으로 전환하는 것이 가능할 것이다.

치외법권

하로워크에서 이치에프 관계 구인표를 보니, 어느 회사 구인표에도 마치 짜맞춘듯 '가입 보험' 란에 '고용', '건강', '후생'이라고 적혀 있다.

내가 제염일을 할 때 소속되었던 C사는 구인표대로 '고용보험', '건강보험', '후생연금보험'에 가입시켜 주었다. 2013년 3월 나의 공제액은 '고용보험'이 2157엔, '건강보험'이 2만 1907엔, '후생연금'이 3만 2528엔, 합계가 5만 6592엔이었다. 회사도 기업 부담으로 거의 같은 금액 이상을 지불했는데, 이것이 중소기업에게는 어마어마한 부담이 되는 것이다. 아니, 부담이 아닌 법률에 정해진 의무로, 위의 원청 회사로부터 당연히 사회보험료에 상당하는 금액을 입금 받고 있을 터인데, 원청 회사에게는 이것이 경비로 받아들여진다.

'구인표'는 어디까지나 보여 주기 위한 것으로, 실제로는 제염, 폐로 관계에 있는 많은 하청 회사들이 '후생보험', '건강보험'에 가입하지 않은 것이 현실이다. 이 사태를 심각하게 생각한 후쿠시마현 노동국은 2015년 4월 1일, '후쿠시마현원청, 하청관계 적정화 지도 요강 개정'이라는 문서를 만들어 사회보험에 꼭 가입하도록 지시했다.

내가 속한 회사도 이를 받아들여 부장이 직원을 전원 소집하여 사회보험에 대해 이야기했다. 이미 원청 회사인 TPT가 사회보험 가입에 대해, "유예 기간을 포함, 늦어도 금년도 중에는 들어 놓도록" 하라는 요청이 있었다고 하는데, 그 후 '여름까지' 하라며 기간 단축 지도가 들어왔다고 한다. 부장은 "그렇게나 많은 금액을 제하지는 않을 것 같은데, 모두들 각오는 하세요."라고 말했다.

동료들 대다수는 건강보험은 '국민건강보험'에 들고 연금은 가입하지 않는 게 보통이었다. 그중에는 건강보험료를 체납하고 있는 사람도 있었다. 대출을 안고 있는 사람들도 많아, 은행에서 계좌를 개설할 수 없는 이들도 있을 정도였다. 그래서 매월 급료도 은행 계좌 입금이 아닌, '현금으로 지급' 받았다. 그런 상태에서 얼마 되지도 않는 급료 가운데 매월 5만 엔 이상이 사회보험료로 공제된다면 견뎌 낼 재간이 없다. 이상한 이야기로 들리겠지만, 회사를 결정하는 하나의 포인트가 '사회보험 미가입'이라며, 제염일을 함께 한 선배가 보험료를 떼어 가지 않는 회사가 '좋은 회사'라고 진지한 얼굴로 말했다.

본래 사회보험료 분을 포함해서 급여를 올려야 한다고 생각하지만, 현실은 공제라는 형식으로 개인에게 무거운 부담을 지운다. 또한 하청 회사 입장에서도 종업원이 100명이 있다고 가정하면 보험료만 5만 엔씩 매월 500만 엔을 지출해야 한다. 사회보험은 노동자에게는 최소한의 보장이자 안전망으로, 모든 작업원이 가입하도록 하는 것이 사업자에게 부과된 의무이다. 하청 회사는 거느린 협력 회사 대부분이 사회보험 미가입 상태인 것을 알면서도 묵인해 왔다. 만약 가입 조치를 취해 협력 기업이 경영난에 빠져 철수하게 되면 큰일이라며, 행정지도를 교묘히 연장해 왔던 것이다. 그 근저에는 우리들을 한 사람의 노동자로가 아니라, 쓰고 버리는 작업원으로 보는 의식이 있다.

또 하나는 휴가 문제다. 노동계약서에는 '휴가'란에 '노동기준법을 따른다'고 명기되어 있지만 어느 누구도 휴가를 가지 않는다. 법률에는 6개월 이상 일하면 10일 이상의 연차 유급휴가를 취득하는 것이 가능하도록 되어 있는데, 이곳 현장에는 '연차'란 존재하지 않는다. '쉬고 싶으면 언제든 쉬어도 됩니다.'라고 말하지만, 일당은 나오지 않는다. 경조사 등의 휴가도 없다. 다들 유급휴가가 있는 것조차 모르는 건지 혹은 알면서도 말하지 못하는 건지 알 수 없지만, 용건이 있을 때 다들 '자기 부담'으로 쉬곤 했다.

퇴직 의사를 전할 때 나는 만약 회사에서 한소리 듣게 되면 (계약서상 퇴직은 한 달 전에 통보하도록 되어 있으므로), 연차 이야기를 꺼내 보겠다고 혼자 결심했었지만 결국 깔끔히 퇴직 절차를 밟아 주어, 아무 말도 꺼내지 못했다.

사회보험도 없는 데다 휴가도 없다. 게다가 우리는 노동기준법이 정한 '취업규칙'의 존재조차 들은 적도 없었다. 역시 이치에프는 치외법권인 장소라는 걸 절실히 느꼈다.

복리후생

작업원에게 의식주 문제는 중요하다. 본래대로라면 일을 끝내고 심신을 쉬게 하는 곳이어야 할 주거가 사실 그렇지 못했다. 성인 남성이 본 적도 없고 알지도 못하는 사람 두세 명과 함께 살게 되면 제대로 쉴 수 없는 것은 당연한 일이다. 도쿄전력에서 원청 회사를 경유해 작업원의 복리후생비를 지급하고 있었을 테지만, 말단에 있는 회사는 어떻게 해야 비용을 더 줄일 수 있는지만 고심하기 때문에 더 싼 집에 더 많은 작업원을 집어넣고 싶어 했다.

'코골이가 시끄럽다'고 한 내 옆방 사람의 불평은 논외로 하
더라도 '목욕 시간이 길다', '화장실을 더럽힌다', '부엌을 지저분
하게 쓴다' 등, 공동생활에 수반되는 불평과 고자질은 일상다반
사였다. 과거에는 술을 마시고 싸운 경우도 있어 해고당한 사람
도 있었다. 그래서 술에 관해서는 무척 엄격하다. 매일 종업 전
간이 알코올 검사기로 검사하거나, 미팅 때 "술은 삼가도록."이
라고 시끄러울 정도로 잔소리를 들었다. 통근 도중 차 안에서
'술냄새가 진동했다.'라고 누군가 일러바쳐 들통난 사람도 있을
정도였다.

이런 일들도 있어서 그랬는지, 지진 재해 직후에는 작업 관
계자들로 북적이던 이와키역 앞과 유모토역 음식점가도 최근
에는 주말 빼고는 조용하다. 평일에는 다음 날 작업이 있기 때
문에 작업원들이 방에서 마시기 때문이다. 초중고생도 아닌데
이 나이가 되어서 "통금을 잘 지키도록."이라는 말을 들을 줄은
몰랐다. 게다가 처음에는 밤 10시였던 걸로 아는데, 언제부터
인가 통금이 9시로 바뀌어 있었다. 무심코 통금 시간을 지나 버
려, 숙소 뒷문으로 들어온 적도 있다.

술을 마시는 나에게는 하루 최대의 기쁨이란 뭐니 뭐니 해
도 집에 돌아와 마시는 반주이다. 아침, 현장에 갈 때부터 '오늘
밤은 뭘로 할까'를 궁리하는 것이다. 하지만 살벌한 숙소 분위
기 때문에 아무리 고급 재료를 사용한 요리를 만들어도 맛있게
느껴지지가 않는다. 결국 싼 식재료를 사용해서 어떻게 하면 질

리지 않고 맛있게 먹을 수 있는지를 고심하게 된다. 사람은 '생활 레벨을 낮추기 어렵다'는 말을 자주 하지만, 한 번 각오하면 별거 아니다. 온수 샤워가 딸린 화장실에서 화식 화장실, 에어컨에서 선풍기, 맥주에서 발포주로. 처음에는 조금 저항이 있었지만 마음먹기에 따라서는 옛날로 타임 슬립했다고 생각하면 쉬워졌다. 사장이 "조금 낡았지만, 살면 고향처럼 느껴질 거요."라고 말했는데, 정말 그런지도.

그렇다고는 해도 가끔은 '회가 먹고 싶다', '고기가 먹고 싶다'고 생각할 때가 있었다. 하지만 슬프게도 이곳 후쿠시마에서는 신선하고 안전한 식재료를 바로 구할 수가 없다. 동료들도 슈퍼마켓에 장을 보러 갔다가 "생선, 야채, 고기 전부 다 비싸고 신선하지도 않아." 하고 한숨지었다. 원전 사고는 후쿠시마의 식생활까지 파괴해 버린 것이다. 생선은 센다이나 이바라키 방면 바다에서, 야채도 현 바깥의 산지가 많다. 가끔 싼 이 지역 산물이 나오는 정도이다. 고기도 다른 현 산지 천지에 값도 비싸다. 그러니 편의점이나 슈퍼에서 조리된 반찬을 사는 일이 많아졌다. 하지만 질리기도 하고 영양도 불균형해지기 때문에 간단히 스스로 만들어 먹게 되었다. 결국 서민의 필수품인 숙주, 계란, 먹기 좋게 썰어 놓은 양배추에 손이 간다. 여기에 햄과 베이컨을 넣어 볶아 먹거나, 샐러드로 먹는다. 취사장은 공용이므로, 요리는 교대로 단시간에 해야 하는 게 규칙. 칼을 별로 쓰지 않고, 쓰레기도 나오지 않게 해야 해서, 공을 들인 요리를 할 환경은 되지 않는다. 매일 변화를 주면서 가끔은 만들어 파는 튀

김이나 회를 사서 반주와 함께 먹었다. 기본적으로 서로 방에서도 개인이 먹는 식사에 대해서는 간섭하지 않는 것이 암묵적인 룰이다. 다른 숙소에서는 식사 담당이 있어, 몇 명이 함께 저녁 식사를 먹는 곳도 있었다고 하지만 나는 내가 좋아하는 것을 느긋하게 먹고 싶었다.

취침 시간은 빨라서 밤 9시 전후였다. 그때까지 텔레비전을 보며 시간을 보내는 일이 많았지만, 함께 방을 쓰는 처지이므로 보고 싶은 방송을 보는 것에도 제약이 있었다. 먼저 말한 사람이 승자이지만, 내 경우에는 채널권을 양보해 버리는 경우가 많았다. 같은 방이므로 소등 시간도 신경 쓰이는 데다, 한밤중에 화장실에 가는 경우에도 조용히 가야 한다. 아침 화장실도 기다리지 않게 순서를 생각하며 사용한다. 뭐, 광열비를 포함한 방세는 회사가 내주니까 방에 대한 불만은 좀처럼 말할 수 없는 분위기이다. 그래서 가능한 한, 숙소 말고 밖에서 시간을 보내려고 해도 오락거리도 없다. 결국에 근처 파친코에서 시간과 돈을 써 버리는 사람들이 많았다.

이와키 시내 지가가 높아지고 있는 것은 알지만 적어도 제염 작업 때 쓰던 정도 되는 개인실 숙소를 도쿄전력 혹은 원청 회사가 만들어야 하지 않을까. 그렇게 되면 식사, 목욕, 세탁 등의 고민도 꽤 해소될 것이다.

고용 계획

　지진 재해 후 '후쿠시마의 부흥'을 바라며 회사를 세웠다고 하는 우리 회사는, 전국 각지에 출장 면접을 나가서 제염과 이치에프에서 일할 작업원을 모았다. 그리고 자사뿐만 아니라 다른 회사에도 인부를 보내곤 했다. 좋게 말하면 '인재 파견'이라고도 하겠지만, 실태는 위법 '인부 차출'이다.

　이전에는 하로워크를 다니며 구인표를 내고 모집을 했다고 하는데, 임금 등의 조건 때문에 좀처럼 사람을 구하지 못했다. 고육지책으로 각지의 취업 무가지에 모집 광고를 내, 후쿠시마에서 면접을 나가는 형식이 되었다. 도호쿠 각 현은 물론, 호쿠리쿠, 긴키, 규슈까지 반경을 넓혔다. 각 지역의 공민관* 등의 시설을 빌려 면접회장으로 사용하여 '출장 면접'을 했는데, 지원자 입장에서는 일부러 교통비를 들여 후쿠시마까지 가지 않아도 되므로 매회 4명에서 8명 정도가 왔다고 한다. 서류 절차 등이 있어서 바로 작업에 들어가는 것은 불가능하지만 숙소 비용도 들지 않는 데다, 대기 중에는 지역 공장에서 일당 8천 엔짜리 아르바이트를 할 수 있게 연결해 준다. 또한, 급료를 당겨 받는 것도 가능(급여명세서에는 '가불' 란이 있다.)하므로 생활 곤궁자들이 몰려들었다.

　작업원의 그런 약점을 알아채고, 회사는 임금을 낮게 설정했다. 상사가 "누가 물어봐도 자기 급료는 절대 말하지 않도록 하

---

*　주민을 위해 생활에 필요한 교육, 학술 ,문화 관련 각종 사업을 진행하는 교육 시설.

세요."라고 함구령을 내렸지만 사실 우리 회사에서도 동일한 일을 하는 동료들끼리라도 1만 2천 엔, 1만 4천 엔, 1만 6천 엔 등 일당 차이가 있었다. 지진 재해 직후 채용된 사람, 제염 모집으로 갑작스럽게 파견된 사람, 사장의 지인 소개로 온 사람, 제염 현장에서 온 사람 등 채용 시기와 모집 내용이 다들 달랐었다는 걸 나중에야 알았다. 동료인 W는 "우리, 돈도 집도 없는 걸 생각하면 여기가 최후의 직장이다. 나이 먹은 나를 고용해 주는 곳이니 일당 1만 4천 엔이라도 불만은 말할 수 없어."라며 자조 섞인 말투로 말했다.

교통비나 숙박비도 내 가며 출장 면접을 하는 이상, 그만큼 메리트가 없으면 할 수 없는 일이다. 1명을 스카웃하면 장래 회사는 막대한 이익을 손에 넣게 된다. 그렇다. 우리들 작업원은 돈을 낳는 '인재'인 것이다. 동료가 "우리끼리 하는 말이지만." 하고 살짝 알려 주었는데, "우리 회사는 이와키 시내에서 클럽도 경영하고 있다"고 한다. 창업 이후 불과 2년 남짓밖에 되지 않았는데 100명 가까운 종업원이 있는 우리 회사의 비밀을 알게 된 듯한 기분이 들었다. 창업 자금도 별로 들이지 않고 폭넓은 인맥을 활용해 더욱 많은 사람들을 모으면 모을수록 돈이 벌리는 부흥 사업에 뛰어들었던 것이다.

한편, 물이 점점 낮은 곳으로 흐르는 것과는 대조적으로 작업원은 좀 더 높은 임금이 있는 곳으로 흘러간다. 특히 제염 작업은 작업 기간이 비교적 짧기 때문에 작업 중에도 다음 회사를 찾아야 하는 압박이 있다. 그래서 일을 마치고 숙소에 돌아오면 예전 동료에게 전화를 걸어 정보를 교환하는 것을 빈번하게 보았다. 가끔은 숙소 근처에서 리크루트가 열린 적도 있다.

제염 때 이야기인데, 동료 2명이 근처 도서관에 가서 건설 회사의 집단 면접을 받은 적이 있었다. 이치에프 구내 작업으로 일당은 1만 8천 엔, 숙소 완비에 정식 채용은 2개월 후라고 했다. 그곳에는 내가 일한 C사와, 그 외 다른 회사에서 온 4명도 참가해, 동료들은 채용 담당자의 이야기를 들었다고 한다. "이케다 씨에게도 말을 걸어 보려고 생각했는데, 60세 이상은 채용하지 않는다고 해서 권유하지 못했다"며 동료인 T가 말했다. 일단 그는 그 건설 회사에 이력서를 넣었다고 하는데 "2개월 이후 출근이라고 해도 더 길어질지도 모르고, 어떤 회사인지도 모르니까 보류해야겠다."라고 말했다. 원래 채용 정보를 알려 준 것도 동료 N이었다. 지진 재해 직후부터 제염 작업에 들어간 N은 인맥도 넓어서 각 사의 채용 정보에도 밝았다. 들어 보니 1명당 꽤 되는 '소개료'를 받았다고 한다. 농담인지 진담인지 모르겠지만 그는 "앞으로 소개업으로 먹고살까 봐."라고 자주 말하고는 했다.

실제로 자본금이 들지 않는 '소개업'을 하청 회사로부터 '분점'을 내는 형태로 해서 회사로 차리는 사람도 있다고 한다. 그 정도로 재미를 보는 일이라는 것이다.

하지만 '우리테 시장'売り手市場*으로 보이는 제염, 이치에프 현장이라도 꽤나 혹독한 현실이 존재한다.

---

* 공급이 적고 수요가 많은 취업 시장.

동료가 자주 "회사는 영 꽝이었어. 역시 들어가 보지 않으면 모른다니까."라며 경험담을 늘어놓았다. 액면이 높은 급료를 불렀지만 월급 명세서를 보니 각종 명목으로 경비가 빠져나간 적도 자주 있었을 뿐더러, 질 나쁜 인간밖에 없는 회사도 있었다. 그러니 정보 안테나를 세워, 회사 정보를 사전에 체크해야 한다. 한편, 회사 입장에서도 '안 되는 녀석', '잘 쉬는 인간'은 채용하고 싶지 않으므로, 회사의 인맥을 통해 개인 적성을 체크한다. 그러므로 N처럼 발이 넓은 '브로커'의 존재는 양쪽에게 없어서는 안 되는 존재이다.

우리 작업원들은 마치 떠돌이 같다는 생각을 곰곰이 했다. 작업 시기가 다가오면 열심히 하라며 휴일 근무까지 부탁 받고, 작업이 끝나면 바로 작별인사를 하는 세계. 이런 불안정한 현장에는 아무리 부흥을 위해서라고 말해도 의욕이 떨어진다. 들어간 회사에 대한 충성심도 생기지 않고, 그저 그 달 급료만 받으면 그만이라며 후쿠시마현 내를 떠돌아다니게 된다.

또다시 혼자 좀 더 나은 현장을 바라며 길을 떠나는 나미에 하늘을 나는 철새.

아사히가단. 2014년 6월 8일 게재

외국인과 여성

연령 구성을 보면, 대략 제염은 중고령자가 많았고, 이치에 프는 비교적으로 젊은 사람들이 많이 일하는 경향이 있었다. 이 치에프에서 2014년 가을에 작업원을 대상으로 실시한 설문에서 연령 구성은 크게 10대, 20대가 10퍼센트, 30대가 20퍼센트, 40대와 50대가 30퍼센트, 60대가 10퍼센트로 나뉜다는 결과가 있었다. 내가 본 바도 대충 그런 경향이 있었다.

성별로는 제염 작업에 여성이 10퍼센트 조금 못 미치는 정도였고, 이치에프에서는 1명도 없었다고 할 정도로 적었다.

외국인은 제염, 이치에프 양쪽에서 별로 본 적이 없었다. 일본계 브라질 사람이 일하고 있다는 소문을 들은 적은 있지만, 진위는 분명하지가 않다. '일손 부족으로 외국인을 많이 투입하고 있는 것은 아닌지.' 같은 말이 자주 들리지만, 실제로는 입소를 위한 허들이 꽤 높아, 누구라도 좋다는 식은 불가능한 것이 사실이다. 방사선관리수첩 취득부터 입소 교육(A, B) 수강 등 일상 회화뿐만 아니라 어느 정도 일본어로 읽고 쓰기가 되지 않으면 일하기 어렵다. 실제로 현장에 들어가서도 여러 가지 주지사항이나 사전 검토회, 안전 강습회 등 어려운 것들이 일상적으로 있다. 그렇기는 하지만, 이치에프에서 방호복 등 부분에 가타가나로 외국인 이름이 쓰여 있는 작업원들을 몇 명 본 적이 있어서 전혀 없다고는 말할 수 없다.

여성에 대해서 말하면, 이치에프 구내는 100퍼센트라고 해도 좋을 만큼, "여인 금지" 현장이다. 다만 지난해 가을부터 입퇴역소의 검사장에 여자가 몇 명인가 있었다. 이곳은 구내와 비교해 보면 선량이 상당히 낮으므로, 원청 업체가 투입한 것으로 보였다. 법률적으로 여성의 노동이 금지되어 있는 게 아니라, 도쿄전력, 원청, 하청 회사가 비용 면에서 여성 고용에 부정적이다. 작업원이면 반드시 해야 하는 내부 피폭 검사(전신계측기)를 보더라도 남자는 석 달에 한 번씩 하는 것에 비해, 여성은 한 달마다(임신할 가능성이 없다고 진단된 경우는 제외) 해야 되며, 외부 피폭 한도도 석 달간 5밀리시버트로, 꽤 엄격하다(남자는 1년에 50밀리시버트, 5년간 100밀리시버트). 게다가 여성 작업자 전용 장비(속옷, 마스크 등)를 준비해야 할 뿐만 아니라, 탈의실과 화장실도 새로 설치해야 한다. 방사선 관리 면에서도, 복리후생 면에서도, 고용하는 입장에서는 여러 가지 신경이 쓰이는 데다 비용도 드니 여성 고용에는 주저하게 된다.

확실히 모체 보호 면에서 여성 고용을 엄격히 관리해야 하는 것은 당연하지만, 비용이 들고 관리하기 어렵다는 이유로 문호를 닫아 버리는 것은 이해 받기 어려울 것이다.

이치에프의 미래—망상 혹은 꿈

이치에프의 미래. 지금은 상상하는 것조차 불가능하지만, 나에게는 몇 가지 바람이 있다. 망상이라고 말할지도 모르지만,

내가 마음대로 상상해 보는 새로운 후쿠시마의 모습이 있다.

우리 작업원들의 거주와 고용은 어떻게 되는 것일까. 지금 인부 7천 명이 일하는 이치에프, 2만 명 이상이 작업하는 제염 현장은 과연 40년 후, 100년 후에는 어떻게 변해 있을까. 어쩌면 제염 작업은 주변 자치단체가 작업을 종료하고, 충분하지 않더라도 수년 후에는 수습 작업을 향할 것이다(다시 한 번 큰 사고가 일어나지 않는 한). 하지만 이치에프의 폐로 작업은 앞으로 100년은 계속될 거라고 보아도 무방하다. 그때쯤 일본은 '원전이 존재하지 않는 사회'를 만들어 가고 있을까?

이번 사고를 다음 세대에 유산으로 물려주게 된 이치에프. 이를 역사 유산으로 삼기는 어렵겠다. 시간이 지날수록 방사선량은 점점 줄어들겠지만 세슘 137의 경우 반감기가 30년으로 10분의 1로 줄어들려면 100년이나 걸린다. 이치에프 주변에 건설되어 있는 중간 저장 시설은 30년 기한을 넘으면 다른 장소로 이설되는 것일까. 지금 이 시점이 되어서도 가늠도 되지 않는 용융 핵연료봉 꺼내기 작업이 만약 성공한다고 해도, 그것을 어떻게 처리할 것인가, 게다가 원전 건물 4개 동을 언제 해체하고, 처리는 어떻게 할 것인가. 전대미문의 도전은 끝이 없다.

우리들 작업원은 장래 어떻게 되는 것일까. 원자로 관계의 기술자 양성을 추진한다고 하는데, 오염수 대책과 잔해 처리, 그 외의 관리, 검사 등의 업무에 필요한 노동자의 수는 상상을 초월한다. 장래 이 인원 확보를 위해 여성과 외국인, 노인의 고용도 검토될 것인가.

어찌 되었든, 많은 노동자들이 길게 그리고 안심하고 일하기 위해서는 노동조건과 함께 복리후생 면을 개선할 필요가 있다. 이미 앞을 내다보고 주변 자치단체에 이치에프 연구 시설에서 일하고 있는 연구자와 작업원을 위한 대규모 집합 주택을 건설하는 '부흥 계획'이 나오고 있다. 그 옆에는 귀환한 마을 주민을 위한 집합 주택도 건설한다고 한다. 사고에 의해 한 번은 무인촌이 되었던 지역에, 원래 주민과 우리들 새 주민이 함께 살아가는 새로운 커뮤니티가 생기는 것이다. 이 집합 주택에는 하청 작업원도 입주할 수 있으면 좋을 것이다.

아침도 점심도 편의점 도시락, 합숙소에서 불필요한 신경을 써야 하는 현 상태도 조금이라도 바뀌어서 길게 일할 수 있도록 복리후생 개선은 필수다. 새로운 집합 주택의 준공이 아직 확정되지는 않은 현재, 나는 현존하는 피난자용 가설 주택과 고용 촉진 주택을 활용할 수는 없는 것인지 생각해 보았다. 시간이 경과하면서 가설 주택에서 살던 피난 주민들이 점점 나갈 거라는 말을 들었다. 물론 피난자용 주택으로, 기한이 정해진 가설 주택이라는 것은 알지만, 입주가 가능하다면 들어가 살고 싶어 하는 작업자도 많다. 어찌되었든 개인실에 욕조도 딸려 있고 냉난방도 가능한 주거 시설이다. 만약 입주하게 된다면 우리 작업원들은 피난 주민들과 교류도 할 수 있을 것이다. 같은 '타지 사람' 동지로, 스스럼없이 지낼 수 있을 거라고 생각한다.

또한 새 집합 주택에는 가족 입주도 가능해야 한다. 이 지역 출신이라면 몰라도, 먼 곳에서 후쿠시마까지 온 단신 부임자들

중 가족이 있는 사람들이 꽤 있는 것이 현실이다. 집에 돌아가려면 교통비가 들어가므로 귀향은 월 1회, 혹은 추석과 설날만 간다는 사람도 있다. 이러한 이유로 가족이 있는 사람에게 세대용 주거를 제공하는 것은 불가능한 걸까. 이 후쿠시마라는 땅에서 가족과 함께 뿌리를 내리고 장기간 폐로 작업에 종사하는 것이 가능해진다면 동기 부여에도 좋을 것이라고 생각한다.

태어나고 자란 고향에서 쫓겨나 아는 이 하나 없는 지역에서 살아간다는 선택을 할 수밖에 없었던 사람들이 있는 한편, 후쿠시마를 제2의 고향이라고 생각하며 살기 시작한 작업원들도 있다. 직장과 집이 근접한 작업원의 집합 주택 지역 옆에 귀환한 주민들의 공영 집합 주택과 단독주택 지역이 생기는 '부흥 계획'이 실현되기만 하면, 새 공동체가 탄생하게 되는 것이다. 예전에 살던 주민과 새로운 주민 사이에 교류가 생겨나, 지역 축제 이벤트 등도 생기면 좋을 것이다.

예전, 이곳 후쿠시마의 조반 탄전 지대에는 탄광 노동자의 주거지 '탄주'가 많이 있었다. 이번에 새로 탄생하는 주택은 '원주(원전 주거지)'로 불리면 어떨까. 이치에프에 종사하는 노동자가 교류하는 새로운 공동체가 탄생하는 것, 그것이 나의 작은 바람이다.

제염부터 폐로 작업까지. 몸을 던져 일하다 보면, 후쿠시마가 고향이 된다.

아사히가단 2015년 5월 11일 게재

후쿠시마 하청노동 일지　257

저자 후기

　3·11로부터 5년이라는 세월이 흐르고 있다. 체르노빌 사고 때에는 사고 후 5년째가 되어서야 법률이 만들어져, 원전 처리 작업자(청산인, '리크비다타르'라고 불린다.)와 피난민, 귀향한 사람들의 피폭량, 건강 관리를 국가가 일원적으로 시행했다. 법률로 건강진단은 무료이며 건강 상태에 따라 재활 치료나 요양도 하게 했다고 한다. 일본에서는 한번 일을 그만두면, 나중에는 자비로 건강진단을 하고, 산재 신청을 해야 한다. 또한 5년간의 "집중 부흥 기간"이 종료하는 지금, 피난민의 주택 지원이 중단되면서 강제적인 조기 귀환 사태가 벌어지려 하고 있다. "풍화" 風化* 작업은 국가가 하고 있는 듯 보인다.
　귀경 전날, 퇴소 절차에 동행해 준 현지 선배가 말한 것을 지금도 또렷하게 기억하고 있다. "이 나라는 어떻게 되려는지 원.

*　사람들의 기억에서 잊혀지는 것.

우리 고향을 이렇게 만들어 놓고도 원전을 재가동하다니."라고 거친 어투로 말했다. 이전부터 도쿄전력의 하청 업체에서 일을 해 온 선배지만 "지금은 도쿄전력이나 돈 때문이 아니야. 고향을 위해서 일하는 거야."라며 의무감을 보이는 모습에 가슴이 뜨거워졌다.

과연 이곳은 100년 후 어떻게 되어 있을까. 우리 작업원들은 이곳에서 아직도 땀 흘리며 일하고 있을까.

후쿠시마에서 1년여 간의 작업을 끝내고 돌아온 도쿄의 거리는 형형색색의 LED의 빛이 넘쳤다. 예전과 같은 풍경이지만, 같은 나라라고는 생각하기 어려운 광경에 나는 당황했다. 후쿠시마에서 살고 일해 온 내 눈에 이 빛은 바래 보일 뿐이었다.

이치에프는 색깔이 없었다. 굳이 말하면 백색이랄까. 무기질의 건물이나 탱크의 칙칙한 색보다 밖에서 일하는 무수한 작업원의 백색 보호복이 인상적이었다. 마치 거인에 맞서 싸우는 흰개미 같다고 생각하곤 했다.

그곳은 알록달록한 야산에 둘러싸여 제염 작업을 하던 나미에정과는 전혀 다른 풍경이었다. 나미에정의 하늘에는 형형색색의 들새가 날고, 만개한 벚꽃나무 아래에는 들꽃이 지천이었다. 과연 주민들이 인조적 빛으로 넘쳐나는 도쿄와는 다른, 이 풍부한 자연이 있는 곳으로 돌아올 수 있을까를 자문하면서 나는 매일 풀을 베어 갔다.

일단 사고가 일어나면 고향도 사람도 파괴되는 현실을 보니, 왜 지금 원전을 재가동하려 하는지, 믿을 수가 없다.

작업원으로 불리는 우리들은 주민들의 귀환을 위해 드러나지 않는 곳에 투입된 노동력이었다. 그러나 작업복과 방호복으로 덮인 진짜 얼굴과 목소리는 좀처럼 외부로 나오지 않았다. 앞으로 50년간 도대체 몇 백만 명의 작업원이 필요할 것인가. 그들은 모두 피폭에 대한 막연한 불안감을 안고 일하고 있다. 이것은 새로운 피폭자를 끊임없이 만들어 내는 국가사업인 것이다.

5년이라는 전기를 맞는 지금, 침묵하던 작업원들도 자신의 목소리를 낼 때가 왔다고 생각한다. 일상의 근로조건이나 복리후생은 물론, 평생 피폭에 대한 보장도 포함해서 문제점을 밝히고 안심하고 일할 수 있는 직장 환경으로 바꿔야 한다.

그러기 위해서는 우선 다중 하청 구조를 근본부터 개선해야 한다. 영리를 추구하는 사업이 아니므로 나라가 일괄적으로 조직을 관리하고, 근로자의 신분을 보장해야 한다.

의견을 말할 수 없는 현장은 머지않아 피폐해진다. 세분화된 작업원들 간의 횡적 연계와 교류의 장도 필요하다. 모두가 자유롭게 참여할 수 있는 오락 및 스포츠 이벤트 등도 있으면 한다.

통근 대책도 마련했으면 한다. 거의 매주, 통근 도중에 교통사고가 보고되는데, 하루에 작업 차량과 통근 차량 수천 대가 국도 6호선에 몰리면 차량 정체도, 교통사고도 일어날 수밖에 없다. 장기전을 각오하고 이치에프 직행의 철도선(모노레일도) 건설도 검토하면 어떨까.

현재는 J 빌리지를 경유하는 셔틀버스로 갈아타며 통근하고 있지만 직통 철도선이 가능하다면 시간도 비용도 줄일 수 있을 것이다.

후쿠시마에서 돌아오니, 먼 이국에서 돌아온 것처럼 많은 사람들이 나에게 "안의 상황을 말해 달라"고 물었다.

높은 담에 둘러싸여서 바깥으로부터 차단된 이치에프는 마치 문을 걸어잠근 나라와 같았다. 안에서 일어난 일은 좀처럼 외부에 전해지지 않는다. 후쿠시마 땅을 떠나면서, 나에게 새로 보이기 시작한 것도 있었다.

'전하지 않으면 안 된다.' 신선한 놀라움에 가득했던 날들을 나 개인의 기억에만 남겨서는 안 된다고 생각하여 집필을 시작했다. 내부에서 일한 사람이 체험한 실제 제염 및 폐로 작업의 실태를 나름의 언어로 전하고 싶었다. 살아 있는 작업원의 노동 실태를 알리고 조금이라도 일하기 쉬운 직장이 되었으면 하는 마음에서 쓴 것이다.

처음부터 르포를 쓰려고 후쿠시마에 들어간 것은 아니므로 매일 있었던 일을 전부 기록하지는 않았다. 기억을 하나하나 더 듬어 가며, 함께 일하던 동료들의 얼굴을 떠올리며 계속 써 내려갔다. 이 작업은 제염 작업 중에 우수수 떨어지던 나미에의 벚꽃을 보면서 단가가 내 머릿속에 '쏟아져 내리던' 감각과 비슷했다.

도호쿠 지역에 한파가 몰려온다는 뉴스를 보며, 지금 다들 어떻게 지내는지 궁금한 마음에 그리운 동료들의 얼굴을 떠올려 본다. 지난 이 계절에 나는 얼어 버린 구내 길에서 미끄러지고 넘어진 적도 있었다. 여름에는 보냉제를 넣은 쿨조끼를 입고 어느 정도 더위를 견딜 수 있었지만, 한겨울에 일회용 카이로(일본의 핫팩)도 없이 추운 하늘 아래 떨면서 일하던 적도 있었다. 그래서 여름보다 겨울이 더 괴롭다고 말하던 동료들이 꽤 있었다.

이렇게 추운 날도 더운 날도, 같이 일하고 같이 지내던 동료들의 희로애락을 좀 더 쓰고 싶었다.

후쿠시마에서 일하고 싶다는 일념으로 작업에 뛰어들었던 신입인 나를 지지해 준 모든 분에게 감사한다. 이 책이 후쿠시마에서 일하는 원전 작업원들에게 작게나마 도움이 된다면 그 이상의 행복은 없을 것이다.

2016년 2월 1일 이케다 미노루

역자 후기

이 책은 저자가 정년퇴직 후 2014년부터 2015년 봄까지, 1년이 조금 넘는 기간 동안 후쿠시마 제1원전의 수습 작업 및 제염 작업에 근무했던 경험을 기록한 것이다. 저자에게는 담담하면서도 땀 냄새로 가득한 작업 일지이지만 독자에게는 충격과 놀라움으로 다가오는 장면들이 기록되어 있다. 가볍게 읽히는 일기라는 형태와는 달리, 각 장들은 끔찍한 '안쪽' 현실을 자세하게 보여 주는 원전 실태 보고서이다.

저자가 처음 투입된 제염 작업은 방사능에 오염된 흙과 풀을 제거하고 오염되지 않은 새 흙을 까는 일이었다. 회사는 '누구나 할 수 있는 간단한 일'이라고 말했지만, 이 작업은 피난민들의 삶의 터전과 그곳에 함께 사는 생명들을 되살리는 어렵고도 중요한 일이었다. 그다음으로 투입된 '이치에프' 수습 작업은 어떨 때는 하루 1시간을 넘어서는 안 될 정도로 피폭 위험이 큰 일이었고, 몇 달을 부지런히 움직여도 해결이 보이지 않는 막막한 일이었다. 더운 여름에도 벗을 수 없었던 전면 마스크와 몇 겹의 보호복에 갇혀, 산처럼 쌓인 방사능 쓰레기들을 비닐봉투에 담고 옮기고 쌓는 작업을 했고, 그러는 동안 저자는 눈에 보이지 않는 방사능과는 물론이고 끝을 알 수 없는 시간과도 싸워야 했다.

뿐만 아니라 저자가 싸워야 했던 것은 국가와 도쿄전력, 더 나아가 노동자를 희생시키는 사회구조였다. 파견 근로자였던 저자는 다중 하청 구조와 일관성 없는 발주 체계, 모호한 책임 구조 속에서 지쳐 갔다. 자신이 속한 하청 회사 위에 몇 개의 회사가 있는지에 따라 일당은 천차만별이었다. 그리고 월급에 포함되어 있는 위험수당은 발주처가 국가인지, 혹은 지자체인지에 따라서도 달라졌다. 사회보험에 가입하는 것조차 의무가 아닌 회사의 '선택'이었다. 이렇게 복잡하고 불확실한 운영 체계 속에서 가장 손해 보는 것은 언제나 노동자들이었다.

또한 저자는 언제 다치거나 죽을지 모른다는 불안에 떨어야 했다고 말한다. 병원은 원전 현장에서 멀고 회사는 산재 처리에 소극적이었다. 전례가 없는 원자력 사고 앞에서 시행착오는 빈번했고 수직적 위계 구조 속에서 정보는 노동자에게까지 원활하게 전달되지 않았다. 어디가 얼마나 위험한지, 국가가 어디까지 보상해 주는지 확실히 알려 주는 사람은 아무도 없었다. 다만 국가는 상황과 입맛에 맞게 피폭선량의 기준을 고무줄처럼 늘이기 일쑤였다. 이렇게 자기 몸을 희생하면서 수습 작업을 하고 있는데도 가끔 돌아와서 본 도쿄의 거리는 화려한 조명과 간판으로 밝고 활기차기만 해서, 저자는 마치 다른 세계에 온 듯 느꼈다고 한다.

그렇게 일하면서 저자는 무의미함과 무기력함에 지쳐 갔다. 전국 각지에서 모여든 원전 수습 작업원들은 용감한 영웅으로 묘사되기도 했지만, 한편에서는 방사능에 오염된 사람들 혹은 지역을 어지럽히는 잠재적인 범죄자로 낙인찍히기도 했다. 그런 낙인에도 열심히 일했지만, '이쯤에서 적당히 하라'는 상부의 지시에 따라야 할 때는 제초 작업만도 못한 제염 작업이라며 분노했고, 정체를 모르는 오염 물질을 몰래 버려야 했을 때는 수습 작업의 의미마저 잃어버렸다. 상부 건설 회사들의 의사소통 문제로 목숨 걸고 회수한 방사능 쓰레기가 새로 지어진 소각로에 들어가지 않아서 전부 새 봉투에 다시 담아야 했을 때 저자가 느꼈을 절망감은 글로 다 표현할 수 없었을 것이다.

이 책의 장점은 이렇게 원자력발전소와 방사능 오염이라는 환경문제만을 다루는 것에서 그치는 것이 아니라, 그 안에서 노동하는 '사람'들과 불합리한 '구조'를 적나라하게 보여 준다는 데 있다. 오염을 만들고, 그 오염에 병들고 죽어가는 사람들을 방치하는 것은 바로 국가였고, 원자력이라고 하는 산업 구조였으며, 다중의 하청 구조였다. 이런 '희생의 구조' 속에서 매일을 묵묵히 일할 수밖에 없는 평범한 이 노동자들은 우리들의 소중한 누군가일 수 있다. 이미 후쿠시마에는 그런 노동자 몇 천 명이 수년간에 걸쳐, 언제 끝날지도 모르는 사투를 벌이고 있다.

3·11 이후 일본에서는 후쿠시마를 벗어나 다른 곳에 이주해 아이를 기르는 가족들의 모임도 생겼고, 원전 재가동을 반대하는 시위와 소송이 각지에서 일어나고 있다. 또한 원전에서 일하는 사람들의 발언도 재조명되었다. 하지만 이와는 아무 상관없다는 듯 일본 정부는 탈원전과는 거리가 먼, 아예 정반대 방향의 정책을 추진하고 있다. 그러는 동안, 오염토와 오염수를 수용할 수 있는 능력은 후쿠시마현의 한계를 넘어가고 있고, 또다시 국가는 비용을 이유로 후쿠시마 원자력발전소에 보관중인 고준위 오염수를 바다에 방류하는 계획을 검토 중이다. 다른 한편에서는 아무런 설명과 교육 없이 수습 작업에 투입된 외국인 노동자들이 있다는 보도도 나왔다.

끊임없이 투입되는 무고한 노동자들과 그보다 더 많이 생겨나는 방사능 쓰레기들. 그리고 한없이 뒤로 미뤄지는 사고 수습. 그러는 동안 우리는 어느새 후쿠시마 원전 사고 이후 여덟 번째 봄을 맞고 있다. 이 책은 그날의 사고가 아직도 끝나지 않았다는 것을 절실히 깨닫게 해 준다. 그리고 제염 작업을 하던 저자의 머리 위로 떨어져 내리던 시구처럼 우리에게도 무수한 질문들이 쏟아져 내린다. 우리는 저자처럼 우리가 저지른 일을 똑바로 마주할 수 있는가? 혹은 우리가 사랑하는 누군가를 이런 곳에서 일하게 할 수 있는가? 끝이 나지 않을 이 작업을 우리의 아이들에게도 하게 할 수 있는가?

2019년 3월 정세경